20 세기
중국사 강의
(二十世紀中國史綱)

(상권)

지음   진충지 (金沖及)

옮김   김아영 (金兒英)
　　　쑨핑 (孫萍)

기획   장원 (張園)

토담미디어

국립중앙도서관 출판예정도서목록(CIP)

20세기 중국사 강의. 上 / 지은이: 진충지 ; 옮긴이: 김아영
, 쑨핑. -- 서울 : 토담미디어, 2017
  p. ;   cm

원표제: 二十世纪中国史纲
원저자명: 金冲及
중국어 원작을 한국어로 번역
ISBN 979-11-6249-026-6 04910 : ₩12000
ISBN 979-11-6249-025-9 (세트) 04910

중국사[中國史]

912.07-KDC6
951.04-DDC23   CIP2017032940

목 차

제 1 장
20 세기가 시작되기
전의 중국정세

오늘날을 사는 젊은이에게 중국이 어떻게 20 세기에 들어섰는지는 이미 까마득한 옛날의 일처럼 느껴질 것이다 . 당시의 중국이 어떠한 어려움에 처해있었는지 상상조차 어려울 것이고 , 그때 중국인이 한치 앞도 내가 볼 수 없는 캄캄한 어둠 속에서 비참한 운명에 처한 조국의 고통스러운 시련을 어떻게 견뎌냈는지도 이해하기 힘들 것이다 .

무술유신변법 (戊戌維新變法) 자강운동 투사인 담사동 (譚嗣同) 이 쓴 "세상에 봄날의 아쉬움을 막을 수 있는 것은 아무것도 없어서 , 푸른 하늘을 바라보며 한바탕 실컷 울면서 아쉬움을 달래야 하네 . 4 억 동포들이여 , 함께 뜨거운 눈물을 흘리자 . 이 넓은 세상에 중국이 설 자리는 어디인가 ."라는 시는 그 당시 수많은 중국인의 분노와 비통함을 잘 반영하고 있다 .

이러한 역경의 시작은 1840 년 영국식민주의자의 치욕스러운 마약 밀매 행위로 발발한 아편전쟁으로 거슬러 올라간다 . 이 전쟁으로 중국 사회는 기존 궤도에서 벗어나 독립국가가 가져야 할 완전한 주권과 존엄을 잃어버리기 시작했고 , 외국인에게 능욕당하고 지배당하는 반식민지로의 길을 걷게 됐다 .

그러나 중국인은 이러한 커다란 변화의 깊은 의미를 빨리 알아채지 못했다.

중국은 수천 년의 문화를 가진 나라로 주변 지형은 중국을 외부세계와 단절된 상태로 만들었다. 이러한 역사와 지리조건과 더디게 발전한 농업경제로 중국 사회구조와 민족의식은 오랫동안 거의 정체되어 타성에 젖어 있었다.

사람들은 "하늘이 변하지 않으면 도(道) 역시 변하지 않는다."라는 말을 신조로 떠받들고 있다. 오랫동안 '천하의 중심국가라 자처하며, 수많은 사람이 맹목적으로 자만하게 만들었고, 현실에 안주하게 만들어 실제로 일어나고 있는 변화에도 전혀 신경 쓰지 않고, 근본적인 개혁으로 현재 상황을 개혁하라는 요구는 거의 하지 않게 됐다. 어떤 거대한 변화가 발생하지 않는 한 사람들은 이런 상태에서 벗어나기 어려웠다.

간략하게 역사적인 사실을 살펴보자. 아편전쟁의 포성과 주권을 상실한 치욕스러운 남경조약으로 사람들은 경악했고, 중국 외에 이렇게 생소한 세계가 존재한다는 사실을 갑작스럽게 깨달았지만 그들은 도대체 무슨 일이 일어난 것인지 이해하지 못했다. 위원(魏源)은 새로운 시각으로 세계를 바라본 진보적인 사상가라 할 수 있지만, 그런 그도 《해국도지서(海國圖志敍)》에 여전히 "오랑캐로 오랑캐를 다스린다.", "오랑캐로 오랑캐와 화친한다.", "오랑캐를 제압하기 위해 오랑캐의 뛰어난 기술을 받아들인다."를 실행하기만 하면 중국은 어렵지 않게 "중국이 기뻐하면 세상이 봄날이고, 중국이 노하면 세상이 걱정 근심에 쌓인다."라고 했던 태평성대로 돌아갈 수 있다고 여겼다. 10여 년 후, 제2차 아편전쟁이 발발해 영국과 프랑스의 연합군이 중국의 수도 북경을 점령하여 원명원(圓明園)이 불에 휩싸이고, 함풍황제(咸

豊皇帝) 가 승덕 (承德) 으로 도망치자 , 중국은 열강에 의해 천진조약 (天津條約) 과 애휘조약 (璦琿條約), 북경조약 (北京條約) 의 체결을 강요당했고 , 이로 인해 커다란 충격을 받았다 . 그러나 전쟁이 끝나고 얼마 지나지 않아 , 청나라 정부는 영국과 프랑스 등의 도움으로 '내부의 커다란 우환거리'였던 태평천국 (太平天國) 을 진압해 , 통치질서는 30 년간 안정됐다 . '자강 (自强)'과 '구부 (求富)'를 표방하는 양무운동 (洋務運動) 이 하나씩 추진되어 수많은 사대부가 이를 크게 반겼다 . 이런 상황에서 사람들은 소위 '동치중흥 (同治中興)'이라는 칭송을 소리 높이 외쳤다 . 이로 미루어 당시 수많은 사람이 심각한 민족 위기에 대해 얼마나 무감각한 상태였는지를 알 수 있다 .

1894 년의 청일전쟁 (중국에서 갑오전쟁 (甲午戰爭) 이라고 칭함) 으로 이런 모습은 산산조각 나버렸다 . 전쟁의 참패와 가혹한 조약으로 수많은 사람은 상상조차 못했던 깊은 고통 속으로 내팽개쳐졌다 . 전쟁과 조약은 중국인에게 너무나도 커다란 충격을 주었다 . 중국은 이미 세계적으로 크게 낙후되어 있는 상태였고 국가의 멸망은 이미 눈앞으로 다가온 현실적인 위협이었다 . 지난날의 맹목적인 자만과 무감각한 태도도 계속 유지해 나갈 수 없었다 . 중국의 앞날과 운명은 어떻게 될 것인지 , 이 어려움을 빠져나갈 길은 있는 지와 같은 문제들이 중국인 앞에 무심히 펼쳐져 사람들로 하여금 다시 한 번 깊이 사고하게 만들었다 .

이것은 중국 근대역사상 중대한 전환점이었다 . 20 세기 중국의 역사를 논한다면 그 몇 년 전에 발발한 중일 청일전쟁에서부터 이야기 하지 않을 수 없다 . 전쟁 후 이 기간부터 시작해 수많은 문제들이 직접적으로 확대되어 나갔기 때문으로 그렇지 않으면 일의 전후 과정을 정확하게 설명할 방법이 없다 .

제1절 청일전쟁의 패전 후 전대미문의 비상시국

청일전쟁은 일본 군국주의 세력이 오랜 기간의 치밀한 준비를 통해 의도적으로 야기한 전쟁이다. 메이지시대 이후, 일본 정부는 내부적으로 유신개혁을 실시하는 동시에 외부적으로는 적극적인 침략정책을 펼쳤다.

메이지시대 초기에 천황은 대외적으로 "국토를 넓히고, 국위를 사방에 떨치자."라고 공언했다. 1890년 야마가타 아리토모(山縣有朋) 수상이 발표한 《외교정책론》에서 국가의 '주권방침' 외에 소위 '이익방침'을 제시하고 '방위(防衛)의 범위를 포함시켜 이를 국책으로 정했다. 이는 분명한 군국주의 침략이론이다. 야마가타 아리토모는 이 책에 "우리나라의 이익방침의 중점은 실은 조선이다."라고 썼다. 사실 이는 단지 시작일 뿐이었다. 당시 조선과 중국은 역사적으로 특수한 관계를 맺고 있었다. 일본 군국주의자는 긴박하게 계획을 세워 대규모 무력침략의 칼끝을 직접 조선을 향해 겨누었고 이와 동시에 중국과의 전쟁도 피할 수 없게 됐다.

무능한 청나라 정부는 여전히 태평성대에 빠져서 서태후(중국에서 자희태후(慈禧太后)로 칭함)의 60세 잔치를 준비하면서도 주위의 정세가 얼마나 위태로운지를 전혀 느끼지 못했고, 돌발적인 변화에 대해 아무런 준비도 하지 않았다.

1894년 봄, 조선 남부에 대규모 동학농민운동이 봉기했다. 6월, 청나라 정부는 조선 정부의 요청으로 군사를 지원했다. 일본도 즉시 '교민과 대사관을 보호'한다는 이유로 조선에 군사를 대거 파병해 조선의 수도인 한성 (漢城) 을 강제로 점령했다 .

전쟁은 일본군대의 '선전포고 없는' 갑작스러운 공격으로 시작됐다 . 일본 군국주의자는 항상 상대를 기만하는 방법으로 대규모 전쟁을 일으켰는데 , 그 후에 발생했던 러일전쟁과 만주사변 (중국에서 9•18 사변이라고 칭함), 노구교 (盧溝橋) 사건 , 진주만공습 등에서도 마찬가지였다 . 7 월 25 일 , 일본연합함대의 갑작스런 중국 군함 공격으로 전쟁은 시작됐다 . 8 월 1 일 중일 쌍방은 정식으로 전쟁을 선포했다 .

청나라 정부는 전쟁에 대해 아무런 준비도 되어있지 않았기 때문에 실권을 장악했던 북양대신 (北洋大臣) 과 직례 (直隷) 총독 이홍장 (李鴻章) 은 군사력을 유지할 생각만 하고 단호히 저항할 뜻이 없었다 . 전쟁이 일어난 후 , 중국 군대는 해전과 육지전에서 모두 참패했다 . 특히 9 월 , 중일 해군의 주력부대가 압록강 어귀 부근 황해에서의 격전에서 패하자 북양함대의 피해를 지켜본 이홍장은 당황해서 어찌할 바를 몰랐다 . 그는 북양해군을 자신의 중요한 정치세력으로 보고 있었으므로 차라리 전쟁을 피해 달아나더라도 배는 지키려 했다 . 이렇게 북양해군은 위해위항 (威海衛港) 에 남아있을 수밖에 없었고 , 일본군이 여순항 (旅順港) 을 함락할 때에도 지원하지 않았을 뿐만 아니라 황해바다에 배도 띄우지 않았다 . 그 후 일본해군이 함대로 위해위항의 좁은 입구를 봉쇄했고 북양해군은 항구에 포위되어 앉아서 죽기만 기다릴 수밖에 없었다 . 일본 육지군도 이듬해 1 월 산동 (山東) 영성 (榮成) 에 상륙한 뒤 후방에서 진입해 위해위항만의 남안 포대를 점령했다 . 북양함대는 일본군 앞뒤 협공으로 마침내 전멸하고 말았다 . 수년간 심혈을 기울어 훈련시켰던 북양해군은 이렇게 끝장나고 말았다 . 이 얼마나 분하고 참혹한 비극인가!

　일본군이 위해위에 공격을 퍼부을 때 청나라 정부는 일본에 사신을 파견해 강화를 요청했다. 처음으로 파견했던 전권대신은 신분이 높지 않다는 이유로 일본에 의해 거절당했고, 마지막으로 이홍장을 일본 시모노세키로 보내 일본수상인 이토히로부미(伊藤博文)와 협상을 벌였다. 협상의 기록을 한 번 읽어보아도 중국이 이 협상에서 얼마나 굴욕적인 지경이었는지 알 수 있다. 국내에서 조약서명에 대해 격렬히 항의하고, 사람들도 격분에 차 있었지만 청나라 정부는 이미 굴복하기로 결정을 내린 상태였다. 4월 양국은 '시모노세키조약'으로 불리는 청일강화조약에 서명했다. 시모노세키조약의 주요내용으로는 중국은 요동반도(遼東半島)와 대만, 그리고 조약에 명기된 각 섬을 일본에게 할양하고, 일본에게 은 2억 냥을 배상금으로 지불하며, 사시(沙市), 중경(重慶), 소주(蘇州), 항주(杭州)를 무역항으로 개방하여 일본 배가 강을 따라 들어와 상술한 도시의 항구에 정박해 승객과 화물을 싣는다는 등등이다. 얼마 지나지 않아 러시아, 독일 프랑스 3국의 간섭으로 일본은 요동반도 일대의 할양을 취소할 수밖에 없었지만 대신 중국에 배상금 3,000만 냥을 더 요구했다.

　청일전쟁의 실패는 중국인에게 너무나 커다란 충격을 주었다. 양무운동(洋務運動) 시기에 사람들의 기대를 한 몸에 받고 있었던 신식 해군과 육군은 전쟁에서 너무나 빨리 전멸하고 말았다. 오랫동안 내부적으로 조성되어왔던 허황된 안정감은 갑자기 사라졌다. 시모노세키조약의 조항도 너무나 잔혹했다. 직접 이 사변을 겪은 오옥장(吳玉章)은 회고록에서 "전대미문의 망국조약이다! 이 조약으로 전 중국이 충격에 빠져있다. 예전에는 서양대국에게 패했는데 이제는 동방의 작은 나라에게도 패하고, 또한 너무나 참혹하게 패하고, 이렇게 잔혹한 조약에 서명을 하다니, 이 얼마나 커다란 치욕인가! …… 너무나 슬프고 통탄스러워 어떠한 말로도 표현할 수 없다."고 침통하게 기록했다.

청일전쟁에 실패한 후, 중국이 직면한 민족위기와 사회위기는 전대미문의 것이었으며 총체적인 위기였다.

정치적인 측면에서 봤을 때 청일전쟁으로 청나라 정부 통치의 근본적인 결함이 다시 한 번 사람들 앞에 명확하게 들어났기 때문에 어떠한 변명도 해주기 힘들다. "적은 매일 침범해 들어오고, 나라는 매일 망해가고 있다."는 사실에 점점 더 많은 사람이 공감하고 있었다. 시모노세키조약을 체결했던 해에 엄부(嚴復)는 천진(天津)《직보(直報)》에 발표한 < 구국이론 > 에서 처음으로 '구국'이라는 슬로건을 내걸었다. 주변 정세가 이렇게 급작스럽게 변하지 않았다면 사람들의 생각도 짧은 시간 안에 이렇게 깊이 있게 변할 줄은 상상도 못했을 것이다. 이때부터 시작해서 반세기에 동안 '구국'은 모든 애국자들의 마음에 가장 긴박하고, 가장 중대한 문제로 떠올랐으며 모든 것이 이 문제를 중심으로 새롭게 고려됐고, 중국 근대 민족성을 각성하는 과정에서 이정표의 의미를 지닌 거대한 변화였다.

경제적인 측면에서 봤을 때 청일전쟁 이전의 청나라 정부 재정상태는 갈수록 나빠지기는 했지만 대략 매년 8,000만 냥 정도의 은자를 세금을 긁어모으면서 가까스로 수지균형을 유지해 나가고 있었다. 시모노세키조약에 중국이 일본에게 2억 냥의 은자를 배상해야 한다고 규정되어 있었고, 그 후 요동반도를 되찾아 오는데 3,000만 냥의 은자가 추가됐으며, 여기에 분할 납부하는데 필요한 이자까지 더해져 청나라가 일본에게 지불해야 할 돈은 꼬박 3년간의 전국 재정수입과 맞먹을 정도였다. 이렇게 어려웠던 청나라의 재정 상태는 더 이상 수습하기 어려울 지경에 이르렀다. 이런 상황은 두 가지 문제점을 야기했다. 첫째, 청나라 정부는 거액의 차관으로 배상금을 지불할 수밖에 없었으므로 제국주의 열강에 대한 의존도가 더욱 커졌다. 이는 열강들이 중국을 쟁취하고 세력범위를 넓히는 발단이 됐다. 둘째, 청나라 정부의 국민에 대한 수탈이 더욱 심해져 앞날은 전혀 고려하지 않는 약탈을 자행했고, 각급 관원도 재물을 착복했다. 사람들의 삶은 점점 고달파졌고 곳곳에서는 실망과 불만, 분노가 차올랐다. 국내 사회의 모순도 빠르게 격화되고 있었다.

군사적인 측면에서 봤을 때 청일전쟁 이전에 30년 동안 청나라 통치를 지탱하고 나라를 보호했던 주요군사력은 이홍장이 훈련시킨 회군(淮軍)과 북양(北洋) 해군이었다. 청일전쟁에서 소수 애국장군과 관병이 용감하게 저항했지만 전쟁에서 여지없이 참패했고, 북양해군은 궤멸됐다. 전쟁 후, 원세개(袁世凱)를 파견해 군인을 훈련시켰으나 효과는 미비했다. 이렇게 청나라의 군사 통치는 단시간에 메울 수 없는 공백이 생기고 말았다. 의화단(義和團) 운동이 화북(華北) 지역에서 빠르게 세력을 넓혀가고 있었고, 청 정부는 속수무책에다 진퇴양난에 빠져있었는데, 이런 상황은 모두 특수한 역사배경과 직접 관련이 있다.

청일전쟁은 단기적인 관점에서 봤을 때 중국에게는 굴욕적인 비극이었지만 장기적인 관점에서 봤을 때는 또 다른 새로운 출발점이었다. 굴욕을 당했기 때문에 다시 사고하게 됐고, 반성을 촉구했으며, 국가의 부강을 위해 분발할 것을 요구했다. 이렇게 중국 근대사의 새로운 페이지가 열렸다.

언제 어느 곳에서나 굴욕이 이렇게 적극적인 효과를 가져다주지

는 않는다. 청일전쟁 후 백년간의 역사는 중화민족에게 거대한 생명력
이 잠재되어 있다는 사실을 나타낸다. 당시 해외의 몇몇 사람은 이를 가
리켜 '잠자는 사자'라고 표현했다. 치열한 경쟁 시대에 여전히 잠 속에
빠져 있었으니 당연히 비참해질 수밖에 없다. 그러나 일단 잠에서 깨어
나면 한 마리의 용맹한 사자로 수많은 사람이 생각조차 할 수 없었던 거
대한 잠재력을 드러낼 것이다. 중화민족은 평화를 사랑하는 민족이지
만 타인이 함부로 중국을 모욕하고 괴롭히는 사태를 용납하지 않을 것이
이다. 심각한 위기가 존재한다는 사실을 인식하면 국민이 한마음으로
일어나 전진할 것이다. 이것이 우리 민족의 정신이다.

제 2 절 유신운동으로 인한 사상해방

청일전쟁이 끝나자 전체 동아시아 정치구도에 변화가 생겼다.

일본의 입장에서 학자 도야마 시게키 (遠山茂樹) 는 "청일전쟁으
로 제국주의로 가는 발걸음이 더욱 빨라졌다. 전쟁을 통해 취득한 거액
의 배상금 (영국 파운드로 받음) 은 1897 년 3 월 금본위제의 준비금이
됐다."라고 기술했다.

배상금이라는 지렛대와 천황제 군국주의가 긴밀히 결합된 일본자
본주의가 확립됐다. 자산계급도 적극적으로 대외침략정책에 집중하며
소위 "국기가 휘날리는 곳에는 무역도 따라 들어간다."를 외쳤다. 이때
부터 일본군국주의가 한 발 한 발 발전해 나가기 시작해 20 세기 전반기
에는 중화민족에게 가장 큰 위협이 됐다.

중국에서는 청나라 정부의 부패와 무능, 급속한 쇠퇴가 이미 극명

하게 드러나 모르는 사람이 없었다. 서양 열강들은 중국을 침몰 직전의 부서진 배로 생각하고 되도록 빨리 많은 것을 갈취할 생각으로 앞다투어 달려와 중국에서 세력 쟁탈의 기세를 높였다. 중국인 앞에는 두려운 장면들이 나타났다. 청일전쟁이 끝난 후 2년, 독일은 교주만(膠州灣)을 점령해 청나라 정부에게 교주만을 99년간 빌려주는 임차조약에 서명하고, 독일이 교주만에서 제남(濟南)까지의 철도공사와 철도 부근 30리 안의 탄광도 독일이 개발할 것을 허가하며, 산동에서 사무실을 개설하면 독일에 우선권을 줄 것을 강요했다. 영국은 중국 장강유역을 차지하고 이를 다른 나라에 절대 할양하지 말 것과 영국인을 영원히 세관 총세무사로 임명할 것을 약속하고, 구룡신계(九龍新界)와 위해위(威海衛)를 임차해 줄 것을 강요했다. 일본은 청나라 정부에게서 복건(福建)을 다른 나라에 빌려주지 않을 것이라는 인가를 받아냈다. 이후, 영국과 독일, 러시아는 청나라 정부를 아예 제쳐놓고 자체적으로 협상을 진행하여 각각 협정을 체결하고 중국에서의 세력범위를 나누었다. 시작이 다른 나라보다 조금 늦었던 미국정부는 '문호개방'을 주장할 수밖에 없었는데, 다른 국가들의 세력범위를 인정하지만, 중국에서 다른 국가와 균등한 무역기회와 대우를 누리기를 요구했다.

중국이 직면한 문제는 더 이상 소위 말하는 강자 혹은 약자가 아니라 냉혹한 생존 혹은 죽음이었다. 망국의 현실적인 위협은 사람들을 공포에 떨게 하는 그림자처럼 모든 애국자의 마음속에 드리워졌다. 사람들은 일단 자신이 이미 생사존망의 테두리에 서있다고 느끼게 되면 더 이상 과거의 전통적인 신조에 대해 깊은 반성을 하고, 새로운 안목으로 외부세계를 자세히 살펴본 후 그 속에서 민족을 존망에서 구할 수 있는 힘을 끌어내 국가가 회생할 수 있는 새로운 길을 찾으려 한다. 근대 중국의 구체적인 역사적인 환경에서 구국은 근대 계몽운동의 진정한 원동력과 출발점이 됐다.

지식인은 핍박당하는 민족 중에서 보통 정치적으로 가장 민감하고 가장 먼저 각성하는 사람이다. 당시 중국사회에서의 지식인은 대부분 구식 사대부였다. 그들은 조국이 멸망에 직면해 있는 심각한 위험을 목도하고 비분강개하여 부르짖었으나 '충신'이라는 족쇄의 구속에서 벗어나지 못했다. 충신과 애국을 동일한 것으로 보았기 때문이다. 강유위(康有爲)가 눈물을 흘리며 호소했던 "조상과 황제의 어진 덕과 수백 년 동안 백성을 포용하고 길러준 은혜"라는 말은 가장 쉽게 사람들의 마음에 와 닿았다. 광서제(光緖帝)가 변법(變法)을 지지하는 태도를 보이자 그들은 더욱 기뻐하며 큰 꿈을 꾸기 시작했다. 강유위 등이 일으킨 유신변법운동(維新變法運動)이 중국에서 거대한 반향을 일으켜 당시 애국구국운동의 주류를 이룬 것은 아주 자연스러운 일이었다.

이번 유신변법운동의 과정은 한 단계 한 단계가 민족위기와 점진적으로 맞물리며 호응을 불러 일으켰다. 상당한 규모의 사상운동과 정치운동의 대두는 청일전쟁 패배에 대한 강렬한 충격으로 인한 산물이었으며, 무술변법(戊戌變法)의 등장도 열강들의 공공연한 약탈과 세력 나눔, 민족위기가 빠르게 격화된 산물이었다.

시모노세키조약이 체결됐다는 소식이 북경에 전해진 시기는 마침 각 성(省)의 거인(擧人, 향시에 합격한 사람들)이 북경에 모여 과거를 보고 있던 때였다. 강유위는 거인들에게 집회를 열고 함께 상소문을 올리자고 제의했다. 집회 결과 강유위가 초안을 쓰고 1,200여 명의 거인이 연대서명하기로 결정했다. 상소문에는 격앙된 어조로 강화조약 반대와 변법을 요구했다. 이 상소문은 도찰원(都察院)이 황제에게 올릴 것을 거부했기 때문에 광서제에게 전해지지 않았다. 그러나 1,200명의 거인이 연대서명한 '공차상서 (公車上書)'는 청나라 200년 역사상처음 있는 일이었다. 이 상소문은 빠르게 필사되어 퍼져나갔다. 각 성(省) 의 거인이 고향으로 돌아가자 이 사건은 전국적으로 더욱 큰 영향력을 발휘했다.

　　공차상서가 실패한 후 강유위와 양계초 (梁啓超) 는 북경에 남아사회각계와 접촉했다. 특히 문화홍보활동을 전개하는데 중심을 두었다. 그들은 《만국공보 (萬國公報)》(이후 《중외기문 (中外紀聞)》으로 개명) 를 창간하고 북경, 상해 등지에 강학회 (強學會) 를 설립했다. 독일이 교주만을 강제 점령함에 따라 열강이 앞다투어 중국에서의세력을 넓혀갔고, 상황은 점점 더 악화됐다. 1897년 4월, 강유위는 북경에 보국회 (保國會) 의 설립을 제안했다. 이 전후로 각지의 학회와신문사들이 연달아 설립됐다. 불완전한 통계에 의하면 3년 동안 전국에는 87곳의 학회와 131곳의 학당, 91개의 신문사가 설립됐다고 한다. 이는 과거 중국사회에서는 볼 수 없었던 새로운 현상이었다. 그들은 정세를 논하고 새로운 학문에 고취됐으며 시대의 병폐를 규탄했다. 과거청나라는 개인적인 단체결성을 법률로 금지했으나 지금의 국내 분위기는 크게 달라져 있었다.

　　망국의 위협과 유신변법운동의 추진으로 청나라의 최고통치집단내부에도 분열이 일어났다. 서태후가 조정 내의 모든 대권을 틀어쥐고있었기 때문에 광서제는 이름만 황제일 뿐 실제적으로는 아무 권한도없는 위치에 있었으나 서태후가 추진하고 있는 대외굴복정책에 불만을가지고 있었다. 이때 서태후로부터 표면적으로 '친정 (親政)'을 허가하는 기회가 주어져 1898년 6월 11일 명정국시 (明定國是) 의 조서를 내리고 변법을 선포하게 된다. 그 뒤에도 연이어 수많은 조서를 반포하며 상명하달식의 개혁을 준비한다. 광서제가 변법조서를 내린 후부터 9월 21일까지 서태후는 정변을 일으켜 광서제는 궁에 연금되고 변법은 중지됐는데 이 103일 동안을 '백일유신(百日維新)'이라 불렀다.

비록 '백일유신'의 교지는 황제의 실권이 별로 없어 실제로 실행되지는 못했지만 황제의 '성지(聖旨)'라는 명의로 하달됐기 때문에 국내에서 큰 반향을 불러일으켰다. 이 조서는 중국사상계에 다음과 같은 중요한 변화를 일으켰다.

첫째, 이 조서로 수많은 지식인들이 세계정세를 인식하게 됐고, 중국이 직면해있는 심각한 민족위기를 직시하여 민족을 각성시켰다. 비록 수많은 사람이 "적은 매일 침범해 들어오고 나라는 매일 망해가고 있다."는 생각을 뼈저리게 느끼고 있었지만, 오랫동안 쇄국상태에 있었기 때문에 세계의 정세가 도대체 어떻게 돌아가는 지도 일이 어떻게 발전되어 나가는 지도 전혀 알지 못했다. 세계정세에 대한 무지는 보편적인 현상이었다. 이때 유신파가 신문과 학회를 통해 그들이 알고 있는 세계정세를 알리기 시작했다.

둘째, 이 조서로 서양의 근대문화를 널리 알리게 됐는데 소위 새로운 학문에는 사회정치 학설과 자연과학이 포함되어 있었다. 아편전쟁 이후 이러한 새로운 학문이 점차 중국으로 유입됐지만 아주 오랜 기간 동안 일반 사대부는 이런 새로운 학문에 그리 관심을 두지 않았다. 일반 사대부에게 서양의 자본계급문화는 여전히 소위 말하는 '대도(大道)'에서 조금도 중요하지 않았다. 봉건문화가 여전히 사람들의 생각을 단단히 속박하고 있었다. 이런 상황은 무술변법운동 기간 중에 크게 변화했다. 이 운동은 새로운 학문의 제창과 구국이라는 절박한 요구가 긴밀하게 결합되어 생겨났다. 이 운동은 당시 수많은 사람은 밤낮으로 침식을 잊은 채 불안해하던 문제에 대해 비교적 실질적인 답을 주었다. 즉, 신학(新學)을 실현하기만 하면 중국은 심각한 민족의 위기에서 벗어나 독립된 강국으로의 길을 걸어갈 수 있다는 것이었다. 서양문화는 어떻게 짧은 시간 동안 이처럼 많은 사람의 관심과 동경을 받게 된 것일까? 그 근본적인 이유는 사회에 이와 같은 객관적인 수요가 있었기 때문이었다.

셋째, 이 조서로 처음 민권사상을 홍보했고 지식인에게 기본적인 민주의식을 주입했다. 이런 민권사상의 홍보는 구국요구와 긴밀하게 연결되어 있었다. 왕강년(汪康年)은 "무릇 국민에게 권리가 없으면 나라가 국민의 것인지를 알지 못하고, 서로 어긋나기만 하며, 국민에게 권리가 있으면 국민은 나라의 상황을 직시하고 나라를 위해 서로 협력한다."라는 문장을 썼다. 이 문장에서 강유위는 광서제에게 올리는 글에 다시 한 번 '군민합치(君民合治)'의 주장을 제기했고 양계초(梁啓超)는 '흥민권(興民權)'의 중요성을 강조했다. 담사동(譚嗣同)은 《인학(仁學)》에서 '충결망라(衝決網羅)'(즉, 녹(祿)을 탐내는 망라, '군주(君主)의 망라, 인륜도덕의 망라 등의 내용이다)를 소리 높여 외쳤는데 당시에는 사람들을 경탄케 하는 이론이었다. 각지에 학회단체들이 설립되어 민주의식이 기본적으로 정립된 지식인은 이곳에서 일정한 역할을 했다.

넷째, 이 조서로 '변(變)'의 관념을 확실히 홍보하여 수많은 지식인의 세계관 변화에 큰 역할을 했다. 중국의 수천 년간의 봉건사회에서는 "하늘이 변하지 않으면, 도(道)도 변하지 않는다."는 사상이 지배적이었다. 무술유신변법자강운동 기간 중 '변'의 관념은 독보적인 위치를 차지하여 변법 (變法) 주장의 이론적인 기초가 됐다 . 강유위 등은 중국의 전통적인 고서적에서 이런 홍보의 근거를 찾아내고자 애썼다 . 그들은 《주역 (周易)》에서 "궁하면 변하고 변하면 통하며 , 통하면 오래 지속한다 ."는 도리를 거듭 인용하며 그들의 변법주장을 해석하려 했다 .

더욱 주목할 만한 것은 엄부 (嚴復) 가 번역한 《천연론 (天演論)》의 출간이다 . 이는 서양 근대의 중요한 학술저서를 비교적 완전하게 중국에 직접 소개한 책이다 . 이 책은 전체 사상계를 뒤흔들었고 모든 지식인들에게 영향을 주었다 . 당시 진보적인 중국인을 추구하던 이들에게 전통적인 유가사상과는 분명히 다른 새로운 관념인 '진화론'을 제공해 주었다 . 《천연론》은 천문학과 지질학 , 생물학의 풍부한 재료를 이용해 독자들에게 "하늘이 변하지 않으면 , 도 (道) 도 변하지 않는다 ."는 전통적인 관념과는 완전히 다르고 갈등으로 가득찬 변화된 물질세계의 모습을 보여주었고 , 세계만물이 모두 생기로 가득 차 있고 , 서로 간에 격렬한 투쟁을 벌이고 있다는 사실을 일깨워 주었다 . 세계는 이런 격렬한 투쟁 중에서 끊임없이 자신을 발전시켜나가는 과정에 있다 . 전체 우주는 '결코 따져 물어볼 수 없는 변화'로 가득 차 있다 . 지금으로 봤을 때는 평범하고 신기할 것 없는 이야기가 당시 수많은 사람에게는 경천지동할 만한 논리였다 .

《천연론》은 '자연도태의 원리'를 세계지배 발전의 법칙으로 보았다 . 생물은 진화과정에서 보통 주위환경에 적응하여 생존하고 발전하는데 , 이를 반대로 하면 , 적응하지 못한다면 도태되고 멸망하게 된다 . 여기서 말하는 적응은 소극적인 것이 아닌 적극적인 것으로 사람들에게 투쟁을 촉구했다 . 당시 중국의 진보주의자들은 조국이 오랫동안 열강들에게 유린당하는 위치에 있다는 사실을 달가워하지 않고 위기에 빠진 나라를 구하고 강국으로 나아가기를 절실히 요구하고 있었다. 엄부가 번역한 《천연론》에서 널리 알려진 진화론은 당시 사상계에 커다란 영향을 미쳐 사람들로 하여금 새로움에 눈뜨게 했는데, 이런 현상은 다른 책과는 비교할 수 없을 정도였다.

노신(魯迅)은 예전에 남경(南京) 수사학당(水師學堂)에서 학습할 때의 상황을 회상하면서 "쉬는 시간이 되면 항상 쿠아빙과 땅콩, 고추를 먹고 《천연론》을 읽었다."라고 말한 바가 있다.

이것은 당시 보편적인 현상이었고 오랫동안 중국의 진보사상계를 지배했다.

무술유신(戊戌維新) 운동이 추진한 변법운동은 오히려 가망이 없었다. 당시 중국사회 내부에 변법이 성공할 만한 사회적인 역량이 부족했기 때문이다. 조정내부와 지방에서도 구사회 세력이 여전히 절대적인 우위를 점하고 있었다. 유신파들은 실권이 거의 없는 황제에 의지해 상명하달식으로 모종의 중요한 개혁을 하기 희망했고, 주요계층의 기본적인 권리를 거스르지 않는 선에서 자본주의의 조건을 발전시켜나가려 했다. 그러나 이는 아무런 힘과 용기가 없던 서생의 입장에서 본다면 이해할 수 있는 상황이었지만 기초가 빈약한 사회에서는 결국에 현실과 맞지 않는 환상일 뿐이었다. 이 운동에는 다음과 같은 많은 약점이 있었다. 그들은 군주입헌(君主立憲, 강유위가 말하던 '군민합치(君民合治)')의 범위 내에서 민권을 고취하려 했고 기존의 절대군주의 권력을 아주 조금만 개방해달라고 요구했을 뿐이다. "민권을 일부만 허용"했을 뿐 "민권을 살리려면 먼저 사대부의 권리를 살려야 한다."고 주장했다. 그들이 홍보한 '변(變)'은 점진적인 변화였을 뿐 격변은 아니었다.

청나라 정부와 그를 대표하는 구 사회제도가 이미 이렇게까지 썩어 문드러져 이미 눈앞에 닥쳐있는 위험에서 벗어날 희망이 거의 보이지 않았고, 어떤 현대화의 실현도 논할 수 없었다. 미국의 유명한 역사학자인 존 킹 페어뱅크(John King Fairbank)는 "1895년의 패전과 야심만만하게 계획했던 1898년의 철저한 파산, 처음 대대적으로 추진했던 변혁, 상명하달 식의 점진적인 개혁방법으로 중국을 현대화한다는 것은 절대 불가능하다는 것을 이보다 더 효과적으로 증명할 수 있는 다른 사건은 없다."고 정확히 지적했다.

그러나 이러한 이유 때문에 무술유신 운동이 중국 근대화 역사발전, 특히 사상계몽 측면에 미친 거대한 역할을 무시할 수는 없다.

사람들의 사상적인 인식은 무술유신운동의 계몽으로 한 걸음을 내디뎠고 이 운동의 실패로 한 발 더 앞으로 나아갔다. 캄캄한 구 중국을 더듬어가던 애국자들은 이렇게 한 발 한 발 앞으로 나아갔다.

제 3 절 의화단의 저항과 비극적인 운명

상위계층의 사대부가 주축이 됐던 무술변법(戊戌變法)이 실패하자 하위계층 민중의 외국 침략자들에 대항한 자발적인 투쟁이 절정에 이르렀는데 그것이 바로 세상을 뒤흔들었던 의화단(義和團) 운동이다.

의화단운동 사태의 중심은 화북(華北)의 산동(山東), 직례(直隸, 지금의 하북성) 일대였다. 왜 이곳이 의화단 사태의 중심이 됐을까? 그 이유는 심각한 사회배경에 있다. 첫째, 장강유역 및 장강 이남지역과 비교했을 때, 화북은 상대적으로 폐쇄되어 있었고 외국정치와 경제

세력의 침투도 조금 늦게 일어났다. 19 세기의 마지막 몇 년 동안 해외 세력이 점점 더 빠르게 침투하고 있었다. 이처럼 짧은 시간 안에 격심한 사회질서의 변화를 겪게 되자 자연히 강력한 반발이 일어나게 됐다. 둘째, 명청 (明淸) 이후 몇 백 년 동안, 풍요로운 장강유역에서 수도 북경까지 남북운송의 통로는 주로 직례, 산동, 소북 (蘇北) 의 운하를 경유하는 것이었다. 운하 양안의 상업은 번창했고, 이를 생업으로 하는 사람들도 많았다. 19 세기 후기, 특히 70 년대부터 점점 해운을 이용하기 시작했다. 남북 간의 화물 유통에도 대다수 선박을 이용하게 되어 운하에는 점점 진흙이 쌓여 막히고 양안도시는 점점 쇠퇴하기에 이르렀으며 운하의 사공들과 배를 끄는 인부들도 한꺼번에 일자리를 잃어 수많은 유랑민이 생겨나 사회는 불안에 휩싸였다. 셋째, 이 몇 년간 흉년이 계속됐다. 황하 하류는 해마다 수재가 발생해 수백만 명의 이재민이 생겼고 곳곳이 유랑민으로 들끓었다. 의화단운동이 처음 발발한 곳은 노서북 (魯西北) 과 노서남 (魯西南) 지역으로 산동에서 농업생산량이 가장 적고 재해가 가장 심각하며, 사회 유동성이 가장 크고, 민심이 가장 불안한 지역이었다.

　　1898 년 독일이 강점한 교주만 (膠州灣) 은 독일 선교사 2 명이 산동 거야 에서 죽임을 당한 대가로 얻은 곳이라는 점에 주목할 필요가 있다. 그 후 각 지방관원은 감히 외국교회에 미움을 살만한 행동을 하지 못했다. 산동의 교민은 1870 년대에 2 만 명, 1896 년에는 43,736 명에 이르렀다. 일부 '교회에 몸담고 있는' 불량한 교민은 교회의 권세에 기대어 기득권을 행사하고 양민을 억압했으며, 패악을 부리며 심지어는 사람을 때려 숨지게 하여 선량한 백성은 속으로 분노했지만 표현하지는 못했다. 이렇게 오랫동안 분노가 쌓이면, 누군가가 앞장서기만 하면 쉽

게 봉기로 이어진다.

산동, 직례 일대는 예로부터 공개적으로 사람을 모아놓고 무예를 익히는 전통이 있었다. 처음에는 주로 건강과 자신을 방어하기 위한 목적이었고 어떠한 정치적인 목적도 없었고 치밀하게 조직적이지도 않았다. 그러나 교회의 억압을 받던 백성이 함께 무술을 연마하면서 자신이 혼자가 아니라는 것을 깨달았고 교회에 반기를 들면서 점점 무장투쟁의 형식으로 나타나게 됐다. 투쟁의 규모는 점점 커졌다. 1899 년 10 월, 치평신권 (茌平神拳, 무술의 한 종류) 의 주요 우두머리인 주홍등 (朱紅燈) 이 평원 (平原) 과 은현 (恩縣) 사이에 위치한 삼라전 (森羅殿) 에서 1,000 여 명의 무술인을 모아놓고 "천하 의화권 (義和拳), 청나라를 흥하게 하고 서양을 멸한다."는 기치를 세우고 성도 (省都) 에서 그들을 공격하러 온 관병과 대규모의 무장충돌이 발생했다. 이 사건으로 의화단의 명성은 전국 각지로 빠르게 퍼졌다. 서양교회에 반대하는 각양각색의 무술인이 의화단에 모여들었고, 수많은 소지주와 직업이 없는 유랑민, 백련교도도 합세했다. 자신들을 민간단체로 간주해 합법화하려는 의도에서 권민 (拳民) 도 '단 (團)'으로 이름을 바꾸었다. 여기서 주목할 점은 의화단운동은 단순히 기존의 비밀종교결사단체가 투쟁하는 중에 드러났다고 말할 수 없다는 것이다. 의화단의 특징은 민간에서 공개적으로 무술을 연마했기 때문에 비밀종교결사단체보다 더 많은 민중을 모을 수 있었고 더 대중성을 띠고 있었다. 이것이 의화단이 이렇게 거대한 위력을 가지게 된 원인이었다.

처음에는 청나라 관청이 의화단운동을 진압하려 했다. 의화단의 초기 지도자들은 모두 관청에 의해 피해를 입은 사람들이었다. 산동의 의화단운동은 점점 활기를 잃어갔고 폭동의 중심은 오히려 청나라의 통치 중심지인 직례로 옮겨졌다.

폭동의 중심의 이동은 태평천국 북벌 때와 같은 그런 대대적인 진군의 형식이 아니라 산동에서 의화단이라는 단체가 생겼고 그 세력도 아주 크며 의화단이라는 기치를 들었다고 하더라는 소문이 직례 현지 주민들 사이에 퍼지면서 시작됐다. 직례에도 무술을 연마하는 관습이 있었다. 천진의화단의 주요 지도자인 장덕성(張德成), 조복전(曹福田), 임흑아(林黑兒) 등처럼 모두 현지인이었다. 그들은 의화단이 신을 불러들일 수 있고 신(神)과 합일체가 되어 칼과 총으로 공격당해도 다치지 않기 때문에 서양인과 서양의 총과 대포에 맞설 수 있다고 선전했다. 그들은 산동처럼 외래 침략자에 저항하는 강렬한 욕구를 가진 지역에도 있었다. 일반적으로 한 마을에 한 무리가 있었고 한 무리에는 대사형(大師兄)이 있었다. 사람이 많으면 2명의 사형이 있었다. 그러나 이를 통합하는 총괄 지도자는 없었다. 각양각색의 사람이 의화단에 몰려들어 단체의 구성원은 점점 더 복잡해졌고 산동에서보다 더 종교적인 색채를 띠게 됐다. 예를 들어 백련교의 색채를 띠는 '건자단(乾字團)', '감자단(坎字團)'이라는 명칭은 모두 직례에서 발전된 후에 생겨난 것들이었다.

의화단운동이 시작되어 직례 내에서 발전해 나가고 있을 때 직례의 총독 유록(裕祿)도 의화단을 가혹하게 탄압하는 입장을 취했다. 그 결과 오히려 의화단 사람을 자극하여 철도를 뜯어내고 기차역을 태우고 전봇대를 잘라냈으며 직접 청군과 교전하기도 했다. 이미 의화단 사람이 도처에 깔려 있었으므로 유록은 더 이상 당해내지 못했다. 이런 상황에서 청나라의 고위층 내부에서는 분열이 발생하고 있었다. 외국 세력의 계속된 침입으로 청나라 통치자의 이익에도 커다란 손실이 발생해 몇몇 사람들은 의화단의 외세배척 사상을 이용하고자 했다. 서태후는 무술변법운동 후에 광서제를 폐하려 했으나 외국의 지지를 받지 못해 불만을 품고 있었다. 그러나 청나라 정부는 실제적으로 시국을 제어할 힘을 가지고 있지 못했기 때문에 설령 단체를 탄압하려 해도 그 화가 자신들에게 미칠까 봐 가볍게 움직일 수 없었으므로 주저하며 결정을 내리지 못하는 '진퇴양난'에 빠져있었다. 유록은 먼저 의화단과 협상하고 천진일대의 의화단 우두머리들이 천진에 들어오도록 허락했다. 그러자 천진성내 곳곳에 익명의 벽보가 붙었다. 벽보에는 "신의 도움을 받고 있는 의화단, 침략자로 인해 중원이 어지럽다."라는 북경, 천진지역의 대다수 의화단 단원들의 감정을 반영한 글귀가 적혀 있었다.

1900년 6월초, 의화단 단원들은 대대적으로 북경으로 몰려들기 시작했고 성내에는 800여 개의 임시제단이 설치됐다. 청나라 정부의 주력군은 청일전쟁으로 심각한 손실을 입어 그 수가 얼마 되지 않았다. 감숙(甘肅)에서 회군해 북경에 주둔하고 있는 신기영(神機營)과 동복상(董福祥) 부대의 병사들도 대부분 의화단에 가입했고 많은 수의 하층시민들도 의화단에 가입했다. 그들이 집결하는 장소는 무술연마장에서 제단으로 바뀌었고 미신적인 색채가 갈수록 짙어졌다. 의화단 단원들은 삼삼오오 무리를 이루어 흉기를 몸에 지니고 거리를 돌아다니며 벽보를 붙이고 교회를 불태웠다.

직례와 북경, 천진지역에서 의화단이 이렇게 급격히 세력을 떨침으로써 서양 열강의 이익을 심각하게 위협했다. 각국은 직접 출병하여 무력으로 간섭을 하기에 이르렀다. 5월 28일, 그들은 '대사관 보호'를 명분으로 북경에 군대를 파견했다. 14척 정도의 각국의 군함은 대고항(大沽港)에 집결했고 천진조계(租界, 제국주의 국가가 불평등조약으로 식민지 국가를 강압하여 개항시킨 도시의 외국인 거주지) 에 상륙한 각국 군대는 3,000 여 명이었다 . 6 월 10 일 영국해군제독 에드워드 시모어 (Edward Hobart Seymour) 는 각국의 군대 2,000 여 명을 거느리고 북경을 침범했다 . 중국에 출병한 국가는 '팔련군 (八聯軍 , 8 국 연합군)' 으로 불리는 영국 , 러시아 , 프랑스 , 미국 , 이탈리아 , 일본 , 독일 , 오스트리아 등이었다 . 낙후된 한 국가를 대상으로 8 개 제국주의 국가가 연합하여 전쟁을 일으킨 사건은 역사상 처음 있는 일이었다 .

팔련군의 공격을 앞에 두고 어떻게 해야 하겠는가 ? 직례총독 유록은 상소문에서 "지금 중국은 병력과 군량으로 볼 때 한 나라와 전쟁을 한다고 해도 부족한데 8 개국의 군사들을 어찌 대적하겠습니까 ? 그들과 힘을 동등하게 유지하는 것이 어렵기 때문에 그들과의 관계도 깨어지면 안 됩니다 ."라고 썼다 . 이 주장은 예전 중국 정부의 입장과 동일했다 . 서태후는 16 일부터 4 일 동안 계속해서 어전회의를 진행했다 . 이 회의에서 뜻밖에도 열강에 선전포고를 하자는 결정을 내리게 된다 . 서태후는 이 회의에서 왜 이런 이해할 수 없는 결정을 내렸을까 ? 그녀는 시국을 제어할 힘도 없어 '진퇴양난'의 위험에 처한 데다가 각국이 광서제의 폐위를 지지하지 않아 불만을 품었다 . 이러한 중요한 이유 외에도 직접적으로 결정을 내린 이유는 확실하지 않는 소식을 전해들은 탓이었다 . 즉 , 각국이 정권을 광서제에게 돌려주라는 각서를 서태후에게 요구할 예정이라는 소식은 그녀의 입장에서는 생사존망과 관련된 중요한 문제였고 서태후의 가장 아픈 곳을 건드렸기 때문에 그녀로 하여금 급박하게 전쟁을 선포하게 만들었다 . 역사적으로 일정한 조건에서 우연한 사건들이 중요한 역할을 하게 되는데 이 역시 그중의 한 예라 하겠다 . 하지만 결국에는 제한적인 작용을 하게 된다 . 서태후는 그 후 그녀의 심복인 오영 (吳永) 에게 "생각해보니 방법이 있는 것 같네 . 원래는 양인들과 얼굴을 붉히지 않을 생각이었지만 시간이 지나자 양인들이 나를 너무 심하게 괴롭혀서 마음이 불편했었지 . 내가 백성의 행동을 저지하지는 않았지만 , 또 너무 함부로 하도록 내버려 두지도 않았지 . 화가 가라앉고 나서 다시 돌아보니 곳곳에 여지가 남아 있었네 . 내가 정말로 백성이 마음대로 날뛰게 내버려뒀다면 대사관 하나 제대로 부수지 못했겠나 ?"라고 분명히 말했다 .

< 선전포고서 > 에서도 이상한 점이 발견됐는데 어느 한 국가 혹은 몇 개국과 전쟁을 하는지 아무런 설명도 없었고 국가 이름도 제시하지 않았으며 어떤 형식으로 어떤 국가정부로 보내는지에 대한 내용도 없었다 . 선전포고를 한지 4 일 후 , 서태후는 외국 대사관의 포위를 풀라는 명령을 내렸다 . 하지만 이미 침입해 들어온 팔련군은 천진과 북경을 향해 진격해 오고 있었고 그 수는 2 만 명이 넘었으며 그중 절반은 일본 군대였다 . 7 월 14 일에는 천진 , 8 월 15 일에는 중국의 수도 북경이 함락됐다 . 서태후는 광서제를 데리고 북으로 도주했고 몇 개월 후 서안 (西安) 에 도착했다 . 이와 동시에 제정 러시아가 7 월 9 일 중국 동북을 침략하기 위한 동원령을 내렸고 그 후 단독으로 동북의 대부분 지역을 점령했다 .

팔련군은 북경을 점령한 후 , 군대에게 3 일 동안 공개적으로 약탈할 것을 허락했다 . 사실 그들은 약탈이 아니라 도처를 다니며 사람을 죽이고 불을 지르고 부녀자를 강간하고 때려 부수는 만행을 저질렀다 .

러시아 기자 드미트리 (Д.Янчевецкий) 는 그의 종군일지에 당시 북경의 비참한 상황을 이렇게 묘사했다 .

"황제의 위대한 수도 반 이상이 파괴되고 불태워지고 이미 짓밟히고 유린되어 어떠한 형체도 지니지 못해 모든 것이 죽은 것이나 다름없었다. 대사관 거리 양쪽에는 폐허와 돌무더기, 잿더미와 쓰레기들만이 널려있었다. 거리에는 중국인의 시체가 즐비했고, 곳곳에 각종 물건들이 널려있었다."

그들은 중국의 수도를 점령하고 1년 동안 머무르며 지역별로 통제했다. 성내는 4구역으로 나누었는데 북쪽은 일본, 서쪽은 영국과 미국, 동쪽은 제정 러시아가 관할했다. 이것이 20세기로 진입을 앞두고 있던 중국 수도의 모습이었다.

의화단은 원래 단일 지도자와 엄격한 조직이 없었던 민간에서 자발적으로 생겨난 운동이었다. 그들은 팔련군과 청나라 군대의 연합으로 흩어져 사라져버렸다.

의화단운동은 어떻게 평가해야 할까? 의화단운동은 서양 열강의 중국 침입행위에 의해 생겨난 대중적인 애국행동이었다. 직접 이 사건을 겪은 손문(중국에서 손중산(孫中山)이라고 칭함)은 연설에서 "경자년(庚子年)에 발발했던 의화단처럼 그들의 시작은 구미세력을 제거하는 것이었습니다. 그들이 구미세력을 제거하려 했기 때문에 팔련군과 싸운 것입니다. 그들은 칼과 건강한 몸으로 연합군과 싸웠고 연합군에게 수만 명이 죽어 쓰러지기 했지만 희생을 두려워 않고 전진했고 그 용맹한 기운은 많은 사람들이 탄복해 마지않습니다. 이 혈전을 겪고 난 후, 외국인들은 중국에 아직 민족의식이 남아 있다는 사실을 알게 됐고 이러한 민족은 절대 없어지지 않습니다."라는 그의 말은 의화단 사건의 중요 내용이라 할 수 있다.

손문의 마지막 몇 마디 말은 팔련군의 사령관 발더제(Alfred Graf Von Waldersee)가 독일 황제에게 보낸 조서 중에서도 찾아볼 수 있다.

그가 처음에 '최근 토론해왔던 중국분할 문제에 관해'라고 생각했던 내용이 지금은 '실제로 너무나 어려운 분할 실행시기'로 바뀌었지만, 이번 전쟁에서 중국인의 무시할 수 없는 저항정신은 그에게 깊은 인상을 남겼고, 중국은 청일전쟁에 패한 후의 위태로운 시국에서 분할이라는 불운을 피할 수 있었던 데에는 의화단운동에서 표출됐던 죽어도 굽히지 않겠다는 민족정신과 직접적인 관련이 있다고 말하지 않을 수 없다.

당연히 또 다른 측면도 살펴봐야 한다. 의화단 운동은 확실히 심각한 부정적인 측면이 있다. 즉, 막연하게 배척하고, 맹목적으로 미신을 숭배하며, 산만한 조직과 복잡한 구성원, 청나라 정부에 이용당한 것 등이다. 이는 모두 사실이다. 우리는 의화단이 애국적인 행동을 했다고 해서 그들의 부정적이고 터무니없는 것들까지 인정하지는 않지만, 그렇다고 이런 부정적인 측면 때문에 의화단을 반제국주의 애국운동과 같다고 치부할 수는 없다.

의화단의 이러한 부정적이고 황당한 것들은 어떻게 생겨났을까? 근본적으로 살펴보면, 당시 중국경제문화가 낙후되어 있어 사회운동세력의 지도력이 결핍됐기 때문이다. 대중적인 특히 하층의 저항투쟁은 자발적인 상태로 수많은 우매하고 맹목적인 외래배척요인이 동시에 나타날 수 있다. 이런 종류의 투쟁은 그저 당시에 맞는 수준일 뿐이었다. 성숙하지 못한 사회구조는 필연적으로 성숙하지 못한 사회운동을 일으키게 되고 그런 점은 중국 북방에서 특히 두드러졌다. 우리는 당시 중국의 경제문화의 낙후로 인해 더는 참을 수 없는 핍박을 받았다 할지라도 묵묵히 인내하고, 저항하지 않았으면 저런 황당하고 우스운 일은 일어나지 않았을 것이라고 생각할 수는 없다.

그렇게 짧지 않는 글로 먼저 중국이 20세기에 들어서기 전 몇 년간의 역사상황을 살펴보았다. 청일전쟁 후 상당히 많은 중국인은 중화민족이 이미 생사존망의 고비를 맞이했다는 사실을 절감하고 '구국'을 시대의 주제로 삼았다는 것을 알 수 있다. 오랫동안 지속되어 온 낡은 체제는 계속 유지시켜 나갈 수 없다. 조국을 위기에서 구하기 위해 사대부들은 광서제의 지지를 발판으로 변법의 무술유신운동을 추진했고 하층민중에서는 의화단 저항운동이 자발적으로 생겨났으나 모두 실패했다. 곧이어 팔련군의 침입으로 중국의 수도 북경이 함락됐다. 이는 중국인에게 무엇과도 비교할 수 없는 커다란 치욕이었다. 민중의 비참함은 수많은 사람으로 하여금 전율을 느끼게 했다. 중국은 정말로 멸망에서 벗어날 수 없는 운명인가? 중국인은 정말로 누구에게나 유린당하는 망국노가 되어야 하는가? 이렇게 심각한 시국에 직면해 기개 있는 중국인은 자존심과 자신감을 상실하지 않고 희생정신을 가지고 캄캄한 암흑에서 나라와 민족을 구해낼 새로운 출구를 찾기 위해 끊임없이 노력했다. 이것이 당시 중국의 진보지식인이 가장 중요시했던 핵심문제다. 이 문제와 비교했을 때, 다른 문제들은 그리 중요치 않았다.

20 세기 중국의 역사는 이곳에서부터 시작한다. 세기가 바뀔 때 그 배경에서 벗어나 20 세기 중국역사가 왜 이렇게 한 단계씩 발전했는지 자세히 살펴보기는 쉽지 않고, 그 전후 관계를 확실히 인식하기도 어렵다. 이것이 20 세기에 들어서기 전 몇 년 동안의 역사를 본 책의 첫 번째 장으로 삼은 이유이다.

제 2 장
절대 군주제를 무너뜨린
신해혁명 (辛亥革命)

20세기에 들어선 후 중국에서 첫 번째로 발생한 역사적인 커다란 변화는 청나라 정부를 타도하고 수천 년간 이어져오던 절대 군주제를 무너뜨린 신해혁명이다.

혁명은 보통 폭력적인 형식으로 나타나고 짧은 시간 안에 기존의 사회질서에 중대한 변화를 가져온다. 혁명은 누군가 이렇게 해야겠다고 생각해서 만들어지는 것이 절대 아니라 필요한 사회조건을 갖추어야 한다. 중국이라는 긴 역사를 가진 대국에서 전통적인 삼강오륜의 윤리의식은 오랫동안 사람들의 생각을 단단히 속박하고 있었고 오래된 통치 질서도 이미 긴밀하게 연결되어 있어 이런 속박을 타파하는 것은 너무나도 어려운 일이었다. 무술유신운동도 선한 황제를 앞세워 혁명을 추진하려 하지 않았는가? 의화단운동은 '청을 흥하게 하고 서양을 멸한다'라는 기치를 내세우지 않았던가? 일반적으로 초기에는 기존의 사회질서를 유지하는 온건한 개혁을 희망한다. 이렇게 하면 희생도 적을 뿐 아니라 더 많은 사람들이 받아들이기 쉽기 때문이다. 희망이 조금이라도 있다면 온건한 개혁을 하려 하지 왜 많은 사람들이 목숨을 내던지고 뜨거운 피를 쏟는 혁명을 하려 하겠는가? 국가와 민족의 운명이 심각한 위기에 처해있는 상황에서 다른 모든 방법을 동원했지만 아무런 효과가 없었을 때, 사람들의 인내가 이미 한계에 달했을 때, 그때 비로소 손에 무기를 들고 죽을 힘을 다해 전국적인 규모의 혁명을 일으키게 되는 것이다.

단순히 이것만으로는 부족하다. 전국적인 규모의 혁명은 부분적인 성공이 아니라 이전과는 다른 수많은 사람이 받아들일 수 있는 이상과 목표를 제시해 현재의 처지가 비록 어렵지만 이 상황은 변할 수 있다는 희망으로 불타오르게 해야 한다. 만일 한 민족이 심각한 위기에 처했을 때 미래도 희망도 없이 비통하고 절망적인 감정에만 빠져 있거나, 아무것도 고려하지 않고 무모하게 행동한다면 그 역시 민족의 새로운 각성이라 말할 수 없다.

새로운 사회세력이 민족해방운동의 선두에 서야 한다. 이러한 새로운 사회세력의 출현과 발전은 사회구조와 민중 심리의 강렬한 변화의 산물이다.

신해혁명과 그보다 앞서 일어났던 무술유신운동, 의화단운동의 다른 점은 바로 여기에 있다.

제 1 절 혁명대변혁의 원인

20세기가 다가오고 있을 때, 중국의 수도 북경은 여전히 팔련군이 점령하고 있었고, 서태후와 광서제의 힘없는 정부는 서안에서 망명 생활을 이어나가고 있었다. 1년 동안의 협상(실제적으로 중국을 침략한 8개국 간에 중국을 어떻게 나눠가질까 하는 협상을 반복하고 있었다) 으로 청나라 정부는 마침내 1901 년 9 월 7 일 , 치욕스러운 신축 조약 (辛丑條約) 에 서명했다 . 길고 길었던 1 년 동안 열강들이 가장 먼저 고려했던 문제는 이를 핑계로 중국을 나누어 갖는 것이었다 . 열 강들은 의화단의 강력한 저항으로 중국을 직접 통치하기 어렵다는 것 을 알게 됐고 , 그렇다면 완전히 굴복한 청나라 정부로 하여금 중국을 통치하게 하는 것이 더 낫다고 생각했다 . 또 제국주의 각국이 차지할 이익에 대해서도 잘 조율되지 않았기 때문에 열강들은 중국을 나누어 차지하려는 생각을 버리게 됐다 .

신축조약의 주요내용은 다음과 같다 . 첫째 , 중국은 각국에 은자 4 억 5,000 만 냥을 배상해야 한다고 규정했는데 , 즉 중국인 한 사람당 은자 1 냥씩을 부담해야 되는 것을 의미했다 . 앞으로 40 년간 매년 배 상금을 갚아나가야 했고 여기에 이자와 지방 배상금을 더하자 총액은 당시 청나라 정부의 12 년간 재정 총 수익과 맞먹는 수준이었다 . 이렇 게 청나라 정부의 재정은 더욱 어려워졌다 . 둘째 , 열강들에게 북경에 서 발해 (渤海) 지역까지 주둔할 권리가 있다고 규정했다 . 이는 아주 중요한 내용이었다 . 이후 일본이 노구교 (盧溝橋) 사건을 일으켰을 때 , 동원했던 군사가 바로 이 조약에 따라 이미 평진 (平津) 철도 주변 을 불법으로 점거하고 있던 '중국주둔군'이었다 . 셋째 , 소위 '주모자 에 대한 처벌'이었는데 , 실제적으로는 청나라 정부가 앞으로 착실하 게 열강들의 말을 순종하고 조금이라도 거역하지 말라는 경고였다 . 이 렇게 중국은 반식민지로의 길에 크게 한발을 내딛게 됐다 .

중국은 신축조약 후의 짧지 않은 기간 동안 청일전쟁과 팔련군의 전투와 같이 외국의 대규모 군대에게 공격을 당하지는 않았지만 분할된 중국의 군중의 함성도 예전처럼 그렇게 매섭지는 않은 것처럼 보였다 .

그렇다면 잠시 중국의 민족 위기가 완화된 것이었을까? 그렇지 않았다. 오히려 정반대로 민족의 위기는 더욱 심각하게 진행되고 있었다. 확실한 것은 제국주의 세력은 중국에 대한 약탈과 통제를 강화하기 위해 중국 내륙 깊숙이 들어가 철도를 건설하고 지하자원을 채굴했으며 공장과 조계(租界)를 세우고 해운업을 운영하며 중국 경제의 명맥을 굳건히 통제했다. 1901년 이전까지 제국주의 열강들은 중국을 분할해 세력범위를 정하고 각종 투자의 이권을 탈취했지만 이런 성과를 미처 다 소화하지 못했기에 1901년 이후에는 그전보다 훨씬 더 큰 규모로 특권을 실행했다. 이렇게 제국주의 열강들은 중국 경제 침략을 심화시켜나가고 있었다.

이런 중국에 대한 투자와 정상적인 국외 투자와 다른 점은 중국이 국가의 독립주권을 상실한 상황에서 투자를 진행했으므로 외국자본이 독점권을 누리는 반식민지화된 공업의 발전이었다. 그들의 투자는 이윤이 가장 높고 자원을 약탈하기 편한 철도건설과 자원채굴에 집중됐다.

1903년에서 1911년 동안 옛 중국의 간선철도는 절감철도(浙贛鐵道, 절강(浙江)성 항주(杭州)에서 강서(江西)성을 횡단하는 철도)와 동포철도(同浦鐵道, 산시성(山西省) 대동(大同)에서 소주(朔州), 태원(太原), 임분(临汾), 후마(侯马) 등을 거쳐 풍릉도진(风陵渡镇) 남쪽에 위치한 운성시(运城市) 풍릉도진(风陵渡镇)에 이르는 길이 865km의 철도), 월한철도(粤漢鐵路, 중국 대륙을 남북으로 횡단하는 철도) 외에 거의 모든 철도가 이 시기에 완성됐거나 착공됐다.

시커먼 연기를 내뿜는 기차는 괴물처럼 중국내륙의 광대한 평야를 질주했다. 이런 수탈은 중국의 전통적인 경제 해체를 촉진하는데 중요한 역할을 했다. 러시아, 프랑스, 독일, 영국, 일본 등의 국가는 극심한 다툼을 통해 차관 혹은 강제임차 등의 방식으로 중국의 철도를 통제했다. 그들은 상품의 중국내륙으로 대량 이송하는 것과 중국에서 약탈한 자원을 국외로 운송하는데 주안점을 두었고, 일정 연한 내에 일부 철도사업의 관리권을 획득했고, 비싼 대출수수료와 이자, 배당금을 착취했으며, 철도부근지역을 그들의 세력범위로 취했다. 따라서 미국의 서부 철도건설에서 그랬던 것처럼 중국의 공업발전을 촉진할 수는 없었다.

열강들의 중국 광업 특히 탄광에 대한 약탈은 이 시기에 가장 뚜렷이 나타나는 현상이었다. 당시의 생산기술조건으로 봤을 때, 석탄은 가장 중요한 자원이었고, 현대공업과 해운업의 생존과 발전을 좌우하는 가장 기본이 되는 물질이었다. 그러므로 탄광을 중심으로 하는 광업의 약탈은 열강의 가장 중요한 수탈항목이었다. 특히 주목할 만한 두 가지 사건이 있었는데, 그중 하나는 영국이 팔련군이 중국을 공격하는 틈을 이용해 오랫동안 중국이 경영해오던 개평 (開平) 탄광을 강점하고, 그 후 난주 (灤州) 탄광을 불법으로 차지했으며, 1911 년에는 영국이 통제하는 개란 (開灤) 광업 사무총국을 설립했다. 다른 하나는 일본이 1906 년 남만주 (南滿洲) 철도주식회사 (이하 '만철 (滿鐵)')를 설립해, 결연히 '만주 (滿洲) 경영'을 표방했는데, 이 후 만철은 남만철도 경영과 철도주변의 탄광타원을 중심으로 일본이 중국 동북지역을 침략하는 최선봉이 됐다.

철도와 광산 외에도 서양열광들은 다각적으로 투자를 확대해나갔다. 이에 따라 외국은행도 적극적으로 경영범위를 넓혀 중국의 광공업과 교통사업의 통제를 강화하여 중국의 재정금융을 독점했다.

잇따른 경제 약탈행위는 특히 중국 내륙 깊숙이 침투하면서 모든 중국의 애국자들에게 강렬한 각성작용을 했다. 당시 많은 사람들은 외국인들이 일단 중국의 철도와 광산을 장악하면 중국인의 숨통을 움켜쥐는 것과 같다고 인식하고 있었다. 20 세기 초에 출판된 도일유학생 간행물 《강소 (江蘇)》, 《절강조 (浙江潮)》 등에서 모두 이런 침통하고 격앙된 문장을 읽을 수 있다. "아아, 나라의 철도는 인간의 경맥과 같다. 한 현 (縣) 이 그 권리를 잃으면 현이 죽고, 한 성 (省) 이 그 권리를 잃으면 성이 죽는데, 하물며 전국 남북 (월한철도), 동서 (촉한 (蜀漢) 철도) 교통의 중심이랴." 이러한 인식은 19 세기 말과 비교해 더 깊은 비통함을 나타낸다.

자본의 투입이 급격히 증가됐고, 열강 제품의 덤핑판매도 없어지지 않고 있었다. 이와 반대로 더 많은 상품을 수입하기 위한 길도 열렸다. 통상항구는 서양 열강의 중국경제 침략을 위한 거점이었다. 청일전쟁 이전에 개설된 통상항구는 모두 34 곳이었는데, 전쟁 이후에서 청나라 말까지 신설된 항구는 48 곳으로 대부분 중국 내륙에 위치해 있었다. 열강들이 세관관리권과 하천운수확대권, 철도건설권을 가지고 있었고, 자구세 (子口稅) 면제 등 중국의 공상업보다 더 많은 특권을 누리고 있었기 때문에 1901 년에서 1905 년의 5 년 동안 중국의 수입상품총액은 2 배 이상 증가했고, 수출은 대폭 축소됐다. 이 시기에 외국깃발을 높이 건 배들이 예전에는 거의, 혹은 아예 외국인들을 볼 수 없었던 수많은 지역에 난입했고, 고개를 치켜들고 거리를 활보하거나 위세를 부리는 수많은 '서양인'이 나타났다. 그들은 근엄한 주인의 태도로 중국의 국토에 군림했고, 중국인을 하찮게 여겼다. 상해 외탄 (外

灘) 공원에 높이 매달렸던 '개와 중국인은 들어올 수 없다'는 게시문은 이를 잘 나타내고 있다 . 그들의 세력이 각 지역으로 뻗어나갈 때마다 , 그 지역 민중의 분노를 야기해 민족 자각을 일깨웠다 .

이와 동시에 열강들은 특권을 쟁탈하기 위해 중국에서 대대적인 경쟁을 벌였다 . 그중 가장 격렬했던 것은 일본과 러시아가 동북에서 , 영국과 러시아가 티베트에서 벌였던 쟁탈전이었다 . 중국 서남변경에 자리한 티베트를 두고 영국과 러시아간에도 격렬한 쟁탈전을 벌이고 있었다 .

19 세기 초 비엔나회의 후 , 국제 정세에도 급격한 변화가 발생하고 있었는데 , 이전의 국제 시스템이 무너지고 새로운 각축전이 벌어지고 있었다 . 1905 년 봄과 가을에 모로코에서 발생했던 충돌사건 이후 , 영국과 프랑스는 독일과 첨예하게 대립했다 . 그들이 유럽과 지중해 지역에 시선을 집중하고 있었으므로 점점 1 차 세계대전으로 향해 가고 있었다 . 독일에 대적하기 위해 힘을 모으고 있던 영국과 프랑스는 외교력을 집중해 다각적으로 관계를 조정하고 있었다 . 1907 년 영국과 러시아 , 프랑스와 일본 , 러시아와 일본이 차례로 협정을 맺었다 . 그다음 해에는 일본과 미국도 루트 - 다카히라 협정 (Root-Takahira Agreement) 을 맺었다 . 이들 협정에는 중국에서의 쌍방 세력 범위에 대한 비밀협정도 포함되어 있었다 . 이 모든 협정은 중국과는 한마디 상의도 없이 진행됐다 .

얼마 지나지 않아 , 중국인에게 커다란 충격을 주는 또 다른 사건이 발생하게 되는데 즉 , 일본이 1910 년 8 월 22 일 , 정식으로 조선을 집어삼키기 위해 조선을 핍박해 체결한 한일합병조약이었다 . 중국과 조선 양국은 역사적으로 상호 의존적인 밀접한 관계였으므로 조선이 망하면 중국도 어려움에 처하게 된다. 일본군국주의 세력은 이제 군대를 압록강 변에 배치해 놓고, 호시탐탐 중국의 동북에 시선을 집중할 수 있게 됐다. 조선이 망한 후 그들의 비참한 처지는 중국인에게 큰 충격을 안겨 주었다.

이제 '구국'은 애국심을 가진 모든 중국인에게 가장 우선시됐다. 국가마저 멸망하게 된다면 중국인은 누구에게나 유린당하는 망국노가 될 것이고, 개인의 다른 문제들은 아무런 의미도 가지지 못하게 될 것이었다. 수많은 애국자들이 자기희생을 마다하지 않고, 조국을 구하기 위해 위험에 몸을 던졌다. 이런 희생은 아무나 임의로 하는 주관적인 선택이 아니라 객관적인 시국에 의해 만들어진 결과였다.

극도로 심각한 민족 위기에 직면해 정부가 민중을 이끌어 외세 침략에 대항해 조국을 어려움에서 구해내고 민중의 신임과 지지를 받지 못한다면 민중에게 버림을 받게 된다. 이때 중국을 통치하던 청나라 정부는 어떤 상황에 처해 있었을까? 사람들은 실패를 교훈으로 삼아 단호히 혁신하며 나라와 민족의 이익을 지키는 정부를 원했다. 그러나 청나라 정부는 이와는 반대로 국가의 권리를 팔아먹더라도 열강들의 지지를 받고 민중의 애국행위를 제압하면서 그들의 위태로운 통치를 지켜나가려 했다. 이렇게 썩어빠진 정부에게는 단호히 혁신을 진행할 어떤 가능성도 보이지 않았다.

신축조약에 서명한 후, 1902년 1월, 청나라 정부는 서안에서 북경으로 돌아왔다. 그녀가 입궁하던 날, "서태후(西太后)가 가마를 타고 대사관 관원들이 기립해 있던 누대를 지날 때, 그녀는 가마에서 몸을 굽히며 상냥한 태도로 그들에게 답례했다."고 한다. 2월 1일, 외국 사절의 부인을 접대할 때, "서태후가 부인들에게 안부를 물을 때,

부인들은 그녀를 동정하며 그녀와 이야기를 나누면서 눈물을 흘렸다." 라고 했다 . 이 모든 것이 드라마틱한 사소한 일로 보이지만 , 오히려 청나라 정부와 제국주의 열강간의 정치적인 관계의 미묘한 변화를 나타내는 상징성을 가지고 있다 .

그 후 청나라 정부는 한술 더 떠서 대외적인 굴복정책을 진행했다 . 정부는 또다시 외국인의 권익을 보호하는 명령을 하달하고 , 민중의 애국행위를 억압했으며 , 외국인을 재정과 군사 등의 고문으로 임명했으며 , 지방대사의 임명까지도 외국인의 눈치를 보며 진행했다 . 청나라 정부가 외국침략자와의 관계를 굳건히 하자 , 민중도 외국 침략자에게 저항하는 사람과 청나라 통치자를 반대하는 사람이 서로 뭉치게 됐다 . 이는 너무나 당연한 결과였다 .

진천화 (陳天華) 가 《맹회두 (猛回頭)》에서 단도직입적으로 다음과 같이 썼다 . "여러분 , 지금의 조정이 여전히 만주 (滿洲) 인의 것입니까 ? 오랫동안 서양인의 것이었습니다 . 여러분 ! 믿지 못하겠다면 최근 정부에서 하는 일을 보십시오 . 모두 서양인을 받들기 위한 명령이 아닙니까 ? 조정은 물론 거스를 수 없지만 , 이 서양인의 조정도 거스를 수 없다는 말입니까 ?"

'서양인의 조정'이 가져온 근본적인 문제가 진천화의 한 마디에 의해 폭로된 후 , 그 내용은 즉시 온 나라에 퍼져 나라를 사랑하는 민중에게 거대한 반향을 일으켰다 .

이뿐만 아니라 20 세기 초 청나라 정부는 더 심하게 민중의 고혈을 짜냈다 . 이런 상황을 초래한 직접적인 원인은 두 가지였다 . 첫째 , 대외적으로 지불해야 할 거액의 배상금 때문이었다 . 청나라 정부의 재정은 청일전쟁에서 패한 후 이미 수습할 수 없는 지경에 이르렀고 , 신축조약 후에는 재정상태가 이 보다 더 나빠졌기 때문에 대대적인 해외 차관이라는 독주를 마시는 방법 (정치적으로도 이 때문에 시키는 대로 할 수밖에 없었다) 외에 더욱 심하게 백성의 고혈을 짜내는 수밖에는 없었다 . 둘째 , 청나라 정부가 국내에서의 통치를 유지하기 위해 군비를 확충해 원세개 (袁世凱) 를 시켜 북양육진 (北洋六鎭 , 진은 사단과 대등한 규모) 군을 창건했다 . 각 성 (省) 도 새로 조직한 군대인 진 (鎭) 에 편성할 계획을 세웠으므로 민중에게 더욱 가혹한 약탈을 자행할 수밖에 없었다 .

　장기적인 봉건사회에서 사회의 생산력 둔화되면 정부의 재정수익은 빠르게 증가되기는 힘들다 . 청일전쟁 전까지는 청나라 정부의 매년 재정수지는 대체로 8,000 만 냥 정도로 안정적이었다 . 그러나 1903 년이 되자 , 세입은 1 억 492 만 냥에 이르렀고 , 1908 년의 세입은 2 억 3,480 만 냥에 달했다 . 1920 년 , 청나라 정부가 다음 연도의 재정예산을 편성할 때 , 국가 세수는 2 억 9,696 만 냥이었고 , 세출은 3 억 3,865 만 냥이었다 . 10 여 년간 국가의 재정수지는 놀랍게도 4 배로 급증했다 . 과거에는 한 번도 없었던 일이었다 . 해마다 세입의 급증은 생산의 증가로 인한 것이 아니라 눈앞의 이익에 급급해 약탈하고 빼앗은 결과였으며 , 백성의 생활은 도탄에 빠지고 원망이 들끓었으며 사람들이 더 이상 참을 수 없는 지경에까지 이르게 됐다 .

　한족의 전통적인 사상은 이때도 큰 역할을 했다 . 만주족 통치자와 인구의 절대다수를 차지하는 한족 간의 갈등이 다시 한 번 불거졌다 . “같은 민족이 아니니 , 그 마음이 필시 다를 것이다 .”라는 말은 어디에서든 인용되어졌다 . 수많은 사람은 나라와 국민의 권익을 조금도 고려하지 않고 팔아넘긴 행위를 포함해 시대의 흐름에 역행하는 청나라 정부의 여러 가지 행위를 모두 '이민족' 통치의 결과로 귀결시켰다 . 또한 상술한 여러 내용을 더해 "반드시 이 청나라 정부의 통치를 타도해야 한다 ."라는 하나의 공통된 의견으로 모아졌다 .

백성의 원망이 들끓고 , 혁명이 점점 가까워오던 그때 , 1906 년 9 월 , 청나라 정부는 이미 제어할 수 없는 국면에 대처하기 위해 '예비입헌 (豫備立憲)'이라는 조서를 공포한다 . 이 조서는 말도 안 되는 내용으로 가득 차 있었는데 , 실질적인 내용은 "대권은 조정에서 가지고 각계는 의견을 낼 수 있다 ."라는 한 마디였다 . 즉 , 백성과 정부는 각 방면에서 '의견'을 발표할 수 있는 양보를 했지만 '대권'은 '조정에서 가진다'는 사실은 조금도 양보할 수 없다는 의미였다 . 1908 년 11 월 , 광서제와 서태후는 이틀간 잇따라 사망한다 . 당시 3 세였던 부의 (溥儀) 가 왕위를 계승하고 연호를 '선통 (宣統)'이라고 정한다 . 순친왕 (醇親王) 재풍 (載灃) 은 섭정왕으로서 나라를 다스렸다 . 청나라의 최고 통치집단이 혼란으로 빠져드는 순간이었다 .

1911 년 봄 , 전국이 봉기하기 전 청나라 정부는 새로운 내각관제를 선포하고 내각을 설립했다 . 어떤 내각이었을까 ? 내각의 총리대신은 수석군기대신인 경친왕 (慶親王) 혁광 (奕劻) 이 맡았다 .

"13 개의 대신 자리 중 , 4 자리는 한족에게 8 자리는 만주족에게 돌아갔고 8 명의 만주족 대신 중에서 황족이 5 자리를 차지했고 몽골만주족이 1 자리를 차지했기 때문에 당시에 이를 '황족내각'이라 불렀다 . 황족들이 확실한 인재라면 문제가 없었지만 실제로 모두 거만하고 제멋대로이며 , 정세를 모르는 멍청이들이었다 ."

이 어리석고 교만한 '멍청이'가 어떻게 국가를 올바른 방향으로 이끌어 갈 것이라 기대할 수 있겠는가 ?

청나라 정부는 궁지에 몰린 상황에서 왜 이렇게 시대에 역행해야 했을까? 근본적인 원인은 다음과 같다. 역사상 모든 보수적인 통치자들은 권력을 가장 중요시했고, 모든 권력을 자신의 손에 넣으려고 온 힘을 다했다. 그들의 통치지위가 불안정할수록 점점 고립됐고, 마음이 초조해져 주위의 모든 사람들을 의심하고, 다만 권력이 분산될 것만 걱정하고 손에 틀어쥐고 놓으려 하지 않았다. 정상인은 도저히 이해할 수 없는 병적인 심리지만 몰락해가는 단계의 통치 집단의 입장에서 봤을 때는 생사가 달린 아주 중요한 문제였다.

청나라 말의 신정(新政)은 다음과 같은 배경에서 고찰할 수 있다.

그들이 추진하는 '신정(新政)'에서 공장 건설 장려와 과거 폐지하여 학당을 장려하는 조치들은 객관적으로는 긍정적인 역할을 했다. 특히 과거 폐지와 학당 장려는 이미 대세의 흐름으로 어쩔 수 없었지만, 이 조치가 중국의 근대사회 변혁을 추진하는 데에 미친 영향은 크다고 할 수 있다. 각 성(省)에 설립된 자의국(諮議局)도 지방 유지로 하여금 의견을 발표할 권리를 주었으므로 기초적인 민주화 훈련을 받았다 할 수 있었다. 그러나 청나라 정부가 모든 근본적인 사회변혁을 반대하고 있었고, 부패하고 무능한 집권자가 정권을 손에 쥐고 놓지 않으려 하고 있는데, 중국이 어려움을 돌파할 길을 어떻게 찾을 수 있었겠는가?

이런 상황에서 민중의 청나라 정부에 대한 실망과 불만, 분노는 점점 더 커져만 갔다. 점점 더 많은 사람이 차가운 현실에서 나라를 팔아먹은 이 부패한 정부를 타도하지 않는다면, 중국에는 실낱같은 희망도 없을 것이라는 결론을 내렸다.

신해혁명이 발발하기 전 사람들의 이러한 불만과 분노는 이미 덮으려야 덮을 수 없을 지경에 이르렀고 이런 분위기는 전 사회에 만연해 있었다 .

제 2 절 새로운 사회세력의 성장

중국은 분연히 일어서야 했지만 죽는 한이 있어도 굽히지 않겠다는 저항정신과 용기만으로는 충분치 않았다 . 중국 사회 내부의 오래된 세력들은 이미 새로운 출구를 찾아줄 능력이 없었다 . 시대가 변했으므로 새로운 사회세력에게 그 역할을 맡길 필요가 있었는데 비록 당시에 보잘것없었고 조국을 위기에서 구해낼 만한 임무를 맡기에는 아직 부족한 면이 많았지만 결국에는 중국 역사를 크게 발전시켜나갈 터였다 .

이러한 새로운 사회세력의 탄생과 성장은 중국 근대사회구조와 민중 심리의 변화에 따라 생겨났다 . 그중 가장 주목할 만한 사실은 민족 상공업의 발전으로 민족자산계급과 노동자계급이 빠르게 확대됐고 , 근대지식인 무리가 형성됐다는 점이었다 . 새로운 정치 관념과 이데올로기가 이에 상응하여 생겨났다 .

중국 근대화 공업이 발전해 나갔던 길은 정상적인 자본주의로의 길이 아니었다 . 그 주체는 공장수공업에 기초해서 발전해 나갔던 것이 아니라 어느 정도 외국 자본주의의 침투로 만들어진 산물이었다 . 아편전쟁 이후 외국 자본주의 침투에 충격을 받았고 자연경제구조가 붕괴하기 시작했으며 , 사람들이 점점 신식공업에서 이익을 취할 수 있는 면을 보기 시작했기 때문에 , 1870 년대부터 중국 동남 연해의 자유무역항에서 기존의 매판 (買辦 , 중국에 상주하는 외국상관 , 영사관 등에서 중국 상인과의 거래중개수단으로서 고용한 중국인) 과 상인 , 관료 , 지주가 신식공업에 투자하기 시작했다 . 이때 외국자본이 중국에 설립한 광공업 기업이 아직 적어서 중국민족 자본이 발전해 나가기에 아주 좋은 기회였지만 당시 사회적인 조건이 성숙하지 않았고 , 또 봉건정부와 봉건관료의 통제와 독점 하에서 신식공업이 발전해나가기는 여전히 어려웠다 . 청일전쟁에서 패한 이후까지 중국 국민 산업의 세 차례 잇따른 발전은 사회적으로 커다란 변화를 가져왔다 .

왜 이 시기에 이러한 변화가 발생했을까 ? 두 가지 원인이 있다 . 첫째는 민족위기에 직면해 받은 충격 때문이었다 . 시모노세키조약으로 외국 기업이 중국에 공장을 설립해 제품을 생산하도록 허락한 일은 큰 반향을 일으켰다 . 수많은 사람은 민족 산업의 발전을 한시도 늦출 수 없는 일이었는데 , 만약 중국 곳곳에서 외국기업이 발전한 후에 민족발전을 꾀한다면 이미 늦었다고 생각했다 . 둘째 , 더욱 중요한 직접적인 원인은 이렇게 하면 아주 막대한 이익을 얻을 수 있다는 것을 알기 때문이었다 . 외국자본주의는 수십 년간의 발전을 통해 값싼 제품을 덤핑으로 판매했고 중국자연경제의 점진적인 와해와 농민들의 파산으로 근대산업 발전에 시장과 노동력이라는 중요한 조건을 제공했다 . 양종렴 (楊宗濂) 등이 1896 년 강소 (江蘇) 무석 (無錫) 에 세운 방직공장의 경우 비록 밤낮으로 일을 했지만 상주 (常州) 와 소주 (蘇州) 두 시장의 수요를 완전히 충족시킬 수 없었고 연배당금이 25% 이상이었으므로 , 자연스럽게 수많은 사람이 몰려들었다 . 수익이 없다면 어떠한 세력도 근대공업에 자금을 투자하지는 않았을 것이다 .

중국국민산업의 첫 번째 발전은 청일전쟁이 끝나고 얼마 지나지 않아서부터였다 . 1895 년에서 1900 년에 이르기까지 5 년간 세워진 공장과 광산의 숫자와 자본총액은 20 여 년 전의 총액보다 훨씬 많았다 . 규모가 큰 , 예를 들어 산동 (山東) 연대 (煙臺) 장유 (張裕) 양조회사의 창립자금은 100 만 은전이었고 , 강소 (江蘇) 남통 (南通) 의 장원 (壯元) 인 장건 (張謇) 등이 세운 대생 (大生) 방직공장의 창립자금도 70 만 은전에 달했다 . 더욱 주목할 만한 점은 청일전쟁 전 , 중국 근대산업의 자본 총액에서 정부가 세우고 관리하는 상판기업 (商辦企業 , 1860 년대 후반기에 나타난 개인이 출자해서 설립하고 직원을 고용하며 기기를 사용해서 제품을 생산한 중소기업) 이 대다수를 차지했지만 전쟁 이후 5 년간 상판공장과 공산의 자본액은 이미 그전보다 훨씬 더 주요한 위치를 차지했다는 사실이 또 하나의 중요한 변화였다 .

두 번째 발전은 20 세기 초 , 특히 1903 년 이후부터이다 . 그 발전 속도와 규모는 첫 번째 발전을 능가했다 . 상판공장의 투자범위는 기존의 견사와 면방직 , 제분 등 몇 가지 주요업종에서 담배 , 비누 , 전등 , 유리 , 보일러 , 연필 , 화장품 등의 업종으로 확대되어 민중이 일상에서 소비하는 거의 모든 제품이 포함됐다 . 또한 장건의 대생그룹과 영종경 (榮宗敬), 영덕생 (榮德生) 형제가 경영하는 제분업 , 방직의 무신 (茂新) 그룹 (이후 갑신 (甲新) 그룹으로 발전함) 등과 같이 몇 가지 업종에 투자하거나 막대한 자금을 가진 기업그룹이 나타났다 .

세 번째 발전은 1905 년에서 1911 년까지다 . 7 년간 투자한 총액은 과거 30 여 년간의 총액과 비슷했는데 , 이 기간 중 가장 절정을 이루었던 시기는 1905 년에서 1908 년이었다 . 국내시장에서는 면사와 제지 , 제분 등 업종에 대한 투자가 절대적으로 많았다 . 가장 빠르게 발전하고 투자가 가장 집중됐던 지역은 상해 (上海) 와 무한 (武漢), 광주 (廣州) 였고 , 도시의 모습도 크게 변했으며 , 국내혁명과 입헌제도를 원하는 세력 중심으로 점차 바뀌어갔다. 당시 제국주의 열강들은 중국의 철도부설권을 두고 서로 다투었고, 철도에 투자하면 막대한 이익을 챙길 수 있었기 때문에 국내에서는 상판철도업체 설립과 주식으로 자금을 모아 직접 철도를 부설하려는 열풍이 일었다. 1911년에 이르러 사천(四川) 천한(川漢) 철도회사와 광동(廣東) 월로(粤路) 회사, 절강(浙江) 철도회사가 실제로 구입한 주식금액은 4,083만 은전에 달해, 방직공업의 40년간의 투자총액을 넘어섰다. 이렇게 신해혁명 이전에 일어난 보로운동(保路運動, 열강에 빼앗긴 이권을 되찾기 위해 민간에서 주도하여 철도를 부설했으나 당시 국가 재정이 어려워지면서 조정은 철도를 국유화하여 이를 담보로 외국으로부터 차관을 도입하려 하자 지역을 중심으로 철도를 지키자는 운동)이 왜 이렇게 거대한 규모로 발전했는지, 왜 사천의 보로운동이 신해혁명의 도화선이 됐는지를 알 수 있다.

이러한 신흥 민족자산계급의 세력은 그 크기는 작았지만, 새로운 생산성을 대표하고 있었고 중국사회 발전의 새로운 방향을 구현했으며 제국주의 열강과 청나라 정부의 억압으로 인해 어느 정도 애국의식과 민주사상을 가지고 있었다. 그러나 그들에게는 전국사회경제구조에서 차지하는 비중이 아주 적다는 심각한 약점이 있었다. 상층의 민족자산계급은 대부분 지주에서 전환됐기에 종종 수많은 전답을 소유하고 있었고, 관료들과도 친밀한 관계를 가지고 있었기 때문에 봉건적인 성격이 짙었고, 기본적으로 청나라 정부의 통치제도를 지지하는 태도를 취했으며, 혁명이 발전해 나가는 것을 두려워했다. 일반 중소형 상공업자들은 세력이 약했기 때문에 자신과 가족의 목숨과 재산을 지킬 걱정만 했고, 격렬한 수단으로 중국에서 자본주의를 자유롭게 발전시켜나갈 생각을 하지 못했다 . 이는 프랑스 대혁명 때의 자산 계층과는 현저히 다른 모습이었다 . 중국 근대 민족민주 혁명을 이끄는 일은 그들이 감당해야 할 역사적인 책임이었으나 오히려 이제 막 형성 된 더 많은 근대 교육을 받고 그들의 이익을 대표할 수 있는 새로운 지 식인들이 들고 일어났다 .

중국 근대지식인들은 아주 늦게 형성됐다 . 청일전쟁 이전에 중 국의 지식인들은 여전히 구식 봉건 사대부들이었다 . 그들이 주야로 부 지런히 공부한 것은 오래된 '성현의 책'이었고 이 책에서 '대도 (大道 , 고대의 최고 정치 이상으로 조금의 사심도 없이 국민의 이익만을 생각 하다)'를 찾을 수 있고 신분을 상승할 수 있는 유일한 길이라고 생각했 다 . 절대 다수의 사대부는 이것 외에 다른 어떤 학문이라고 부를 수 있 는 무언가가 있다는 사실을 몰랐다 . 담사동도 30 살 이전에 배웠던 것 은 모두 '구학문'이고 30 살 이후에 배웠던 것을 '신학문'이라고 인정했다 . 그가 '30 살'이라고 말하던 때는 청일전쟁이 일어났던 그해였다 . 장태 염 (張太炎) 과 같은 사람도 청일전쟁 이전에는 항주에 있는 고경정사 (詁經精舍) 의 서적 더미 속에 머리를 파묻고 시국에 대해 묻는 법이 없었다 . 사상이 급진적이었던 담사동과 장태염과 같은 사람들도 이러 했으니 다른 사람들은 어떠했는지 미루어 짐작할 수 있다 .

19 세기 말의 중국은 아직 상당한 규모와 세력을 가진 근대지식인 들의 사회계층이 형성되지 않았다고 말할 수 있다 .

20 세기 초 이런 상황에 변화가 생겼다 . 이러한 변화가 발생한 직 접적인 원인은 첫째 , 수많은 젊은 학생들이 해외로 유학을 떠났고 , 둘 째 , 국내에서 과거가 폐지되고 신식학당이 생겨났으며 , 셋째는 서양 의 근대문화가 각종 서적의 출판을 통해 사회에 폭넓게 보급됐기 때문

이다.

이런 변화과정의 특징은 먼저 젊은 지식인들이 해외로 유학을 떠난 후 다시 돌아와 두 번째와 세 번째 변화를 이끌었다는 점이다.

해외 유학생들은 1900년 이전에는 그 수가 적었고 귀국 후에는 보통 기용되지 않았다. 20세기 초에는 그 수가 갑자기 증가했다.

유학생 수가 급증한 주요 원인은 두 가지다. 첫째, 심각한 민족위기로 인해 수많은 사람은 나라를 구하려면 유신을 해야 하고, 유신하려면 외국에서 공부해야 한다고 인식하게 됐다. 둘째, 청나라 정부가 과거를 폐지하고 유학을 장려해 수많은 사람의 서양 유학을 권장했다. 파견이나 유학의 장려는 청나라 말의'신정'에 포함됐던 정책이었지만, 서양으로 유학한 후 수많은 사람의 사상은 크게 변화해 청나라 정부를 반대하는 입장으로 바뀌었는데, 이것은 청나라 정부가 전혀 예상치 못했던 상황이었다.

국내에서 과거가 폐지된 후, 학당이 생겨난 것도 커다란 사건이었다. 1909년, 전국에는 460곳의 중학당이 생겨났고 중학생도 40,468명이었다. 이 학당들의 교육내용은 사실 완전히 신식은 아니었고 경서를 읽는 등의 과목이 여전히 대부분을 차지하고 있었으며, 교사 대부분도 여전히 구식의 사대부로 수많은 사람은 학당의 입학을 과거의 과거응시와 비슷하게 보았다. 그러나 어쨌든 예전과는 수많은 부분에서 차이가 있었는데 학당에 국내외 역사와 지리, 격치(格致, 물리), 산술, 외국어 등의 교과목이 개설됐고, 고등문법학당에는 서양 사회학설을 소개하는 과목도 개설됐다. 도일유학생 중 가장 많은 학생들이 속성사범학생이었는데, 이들이 귀국한 후에는 학당에서 교편을 잡고 수많은 새로운 사상과 풍조를 심어주었다. 학당의 기풍은 과거의 서원과는 아주 달랐다 . 수많은 신식지식인은 여기에서부터 양성됐다 .

이 외에 유럽의 근대사회 정치학설과 문화사상을 소개한 저서와 교과서 , 소설 등이 계속해서 번역되어 출판됐다 . 이러한 외국저서와 교과서의 번역 , 출판과 보급의 영향은 어떤 의미에서는 학교 교육에 뒤지지 않았다 .

이런 지식인들은 당시에는 '새로운 유파'의 사람들이었다 . 그들과 구식 사대부와 비교하면 , 서로 다른 특징이 아주 많았다 . 첫째 , 그들은 세계지식이 비교적 풍부했고 , 현재 세계에서의 중국 위치를 알고 있었으며 , 심각한 민족위기에 대해 절실히 느끼고 있어 애국의식도 더 강렬했다 . 둘째 , 그들은 서양의 근대정치학설과 문화사상을 어느 정도 받아들여 새로운 이상과 새로운 시비를 판단하는 척도를 만들기 시작했다 . 셋째 , 그들은 신흥 사회세력으로서 미래에 대해 가슴 가득히 믿음을 품고 있었고 , 자신이 일반 민중에 비해 더 많은 것을 이해하고 있다고 생각해 강렬한 책임감을 가지고 있었다 .

20 세기 초 10 여 년 동안 사회구조와 민중심리에 이러한 커다란 변화가 없었다면 신해혁명은 발생하지 않았을 것이다 .

제 3 절 손문의 혁명활동

중국의 완전한 의미의 근대 민족 민주혁명은 손문으로부터 시작됐다 .

손문 혁명활동의 시작은 일종의 새로운 사회세력이 중국정치무대에 등장하는 것을 상징한다 . 그는 가난한 농민가정에서 태어나 소년

시절부터 화교농장주가 된 형을 따라 오랫동안 외국에서 생활했다 . 12 세 이후 하와이군도와 홍콩에서 10 여 년 동안 체계적인 근대교육을 받았다 . 과거 중국사회에서는 이런 지식인을 찾아볼 수 없었다 . 이렇게 그는 새로운 사회세력의 정치대표가 될 수 있었다 . 하와이에서 고국으로 돌아와 청나라의 봉건정치 통치 하에 있는 옛 중국을 다시금 접했을 때 유달리 예민하게 와 닿은 중국의 부패한 탐욕적인 정치와 중국 인민이 받고 있는 잔혹한 억압을 보고는 참을 수 없었다 . 그가 홍콩에서 공부할 때가 마침 청나라 정부가 프랑스와의 전쟁에서 패했을 때여서 그에게 커다란 충격을 주었고 , 이 정부의 통치는 지속될 수 없을 거라고 생각했다 .

그러나 한 사람의 생각은 보통 여러 가지 모순과 충돌을 포함한 여러 굴곡을 겪게 마련이다 . 새로운 사회의식의 출현은 특히 더 그러하다 . 손문은 이미 혁명의식을 가지고 있었지만 , 단지 혁명을 논할 뿐이었고 실제로 혁명을 일으키지 않았다 . 그는 사상적으로 아직 확고하지 못했고 , 청나라 정부를 타도하고 전체적인 혁명을 실행하는 일이 가능할 것인가를 생각만 하고 있었다 .

1893 년 손문은 1 등으로 홍콩 서의서원 (西醫書院) 을 졸업한 후 , 마카오 경호 (鏡湖) 병원에서 의사로 일하게 된다 . 1894 년 6 월 손문은 이홍장 (李鴻章) 에게 글을 올리는데 그때가 중일 청일전쟁이 발발하기 전이었다 . 그는 이 글을 올리기 위해 충분한 준비를 했고 , 천진으로 이홍장을 만나러 갔다 . 그는 글에서 , 정부는 민간 공상업 발전에 대한 속박을 없애고 , 국가 공업화와 농업 기계화를 실현하며 , 교육제도와 인재 선택제도를 혁신해야 한다고 밝혔다 . 그러나 이홍장은 손문의 열정 가득한 글에 아주 냉담한 태도를 보였고 그를 만나지 않았다 .

이 일은 손문에게 커다란 충격을 안겨주었다 . 이 일로 그가 청나라 정부에 품고 있었던 환상이 깨어졌고 , 이런 우둔하고 부패한 정부에 근본적인 개혁을 진행한다는 것은 불가능함을 알게 됐다 . 심각한 민족의 위기가 그를 더 이상 기다릴 수 없게 만들었다 . 온화한 방법은 통하지 않았으므로 그는 혁명을 시작하기로 결정했다 .

폭력적인 혁명은 어쩔 수 없는 상황에서 선택된다 . 통치세력이 아직 강대했을 때에 한 지식인이 자신이 이미 이룩한 사회적인 지위를 포기하고 기꺼이 목숨을 걸고 혁명의 선두에 선다는 것은 결코 쉬운 일이 아니었다 . 그것은 진지하게 고민하고 내부적으로 갈등하는 과정이 필요한 일이었다 . 청년시대의 손문은 바로 이런 과정을 겪고 있었다 .

손문이 첫 번째로 결성한 혁명조직은 흥중회 (興中會) 였다 . 흥중회는 처음에는 하와이의 호놀룰루에서 만들어졌다가 홍콩에 총회를 수립하게 된다 .

호놀룰루의 흥중회는 1894 년 11 월에 결성된 후 , 126 명이 입회했는데 대부분 애국심을 가진 화교 자산계층이었다 . 흥중회의 목적은 "중국을 진흥시키고 나라를 지키자 ." 이었다 . "중국을 진흥시키자 ."는 민심을 진작시키는 거대한 영향력을 가진 구호로 이때 처음으로 제시됐다 . 흥중회의 '흥중' 두 글자도 이런 의미를 가지고 있다 . 이때 손문은 제국주의를 반대하는 확실한 구호를 내세우지는 않았지만 그가 이끄는 혁명활동에 제국주의 침략을 강렬히 반대하는 성격이 있었다는 데에는 의심의 여지가 없다 .

호놀룰루 흥중회의 구성원들이 대부분 부유한 화교였기 때문에 그들은 가족들의 안위를 더 걱정했다 . 그들에게는 애국심이 있었고 , 혁명에도 찬성했지만 가입 후에 실제로 어떠한 적극적인 행동도 하지 않았다. 그다음 해 초에 손문은 홍콩으로 와서 양구운 (楊衢云) 등의 보인문사 (輔仁文社) 와 연합하여 홍중회 총회를 수립한다. 총회의 구성원은 호놀룰루와는 달리 대부분 근대사상을 가진 신식 지식인과 반만주 (反滿洲) 사상을 가진 비밀결사단체의 사람이었고, 급진적인 정치적인 태도를 가지고 있었으므로 처음으로 실제 혁명행동을 취할 수 있는 전투의 핵심을 결성할 수 있었다.

홍콩 홍중회 총회를 결성한 후, 즉시 그해 음력 중양절에 광주에서 무장봉기를 일으킬 계획을 세웠다. 손문은 그의 혁명사업의 시작을 세계 근대의 수많은 혁명당처럼 비교적 오랜 시간 홍보하고 조직적으로 준비하지 않고, 빨리 무장봉기를 단행할 일정을 잡았다. 이는 그가 이끄는 혁명사업의 중요한 특징이며 뛰어난 장점이었다.

왜 이렇게 했을까? 첫째, 중국이 직면해 있는 위기는 너무나 심각해서 이미 생사의 기로에 놓여 있었기 때문에 혁명하는 사람들을 절박한 심정으로 몰아넣었다. 둘째, 청나라의 통치하에서 국내민중은 아무런 민주적인 권리를 가지지 못했기 때문에 온화한 방법으로는 아무런 결과를 얻지 못했다. 셋째, 중국은 혁명의 역사를 가진 국가라는 점과 관련이 있었다.

광주 봉기는 내부에서 호흡이 맞지 않아 시기를 놓쳐 버렸고, 거기에 고발까지 당해 시작해보지도 못하고 실패했다. 손문 등은 해외로 망명할 수밖에 없었다. 그러나 이 혁명은 중요한 출발점이 됐다. 20 세기 초, 사람들이 조국의 운명을 불안해하고, 청나라 정부에 대한 분노가 점점 더 강렬해져 갈 때, 손문은 10 여 년 전에 이미 혁명을 시작한 선구자 이미지로 점점 더 많은 사람의 존경을 받았다.

봉기가 실패한 후, 손문은 일본과 미국을 거쳐 영국으로 갔다. 영국에 도착한지 얼마 지나지 않아 , 청나라 공사관에 속아 13 일 동안 갇혀 있다가 몰래 청나라로 압송될 뻔했지만 , 그의 스승인 강덕여 (康德黎) 가 그를 구하기 위해 백방으로 애를 써서 간신히 석방될 수 있었다 . 이 일로 그는 세계적으로 유명한 중국의 혁명가가 되어 세상을 떠들썩하게 만들었다 .

신해혁명 시기의 진보 중국인은 서양으로 유학을 떠났다 . 그러나 이때 , 서양국가 내부의 여러 가지 사회 모순은 이미 점점 더 명확하게 드러나고 있었다 . 자본주의 사회에서 빈부의 격차는 극명히 벌어지고 있었고 사회주의정신이 급속히 보급되어 손문의 지대한 관심을 불러일으켰다 . 그 시기의 영국은 빅토리아 여왕의 시대였는데 , 전체 자본주의 세계에서 선두적인 지위를 점하고 있었다 . 손문은 이 곳에서 영국사회의 상황을 꼼꼼히 관찰하고 , 수많은 서양 사회정치 학설에 관한 서적을 읽으면서 그의 사상에 커다란 변화가 생겼다 .

1900 년 10 월 손문을 광동 (廣東) 혜주 (惠州) 에서 봉기를 일으켰다 . 이번 봉기의 핵심세력은 비밀결사 단체의 인물들이었고 , 혁명은 한 달 동안 지속됐지만 결국에는 실패로 끝났다 . 그러나 손문의 상황은 그 전과 비교해 많이 달라져 있었다 .

왜 이렇게 커다란 변화가 발생했던 것일까 ? 앞에서 말한 대로 손문의 혁명은 새로운 사회세력이 중국정치 무대에 등장했다는 사실을 상징하고 있지만 , 이 새로운 사회세력의 국내 기반은 너무도 약했다 . 20 세기에 들어선 후 , 이 사회세력은 빠르게 발전했다 . 신식지식인들이 가장 집중되어 있던 곳은 도일유학생 집단과 상해였다 . 혁명정신도 이 두 곳에서 가장 먼저 고조되고 있었다 .

도일유학생 중에는 이미 오래 전에 몇몇 급진주의자가 나타났고 ,

1901 년 혁명적인 색채가 짙은 간행물《국민보 (國民報)》를 창간하기도 했지만 , 그들의 수는 너무 적었다 . 1902 년부터 유학생의 수가 대폭 증가하면서 새로운 사상을 홍보하는《강소 (江蘇)》와《절강조 (浙江潮)》, 《호북학생계 (湖北學生界)》, 호남 (湖南)《유학역편 (留學譯編)》 등과 같은 유학생 간행물이 우후죽순처럼 출판됐다 . 이 간행물의 주요내용은 심각한 민족위기를 신랄하게 진술하고 , 서양의 근대 각종학설을 소개했으며 , 서양국가가 부강해진 이유와 중국이 낙후되고 침략을 받은 이유를 다각적인 시선으로 연구하고 , 나라가 망하는 길에서 벗어나 생존할 수 있는 길을 찾는 방법을 서술했다 . 그러나 그들이 제시한 정치 주장은 여전히 온화했으며 혁명적인 색채는 별로 없었다 . 그들은 주로 민족정신을 발휘하여 민족의 국가를 건설하고 , 교육을 발전시켜 새로운 사상과 새로운 지식을 학습하고 전파하며 , 성 (省) 단위로 지방자치를 실행하고 , 각 방면의 사회혁명과 구국의 방법을 제시했다 . 이 간행물들에는 당시 대다수 도일유학생의 정치 태도와 인식의 수준이 반영되어 있었다 .

도일유학생 사상의 전환점은 1903 년 바야흐로 여름이 다가오던 시기에 발발했던 거아사건 (제정 러시아의 무리한 요구를 거절하자던 사건) 이었다 . 이때 제정 러시아가 동북의 대부분 지역을 2 년 넘게 침략하고 점령하면서 군대를 철수하지 않으려 했고 7 가지 무리한 요구도 제시했다 . 일본과 러시아 간의 갈등으로 4 월 28 일 도쿄 각 신문에 이러한 사실이 상세하게 보도됐다 . 《시사신문》이 호외를 발간해 러시아 대리공사 (代理公使) 가 기자와 인터뷰한 내용을 실었는데 그 내용 중에는 "오늘날 러시아가 동북의 대부분 지역을 얻었고 그 지역을 러시아 지도에 포함시켰다 ."등의 말이 있었다 . 이 말은 도일유학생에게 강렬한 반향을 일으켰다 . 그들은 집회를 열고 통곡하며 러시아에 항거하기를 요구했다 . 그러나 이러한 움직임에 처음부터 혁명의 성향이 있었던 것은 아니었고 청나라 정부의 지휘를 받으며 적과 맞서기 위해 전선으로 출동하는 의용대 (義勇隊) 를 조직하려 했을 뿐이었다 . 그들은 귀국 연락책으로 2 명을 선정했다 . 그러나 청나라 정부는 학생들의 애국적인 행동을 오히려 단호하게 억압했다 .

이 사건은 도일유학생들에게 너무나 커다란 충격을 주었다 . '혁명의도'가 없었던 도일유학생은 청나라 정부의 이러한 시대 흐름에 역행하는 핍박 속에서 , "혁명을 일으키자 ."라는 구호를 외치며 혁명의 길을 걸었다 . 1903 년 하반기부터 도일유학생 간행물의 정치적인 태도가 갑자기 돌변했다 . 거아행동에 적극적이었던 황흥 (黃興), 공보전 (龔寶銓) 등이 각각 호남 (湖南) 과 상해로 돌아간 다음 해에 화흥회와 광복회 (光復會) 의 발기인이 되어 국내 호남과 호북지역 그리고 절강지역 혁명활동이 빠르게 발전하기 시작하는 중요한 불씨가 됐다 .

도일유학생의 거아행동이 절정으로 치닫고 있을 때 혁명정신도 국내에서 빠르게 고조되고 있었다 . 혁명정신은 5 월 일본에서 귀국한 유학생 추용 (鄒容 , 당시 18 세) 이 쓰고 상해에서 출간된 《혁명군》이라는 책으로부터 시작됐다 . 이 책은 혁명을 고취하고 공화사상 (共和思想) 을 홍보했는데 문장이 열정에 넘치고 필치도 명쾌하고 예리해서 책을 읽은 사람은 전기에 감전된 것처럼 평정을 유지할 수가 없었다 . 책이 출판된 후 , 복제되어 국내외로 광범위하게 퍼져나가 총판매량은 100 만 권을 돌파했다 .

추용의 《혁명군》이 혁명의 필요성과 정의성을 정면으로 고취하는데 치중했다면 , 장태염 (章太炎) 의 《박강유위론혁명서 (駁康

有爲論革命書)》는 강유위를 반박하고 혁명의견을 반대하는 논쟁에
서 혁명의 큰 의미를 논술했다.

6, 7월 동안의 상해 조계 당국은 청나라 정부의 요구에 응하여 추
용과 장태염 등을 체포하여 《소보 (蘇報)》안을 제정해 공개적으로
심문했다. 이 사건은 큰 파문을 일으켜 사람들의 주목을 받게 됐고, 결
과적으로 국내에서 혁명정신의 광범위한 유포를 촉진시켰다. 거아사
건과 《소보》안 이후 도일유학생과 상해 등 지역의 정치적 분위기는
이전과 완전히 달라졌다. 도일유학생들은 모든 곳에서 거리낌 없이 혁
명을 논했고, 반청혁명을 어떻게 진행할 지가 이미 도일 유학생 언론
계의 중심화제였다.

1904년의 역사적 특징은 내륙에 각종 혁명단체가 우후죽순처럼
생겨났다는 점이다. 이들 중에서 황흥, 송교인 (宋敎仁), 유규일 (劉
揆一), 진천화 (陣天華) 등이 호남에 결성한 화흥회와 여대삼 (呂大
森), 호영 (胡瑛), 조아백 (曹亞伯) 등과 호북에 결성한 과학보습소,
채원배 (蔡元培), 도성장 (陶成章) 등이 상해에 결성한 광복회, 백문
위 (柏文蔚) 와 진독수 (瑠獨秀) 등이 무호 (蕪湖) 에 결성한 악왕회
(岳王會), 양서감 (양 (楊庶堪) 등이 사천에서 결성한 공강회 (公强
會) 등이 가장 주요한 단체였다. 이들 혁명단체의 결성은 중국동맹회
의 결성을 위한 조직적인 준비단계였다.

제 4 절 혁명의 기수, 중국혁명동맹회

수많은 작은 혁명단체들이 나타나면서 전국적인 성격의 혁명단

체를 결성해 사람들의 목표와 행동을 통일해야 할 필요성이 제기 됐다 . 혁명세력은 이미 연합이 필요한 단계로까지 발전했기 때문에 하루빨리 하나로 이 문제를 해결할 필요가 있었다 .

도일유학생 중에서 점점 더 많은 사람들이 혁명적인 성향으로 기울고 있었지만 아직 상당히 산만한 상태였다 . 1905 년 7 월 , 중국 근대 민족민주혁명을 처음으로 외쳐 명망이 높았던 손문이 일본으로 건너와 사람들의 기대를 한 몸에 받는 지도자가 됐고 , 각 혁명세력을 충분히 단결시킬 수 있는 중심인물이 됐다 . 그는 장사 (長沙) 봉기가 실패로 돌아가 일본으로 건너온 화응회 지도자인 황흥 , 송교인 , 진천화 등과의 협의를 통해 연합의 중요성을 역설해 그들의 동의를 이끌어 냈다 .

혁명세력이 집결하게 된 가장 중요한 상징은 1905 년 8 월 20 일 중국혁명동맹회의 설립이었다 . 혁명동맹회는 새로운 면모와 모습으로 중국 역사 무대에 등장했다 .

첫째 , 혁명동맹회는 비교적 완전한 민족민주혁명 강령을 제시했다 . 혁명동맹회의 선서 내용 중에는 '구제달로 (驅除韃虜)•회복중화 (恢復中華)•창립민국 (創立民國)•평균지권 (平均地權)'의 16 글자를 강령으로 하는데 모든 회원이 입회할 때 반드시 이를 실현하기 위해 분투하겠다는 선서를 해야 했으며 , 이를 비밀리에 전국으로 퍼트려 폭넓은 영향을 주었다 . 핵심 내용은 청나라 정부를 타도하고 민주공화국을 건설하는 것이었다 . 이 이상적인 생각은 이때부터 사람들의 마음속 깊이 파고들어 혁명단체에 논의의 여지가 없는 공동목표가 됐다 . 이것은 중국 사상계의 커다란 변화였다 . 이로 인해 신해혁명으로 청나라 정부의 통치를 타도할 수 있었을 뿐만 아니라 몇 천 년 동안 중국을 통치하던 전제군주제도를 끝낼 수 있었다 .

둘째, 혁명동맹회는 전국적인 성격의 통일된 혁명조직이었다.
홍중회 회원의 95%는 광동 사람이었고 화홍회는 자신들을 '호남단체'
라고 불렀으며 광복회의 회원은 대부분 절강 사람이었다. 혁명동맹회
는 이들의 짙은 지방색을 타파했다. 혁명동맹회도 미래에는 분열되어
다른 혁명조직이 결성됐지만 그들은 모두 혁명동맹회의 영향을 받았
으며 여전히 혁명동맹회와 협동하여 작전을 수행했다. 무창(武昌)
봉기 후 각 성(省)이 독립하면서 상황은 상당히 복잡해졌지만 오히
려 남방에서는 빠르게 통일된 임시 정부를 수립할 수 있었다. 여기서
혁명동맹회라는 전국적인 혁명조직의 결성으로 도출된 결과를 볼 수
있다.

　　셋째, 혁명동맹회의 조직구성원은 홍중회와 비교해 볼 때 크게
달라졌다. 홍중회의 구성원들은 주로 화교 자산계층과 비밀결사단체
의 사람이었다. 혁명동맹회에는 주로 국내인사의 비중이 크게 증가했
고 청년 학생들의 수도 크게 증가했다. 국내 인사의 비중이 증가했을
때는 혁명동맹회로 하여금 국내 사회와의 연결을 강화하게 했고 청년
학생의 수가 증가했을 때는 혁명민주주의 색채가 강해졌다. 그들은 혈
기왕성하고 미래에 대해 자신감이 넘쳐흘렀으며 부담도 적었으므로
이 조직에 생기와 진취적인 새로운 기상을 불어넣었다.

　　넷째, 사람 수가 점점 늘어가는 혁명파에는 모두가 인정하는 지
도자가 있었는데 그가 바로 손문이었다. 당시 중국의 상황에서 모든
사람의 기대를 한 몸에 받는 지도자인지, 기존의 분산된 혁명세력들
을 한데 모을 수 있는지, 전국적인 성격의 혁명정당을 수립할 수 있는
지가 아주 중요한 의미를 가지고 있었다.

　　혁명동맹회가 수립된 후 조직을 발전시켜나가는 것 외에 혁명이

론과 주장을 홍보하고 혁명에 반대하는 의견과 논쟁을 벌이며 , 조직을 무장시켜나가기 시작했다 .

손문은 《민보 (民報)》에 < 간사 > 를 썼는데 , 이 < 발간사 > 에 서 가장 중요한 내용은 그가 처음으로 혁명을 '민족' , '민권' , '민생' 즉 민족독립 , 민주와 민생행복으로 총괄했고 특히 "삼대주의 (三大主義) 의 기본은 백성에게 있다 ."고 강조했다 . 손문은 이 삼대주의를 실천해 야만 정치혁명과 사회혁명을 한 번에 처리할 수 있고 조국을 독립시키 고 부강하게 만들 수 있다고 자신만만하게 썼다 . 이는 당시 가장 진보 적인 사상으로 시대적 요구와 인민의 소망을 반영했다 . 손문의 사상에 는 어느 정도 공상적인 부분도 있고 , 이러한 목표를 실현하기 위한 구 체적인 방법도 찾지 못했지만 이러한 목표의 제시는 여러 세대 중국인 의 투지를 북돋워주었다 . 신해혁명에서는 이 임무를 완성하지 못했지 만 그 역사적인 공적은 영원히 사라지지 않을 것이다 .

《민보》가 창간된 지 반년이 지난 후에 , 양계초가 주관한 《신 민총보 (新民丛報)》에서 중국이 혁명을 해야 하는지 , 청나라 정부를 타도해야 하는지 , 제정 군주제 정치체제를 민주공화정치로 대신해야 하는지에 대한 논쟁이 벌어졌다 .

이러한 논쟁은 피할 수 없는 것이었다 . 그때 중국은 이미 생사존 망의 기로에 놓여 있었고 사람들은 부패한 청나라 정부에 대해 여러 번의 고통스러운 실망을 경험했다 . 정부를 타도할 결정을 내릴 것인가 아니면 이 정부를 계속 유지할 것인가 , 정부가 개혁을 진행하기를 희 망하는가 ? 라는 심각한 문제들이 사람들 앞에 던져졌다 . 이는 피할 수 없는 , 반드시 답을 도출해 내야만 하는 문제였다 . 이 논쟁에 사람들은 크게 주목했다 . 이 논쟁은 수많은 애국자들의 마음속에 숨겨져 있던 문제를 갑자기 터트렸다. 논쟁은 수많은 도일유학생의 숙소에서 격렬하게 진행되고 있었다. 논쟁은 사람들에게 애매모호하게 말을 돌리지 말고 입장을 분명히 할 것을 요구하고 있었다. 토론 과정에서 《민보》에도 약점이 있고 《신민총보》의 주장도 합리적인 부분이 있다는 것이 드러났다. 그러나 청나라 정부의 매국행위와 부패는 이미 오래 전부터 수많은 애국자들의 분노를 사고 있었다. 객관적인 국면에서 봤을 때 사람들의 마음에는 이 논쟁에서 누가 이기고 누가 질 것인지는 이미 예정되어 있었다.

이 논쟁을 통해 도일유학생들이 혁명의 주장에 대한 태도를 분명히 나타냈고 내륙으로 전해져 사회적인 붐을 일으켰다. 손문과 황흥 등은 혁명을 홍보하는 동시에 중국혁명동맹회의 주요 지도자인 무장봉기를 일으키는데 더 많은 노력을 기울였다. 이 봉기는 의지할 수 있는 무장 세력이 너무 약했고 현지 민중도 진심으로 참여하려 하지 않았기 때문에 곧 실패로 끝났다. 그러나 이로 인한 영향은 만만하게 볼 수 없었는데, 오직 의견으로만 혁명의지를 고취시켜서는 안 됐고, 수많은 사람로 하여금 혁명이 확실히 다가왔음을 느끼게 하고, 점진적으로 혁명에 참여하도록 해야 했다. 이러한 봉기는 처음에는 비밀결사대의 세력이 중심이 됐다가 나중에는 점차 신군(新軍)으로 옮겨갔다.

비밀결사대는 주로 부랑자들로 구성됐다. 그들은 사회 하층계층으로 현재사회상황에 저항하는 정서가 생겨나기 쉽고 강호의 의리를 중요시해 집단행동을 하기 쉬워 큰 역할을 했다. 그러나 그들은 진정한 정치적인 인식과 엄격한 규율이 결여되어 있었고, 구성원도 복잡해 봉기를 지속적으로 유지하기 힘들었으므로 형세가 불리하면 쉽게 궤멸됐다.

신군은 생겨난 지 얼마 되지 않은 무장 세력이다. 20세기 초, 청나라 정부는 통치세력을 강화하기 위해 신식무기를 사들이고, 신식훈련을 받은 신군으로 기존의 순방영(巡防營)과 같은 구식군대를 대체했다.

신군과 구식 군대는 서로 달라서 글을 아는 청년들을 모집해야 할 필요가 있었다. 과거는 이미 폐지되어 일반 지식인들은 다른 출구를 도모해야 했다. 가정환경이 좋은 청년들은 해외(일본이 가장 많다)로 유학을 갔고, 그 다음은 현지 학교 시험을 보았으며, 돈이 없는 이들은 신군에 들어가 군인이 됐다.

입대한 지식인들 중 적지 않은 수가 애국심이 있었고 상당한 문화수준을 가지고 있었으며 대부분 사회적 지위가 낮아 혁명 사상을 쉽게 받아들였다. 무장봉기가 일어났을 때 신군의 전투력과 조직력은 비밀결사단과는 비교도 되지 않았다.

1908년, 악왕회(岳王會)의 핵심이며, 안휘(安徽)의 신군 포영(炮營)의 신군대관(隊官, 중대장과 대등한 직위)인 웅성기(熊成基)가 일부 신군을 이끌고 안경(安慶) 봉기를 일으켰다. 이 봉기는 비록 금방 실패했지만 혁명당 사람들의 식견을 넓혀주었다. 그들은 청나라 정부가 혁명을 진압할 때 사용한 군사세력을 보았고 혁명의 홍보와 조직을 통해 군사세력을 청나라 정부에 반대하는 세력으로 바꿀 수 있다는 사실을 깨달았다. 이것은 혁명당 사람들로서는 커다란 발전이었다. 그 후 신군 내에서 빠르게 혁명 세력을 구축해나갔다.

1911년의 광주 '3·29' 봉기는 중국혁명 연합군(중국에서 동맹군이라고 칭함)이 가장 오래 준비하고 가장 충분히 준비한 봉기였다. 이 봉기에서는 신군과 비밀결사대, 순방영, 경찰이 연합했고, 해외에서 대대적으로 자금을 모아 수많은 무기를 광주의 성안으로 들여왔다. 이전과 달랐던 점은 이전의 봉기에서 임시로 모집한 군대와 비밀결사대 등이 지휘에 따르지 않았던 것을 고려해서, 이번에는 믿을 수 있는 핵심 세력 몇 100명을 선발해 봉기의 선봉으로 삼았고, 그들을 '선봉'이라 불렀다. 그중에는 도일유학생이 많았다. 그들은 일거에 광주를 손에 넣어 '무장해제'를 실현하고 전국으로 봉기를 확대시켜나갈 계획이었다.

그러나 봉기를 일으키기 전에 정보가 누설되어 청나라 군대는 이미 빈틈없이 경계를 하고 있었고 막강한 군대를 동원해 신군의 총기를 모두 빼앗고, 비축해두었던 수많은 탄약의 비밀기관도 파괴했다. 이미 광주에 도착해 봉기의 지휘를 준비하고 있던 황흥은 목숨을 걸고 싸우기로 결심했다. 4월 27일 (음력 3월 29일), 황흥은 선봉 백여 명을 거느리고 양광 (兩廣, 광동성 (廣東省) 과 광서성 (廣西省)) 총독 관아를 공격했으나 그들을 기다리고 있던 것은 그들을 잡기 위해 미리 비워놓은 건물뿐이었다. 그들이 뒤돌아 나오려 할 때 매복해 있던 청나라 정예병들에게 포위됐다. 쌍방의 전력 차이는 현저했다. 황흥은 오른손 손가락 2개가 잘려나갔고 대열은 흩어져 봉기는 결국 실패하고 말았다. 30여 명이 붙잡혔는데, 그들은 심문을 당할 때도 용맹하고 죽음에도 굴하지 않는 모습을 보였다. 이후 희생자는 광주 황화강 (黃花崗) 에 묻혔고 황화강 72 열사라 불렸다.

이 봉기는 비록 실패했지만 이에 대한 소문은 곳곳으로 퍼져 전국을 뒤흔들었다. 그들의 업적과 사상은 빠르게 전국으로 퍼졌다. 그들 중 도일유학생들이 많은 수를 차지했는데 조국을 구하기 위해 자신의 모든 것을 내던지고, 모진 심문에도 태연했던 그들의 자세는 사람들의 투지를 더 불태웠고, 점점 무르익어가던 전국적인 혁명에 더욱 박차를 가해 반년 후 발발한 무창 (武昌) 봉기에 직접적인 영향을 주었다.

제 5 절 입헌주의자들의 국내외 활동

당시 입헌주의자들은 중간파 세력이라고 말할 수 있다. 국외의 대표적인 인물들로는 강유위 (康有爲), 양계초 (梁啓超) 등이 있었고, 국내의 대표인물로는 장건 (張謇), 탕수잠 (湯壽潛), 탕화용 (湯華龍) 등이 있었다. 이들 중간파의 정치의 커다란 변화에 대한 태도에 주목할 필요가 있었다. 그들은 뚜렷한 이중성을 띠고 있었는데 각자의 상황과 각 시기의 태도도 조금씩 달랐다. 따라서 단순하게 완전히 긍정적이거나 완전히 부정적으로 판단하기는 힘들다.

무술변법의 실패 후, 강유위, 양계초 등은 해외로 망명을 떠났고 일본에서 《청의보 (淸議報)》, 《신민총보》, 《정론 (政論)》, 《국풍보 (國風報)》 등의 간행물을 창간했는데 그중 영향력이 가장 큰 것은 앞의 두 간행물이었다. 강유위와 양계초의 사상도 서로 달랐는데 나중에 양계초가 강유위보다 더 큰 영향력을 발휘했다.

《청의보》는 1898 년 12 월에 창간됐고 1 년 동안 운영했다. 그들의 정치 주장은 '존황 (尊皇)'에 집중되어 있었다. 양계초가 < 존황론 (尊皇論)> 에서 단도직입적으로 "중국을 보전하는 유일한 대책은 존황 밖에는 없다."고 썼다. 그는 광서제를 전에 없던 성군으로 묘사했고, 중국의 안위와 존망을 모두 광서제 한 사람에게 의지했다. 이는 당연히 사실과 부합하지 않는 환상이었고, 사람들을 잘못된 방향으로 이끄는 결과를 낳았다.

그의 의견에도 긍정적인 내용은 있었다. 첫째, 민족 위기의 심각성을 깊이 있게 짚어냈다. 그는 해외에서 생활하며 수많은 서양 출판물을 접해 국내에 있을 때보다 더 정확하게 세계정세를 이해하게 됐으므로 '세계에서 중국의 위치'와 '동서열강의 중국에 대한 정책'에 대한 인식과 홍보의 측면에서는 이전보다 한 단계 더 진보하게 됐다. 둘째, '민권'사상을 더 많이 홍보했는데 특히 '국민'이라는 개념을 언급했다는 사실을 중시할 필요가 있다. 양계초가 생각하는 애국은 먼저 민권을 살리는 것에서 시작한다. 입헌주의자들은 '국민'을 '노비'와 명확히 대립시켜 이 둘을 확실히 비교했다. 이런 홍보는 사상계에 큰 영향을 미쳤다.

《신민총보》의 영향력은 《청의보》를 훨씬 뛰어넘었다. 그 중에서 독보적인 위치를 점하면서 가장 영향력이 컸던 것은 양계초의 《신민설(新民說)》이었다.

중국 근대사상계에 폭넓은 영향을 미쳤던 《신민설(新民說)》을 어떻게 평가해야 할까?

이 문장은 이중성을 띠고 있다. 이 문장에서 강조한 내용은 다음과 같다.

중국이 쇠퇴한 원인은 청나라 정부의 부패와 대외굴복 때문이 아니라 국민 자신의 '유약함과 타락'때문이다. 따라서 국가를 부강하게 만들려면 청나라 정부를 탓하지 말고 자신을 탓해야 하며, 청나라 정부의 운명을 바꾸려 하지 말고, 자기 자신의 운명을 바꾸어야 한다. 국가의 운명이 위험에 처해 있고 혁명의식이 고조되어 있던 시기에서 신민설은 본말이 전도된 주장이었다.

그러나 다른 한편으로는 애국의식과 사회 공중도덕, 개인의 권리 의식, 개인의 책임감, 적극성 등 서양근대도덕관념을 체계적으로 홍보했고, 전통적인 봉건도덕관념을 비판했다는데 긍정적인 의미가 있다. 특히, 당시 국내에는 폐쇄적이고 낙후된 지역이 많았는데 《신민총보》는 혁명서적보다 더 쉽게 이 지역들로 스며들어 기존 봉건사상의 영향을 받아 속박되어 있던 지식인들에게 새로운 지식을 접해 시야를 넓혀주는 중요한 계몽적인 역할을 했다.

《신민총보》는 서양 근대의 철학과 사회정치학설을 비교적 체계적으로 소개했는데 그중에는 양계초가 쓴 아리스토텔레스, 베이컨, 데카르트, 몽테스키외, 루소, 다윈, 칸트, 이탈리아를 건국한 세 영웅 등의 학설과 전기 등이 있었다.

그러나 결과적으로, 혁명이 고조된 후 《신민총보》는 혁명에 반대하는 수많은 문장을 발표해 《민보》 등이 맹렬하게 반박했다. 이러한 반박은 꼭 필요했는데 혁명에 반대하는 이들 의견을 배제했다면 몇 년 후 신해혁명이 일어나지 못했을 것이고, 수천 년 동안 중국을 통치해온 전제 군주제도 종식되지 못했을 것이기 때문이었다. 혁명에 대한 의지는 당시 중국사회 발전에서 절실히 필요한 전제조건이었다. 근대 중국의 운명과 관계된 근본문제에서 양계초의 주장은 잘못된 것이었다.

국내의 입헌주의자들을 살펴보자. 그들의 가장 중요한 활동은 빠르게 전개됐던 세 번의 국회 속개 운동이었다.

청나라 정부가 1906 년 9 월 예비입헌을 선언하고 9 년 후 국회를 열자 국내의 입헌주의자들은 몹시 흥분했다. 그해 12 월, 예비입헌공회 (豫備立憲公會) 를 수립하고 정효서 (鄭孝胥) 를 회장으로 장건, 탕수잠을 부회장으로 추대했다. 그다음 해 국회 속개운동을 추진했지만 청나라 정부의 탄압으로 잠시 주춤했다.

1908년 8월, 서태후와 광서제가 죽기 두 달 전, 청나라 정부는 《흠정헌법대강(欽定憲法大綱)》을 공포해, '헌법'을 제정할 준비를 했다. 그리고 9년 후에 흠정헌법을 반포해 헌법정치를 실행했다. 이게 도대체 어떻게 된 일일까? 《흠정헌법대강》을 읽어보면 확실히 알 수 있다. 제1조는 "대청황제는 대청제국을 통치하고 직례 자손에게 권력을 물려주며 영원히 군림한다." 제2조는 "군상(君上)은 신성존엄하며 침범할 수 없다."이다. 이 헌법에는 모든 법률을 반포하고, 의회의 모집과 개폐, 해산, 관리임명과 봉록 설정, 육해군 통솔, 선전포고와 강화, 조약 체결, 계엄선포, 사법 등 대권을 모두 군주 한 사람이 장악한다고 규정되어 있다. 특히, 인재 임용, 군사, 외교 등 대권은 "의회에서 간섭할 수 없다."고 되어 있다.

헌법의 모든 내용은 사실 전혀 부합하지 않았다. 이 헌법은 중국 역사상 단지 웃음거리였을 뿐, 아무 의미도 가지지 못했다.

1909년, 각 성(省)에 자의국(諮議局)이 설치됐다. 의원 중에는 명예가 있는 사람이나 청나라 관직을 역임했던 유지가 가장 많았고, 교육에 종사하는 사람과 상인이 그 다음을 차지했으며, 신식학당 졸업자가 그 다음이었다. 입법주의자들이 많은 자리를 차지하지는 못했지만, 그들이 법률·정치의 신지식을 가지고 있었기 때문에 능력이 우수했고, 가장 활발했으므로 자의국에서 정세를 좌우하는 역할을 했다. 입법주의 주요인사들 중 장건 등과 같은 사람이 의장 혹은 부의장을 맡았으므로 자의국을 중심으로 입법주의 정치활동을 전개해 나가기가 용이했다.

청나라 정부가 자의국을 설치할 때 이를 그저 대외 전시용으로만 생각했기 때문에 자의국을 통과한 결정은 반드시 본 성 (省) 의 총독과 순무 (巡撫) 의 '판결'을 통과 해야만 유효하게 했으므로 어떠한 실질적인 문제도 해결하지 못했다 . 그러나 의원들은 이러한 상황에서 지방의 폐정 (弊政) 을 규탄하고 , 농공업 생산의 발전과 교육사업 등을 주장해 지방관리와 많은 논쟁을 일으키면서 민주적인 분위기를 활성화하는데 얼마간의 역할을 했다 .

각 성 (省) 에 자의국이 설치된 지 얼마 되지 않아 입헌주의자들이 국내에서 잇따라 세 차례의 국회속개운동을 탄원했다 . 앞선 두 번은 규모가 그리 크지 않아 청나라 정부는 탄원대표를 거리낌 없이 거절했다 . 세 번째 탄원은 1910 년 10 월 상순이었다 . 먼저 각지에서 국회의 속개를 요구하는 국민적인 서명활동을 진행했다 . 수많은 성 (省) 의 자의국 의장은 북경으로 가서 각 성 자의국연합회를 결성하고 , 호북자의국 의장 탕화용을 회장으로 사천자의국 의장 포전준 (蒲殿俊) 을 부회장으로 추대했다 . 탄원활동은 자정원 (資政院) 과 대부분의 각 성 총독과 순무들의 지지를 받았다 . 청나라 정부는 탄원대표에 대응하기 위해 어전회의를 열었다 . 그들은 국회를 여는 것을 더 미룬다면 자신들이 더욱 고립될 것이라 생각했다 . 그러나 너무 선선히 허락하면 대권이 다른 사람의 손에 들어가 이미 조정이 아무것도 할 수 없다는 인상을 줄까 걱정했다 . 따라서 "금번에는 연한을 단축한다 . 백성과 신하들이 함께 청하고 있지만 조정이 독단적으로 정한다 ."고 입장을 표명해야 했다 .

다음 날 청나라 조정은 "연한을 줄여 , 선통 (宣統)5 년 (1913 년) 에 의회를 개설한다 ."라는 조서를 반포했다 .

국회속개 탄원운동은 청나라의 통치유지를 전제로 진행됐다 . 이

운동은 입헌군주제를 대대적으로 홍보하는 것을 구국의 유일한 대책으로 삼았다. 마치 국회를 개최하면 기적이 눈앞에 나타날 것만 같았다. 그들은 어떠한 탈선행위도 허가하지 않는다고 다시금 경고했고 혁명에 저항하는 것을 자신들의 중요한 목표 중의 하나임을 명확히 했다. 그러나 청나라 정부는 이런 온화한 움직임도 용인하지 않고 마지막에는 탄압정책을 폈다. 사실 이런 정부에 인정을 기대하며 무슨 '청나라 말의 신정'이라는 것에 기대어 근본적인 개혁을 실행할 수 있다고 바란다는 것 자체가 잠꼬대나 다름없었다. 무창봉기 후 적지 않은 입헌주의 자들도 혁명의 대열에 참가했으니 이로써 현실적인 교훈을 얻은 것이라 말할 수 있다. 수많은 저항세력이 막다른 길에 다다랐을 때 종종 뭇 사람들에게 버림받는 붕괴현상이 나타나는데 이것이 바로 그 본보기였다. 당연히 이 일도 신해혁명에 유리하게 작용했다.

제 6 절 무장봉기와 민국 건립

외세에 굴복하고 부패한 청나라 정부는 너무 많이 민심을 잃었다. 나라와 민족이 멸망하는 위기와 냉혹한 현실은 온순해 보이는 민중을 분노하게 만들었다. 사람들은 19 세기말과 20 세기 초의 일련의 쓰라린 교훈을 경험한 후 결국 정부에 대한 마지막 믿음까지 사라져 버렸고, 다시는 어떠한 희망도 가지지 않게 됐다. 어느 곳에서나 분노와 저주의 말만 들릴 뿐이었다. 변혁에 대한 요구는 온 나라의 각 계층에 가득 찼다. 청나라 정부의 가장 높은 통치 집단은 아무도 믿지 못하고 모두를 배척했고 입헌주의자와 몇몇 한족 고관들까지도 정부와 반목하면서 점점 고립무원의 외톨이가 되어가고 있었다 . 역사의 수레바 퀴는 조직화된 세력 (아직 미숙한 세력이라도) 이 먼저 기치를 들고 높은 곳에 올라 큰소리로 외치기만 해도 각종 불만과 요구에 저항하는 잠재세력들을 한데 모을 수 있는 지경에까지 이르렀다 .

1911 년 여름에서 가을로 변해가던 무렵 중국은 이미 '긴장감이 감도는 폭풍전야'의 상태였다 . 3 년 전 서태후와 광서제가 이틀 간격 으로 죽고 대권을 거머쥔 원세개 (袁世凱) 가 청나라 조정에 의해 추 방된 후 청나라 통치 집단의 고위층은 혼란에 빠졌다 . 특히 40 여 년 동 안 청나라 정부의 대권을 독점했던 서태후는 어찌됐건 통치경험이 풍 부했고 권모술수에 뛰어났으며 내부 각 세력의 인물들을 잘 통제했다 . 그녀가 죽자 청나라 내부에는 이 공백을 메울 수 있는 사람이 없었다 . 이렇게 궁지에 몰리고 있던 청나라 정부는 시국을 관리하는 능력을 점 점 상실해 가고 있었다 .

신해혁명의 승리는 1911 년 10 월 10 일의 무창 신군봉기에서 출 발했다 .

무창은 호북의 성도 (省都) 로 한구 (漢口) 와 한양 (漢陽) 과 함께 예로부터 '구성통구 (九省通衢)'로 불렸으며 , 자본주의 상공업 과 신식교육이 비교적 발달된 지역이었다 . 청나라 정부가 신군을 훈 련시킬 때 , 호북신군은 이홍장에 이어 북양대신과 직례 총독을 맡은 원세개가 훈련하던 북양육진을 제외한 각 성의 신군 중에 가장 뛰어난 정예부대였다 .

많은 지식인들이 호북신군에 입대했다 . 옛 중국에는 "좋은 철도 는 못을 만들지 않고 좋은 남자는 군인이 되지 않는다 ."는 말처럼 지식 인에게 입대하여 군인이 되는 일은 재고 가치도 없는 일이었는데 , 이

때는 많은 지식인들이 어려움에서 벗어날 출구를 찾지 못해 군인이 됐고, 이로 미루어 사회의 급격한 변동으로 이미 모든 것이 기존의 정상적인 궤도에서 이탈하고 있음을 알 수 있다.

신군의 사병 문화수준은 높았으나 집은 가난했고 군대에서의 생활도 고달팠으며, 장교의 억압과 학대도 심했기 때문에 쉽게 혁명사상을 받아들였다. 20 세기 초 혁명단체인 과학보습소, 군학사 (群學社), 일지회 (日知會), 군대동맹회 (軍隊同盟會) 등이 호북신군 내에서 잇따라 활동을 전개했고 그 후 문학사 (文學社) 와 공진회 (共進會) 의 양대 혁명단체가 점차 형성됐다. 이 단체들의 책임자는 장익무 (蔣翊武) 와 유복기 (劉復基), 손무 (孫武) 등으로 모두 중국혁명 회에 가입했었기 때문에 혁명동맹회의 지대한 영향을 받은 사람들이었다. 그러나 이 양대 단체는 혁명동맹회의 분파가 아니라 독립적으로 활동을 전개하는 단체였다.

호북혁명당 사람이 신군에서 일하는 데에는 두 가지 뚜렷한 장점이 있었다. 첫째, 오랫동안 고달프게 혁명 홍보와 활동을 하여 군대를 장악하고 세력을 길러 혁명을 일으킬 준비가 되어있었다. 둘째, 혁명의 조건이 무르익으면 기회를 놓치지 않고 과감하게 무장봉기를 일으켜 정권을 빼앗을 수 있었다. 이것은 바로 무창봉기가 전국적인 봉기의 출발점이 될 수 있었고 성공할 수 있었던 중요한 요소였다.

행동을 취하기 위해서는 기존의 혁명세력을 통합할 필요가 있었다. 1911 년 여름, 문학사와 공진회 양대 혁명단체는 협상을 통해 힘을 모으기로 결정했다. 병영과 학당에서 수많은 사병과 학생들이 변발을 자르며 정의를 위해 분연히 나아갈 뜻을 밝혔다. 10 월 9 일, 봉기의 총사령관으로 예정된 장익무는 봉기명령과 각 부의 행동계획을 몰래 선포했다 . 그러나 그날 밤 , 봉기 지도부가 청에 적발되면서 중요 책임자인 유복기 등 세 사람이 체포당해 희생됐다 . 또한 청나라 측에서 압수한 명단에 따라 대규모 체포를 시작할 것이라는 정보가 흘러나왔다 . 상황은 급박하게 흘러갔다 . 그 다음날 , 각 병영의 사병들은 만사를 제쳐두고 하루 전에 발표된 계획에 따라 행동했다 . 혁명세력이 가장 탄탄했던 공병부대가 가장 먼저 반란을 일으키고 병기창을 점령했다 . 각 군 사병은 도처에서 호응하며 이틀 내에 무한의 세 군데 진 (鎭) 을 점령하여 중화민국 호북군정부를 수립했다 . 이때 이들에게는 지도자가 없었기 때문에 봉기사병과 하급군관은 자신의 명망과 행정경험이 부족하다고 생각했고 혁명동맹회의 주요 지도자들은 모두 호북에 없었다 . 군정부의 호소력을 강화하기 위해 혁명을 반대하던 제 21 혼성협 (混成協) 협통 (協統 , 여단장과 대등함) 여원홍 (黎元洪) 이 도독 (都督) 을 맡았다 . 그 후 민중이 적극적으로 입대했고 그 기세는 하늘을 찔렀다 . 호북혁명당 당원들은 그들의 개척정신으로 신해혁명의 제 1 막을 열었다 .

손문은 모두가 인정하는 혁명당의 지도자였다 . 그가 비록 무창봉기에 직접 참여하지는 않았지만 봉기자들은 여전히 그의 이름으로 전국의 민중에게 호소했다 . 무창봉기 후 발간된 《중화민국공보 (中華民國公報)》는 '중화민국 군정부 대총통 손 (孫)'의 서명으로 각 성 동포들에게 공고문을 보냈고 "각 성의 의군대표들은 모두 힘을 합쳐 민중을 이끌고 앞에 나서자 . 공화국을 수립하자 ."고 호소했다 .

역사의 발전은 살아 움직이는 유동체와 같아서 시기가 무르익으면 앞으로 멈추지 않고 돌진해나가고 , 종종 가속도가 붙어 더욱 빠른 속도로 앞으로 나아가 기존에는 없었던 새로운 장면들이 끊임없이 나타난다 .

　　무창봉기가 발생한 지 12 일이 지나자 호남 , 섬서 (陝西) 두 성에서 가장 먼저 호응했다 . 그 달 안에 독립을 선언한 곳은 강서 , 산서 , 운남이었고 , 9 일 동안 집중적으로 나타났다 . 이는 무창봉기가 전국적인 위기의 산물이라고 할 수 있다 . 게다가 이로 인해 전체적인 국면은 갑자기 달라졌다 . 이 성들은 전국적인 형세가 아직 분명하지않았고 혁명도 아직 성공하기 전이라 아무것도 확실하지 않은 상황에서 독립적으로 행동하기로 결정했으므로 특히 주의를 기울여 살펴볼 필요가 있다 .

　　이 다섯 개 성의 독립에는 몇 가지 공통점이 있다 . 첫째 , 신군이 봉기의 주요 원동력이었다 . 그들은 미처 손쓸 틈도 없이 갑자기 행동을 취했고 빠르게 상황을 통제해 봉기 성공에 결정적인 역할을 했다 . 이는 신군 내의 혁명세력이 빠르게 퍼져 나갔을 뿐만 아니라 , 신식무기를 장악했고 엄격한 군사 훈련을 받았으며 , 당시 쟁반 위의 모래처럼 흩어져 있던 사회세력 중에서 가장 체계적인 세력이었다 . 엄격한 제도와 규율이 있었기 때문에 당시 다른 어떤 사회세력도 하지 못했던 일치단결된 행동을 할 수 있었다 . 둘째 , 봉기는 몹시 순조롭게 진행됐고 거의 아무런 강력한 저항을 받지 않았다 . 수많은 성의 혁명당 사람들은 준비를 충분하지 않았고 사전에 장악한 조직적인 세력도 아주 적었지만 , 당시에는 소수의 확고부동한 혁명인사가 용감하게 나서서 높은 곳에 올라 외치기만 하면 민중은 그에 따라 움직이는 형세였다 . 청나라 정부관원들은 봉기의 총성을 들으면 뿔뿔이 흩어졌고 , 몇몇 산발적인 저항도 아주 빨리 와해됐으며 , 이미 무너지고 있는 청나라 정부를 위해 목숨을 바치고자 하는 사람도 별로 없었다 . 셋째 , 봉기에 성공한 후 모두 기반을 확고히 했다 . 10 월말까지 호북 , 호남 , 강서의 세 성이 연합했고 , 산서 , 섬서의 두 성도 하나로 연합했으며 , 운남은 서남 지역에 거대한 영향력을 미치고 있었다 . 이 뒤를 이어 혁명의 물결은 화동과 화남으로 빠르게 확산됐다 .

11 월 상순 , 상해를 중심으로 한 동남 각 성의 잇따른 독립은 청나라 정부에게 두 번째 결정적인 충격을 안겨주었다 . 이 성들이 독립하는 과정에서 신군은 여전히 아주 중요한 세력이었지만 정치적 성향이 다르고 실리를 챙기는 사람들이 더 많이 참여해 그 전에는 없었던 새로운 특징이 나타났다 . 첫째 , 상해는 중국 민족상공업이 가장 발달한 지역이다 . 민족상공업자들 중 몇몇 사람들은 이미 혁명동맹회에 몰래 참여하고 있었다 . 상해에는 신군이 주둔하지 않아 전국 상단연합회가 통제하는 상단이 전국 주요 무기공장의 하나인 강남 (江南) 제조국 (制造局) 점령에 참여했다 . 민족상공업자들은 혁명에서 직접적인 큰 역할을 했는데 이런 현상은 다른 지역에서는 찾아볼 수 없었다 . 둘째 , 강소는 현지 최고 장관인 강소순무 정덕전 (程德全) 이 직접 나서서 독립을 선포하고 도독의 자리에 앉았다 . 이는 본인이 주동한 것은 아니었지만 어쨌든 청나라의 통치집단의 와해가 이미 어느 정도까지 진행됐는지 보여주었다 . 셋째 , 국내 입헌주의자의 정치태도가 청나라 정부를 지지하던 것에서 민주공화국을 지지하는 것으로 확연히 바뀌었다 . 이전에 국내 입헌주의자 지도자였던 장건이 "질서가 무너지면 돌이킬 수 없다 ."고 걱정하면서 강남과 강서의 총독 장인준 (張人駿) 에게 출병하여 무창봉기의 진압을 도우라고 설득한 적이 있었다 . 그러나 그는 객관적인 형세의 발전상황으로 봤을 때 혁명의 파도는 이미 막을 수 없다는 사실을 분명히 파악했고 , 찬성을 해야 그의 기반을 확고히 할 수 있었으므로 혁명진영에서 온건한 일방을 구성해 계속 영향력을

발휘하면서 사회질서가 더 큰 혼란에 빠지지 않도록 했다. 또 다른 입헌주의의 중요한 지도자인 탕수잠도 독립 후에 절강도독의 자리에 앉았다. 이러한 변화는 청나라 정부를 더욱 고립시키고 혁명을 더욱 빠르게 발전시키는데 중요한 의미가 있다. 그러나 그들은 구사회 세력과 복잡하게 얽혀있고 줄곧 비교적 높은 사회적 지위를 차지하고 있었기 때문에 혁명 도중 타협하려는 세력이 됐다.

동남 각 성이 잇따라 독립한 동시에 혹은 잠시 뒤에 봉기의 물결은 귀주(貴州), 광서, 광동, 사천을 포함한 서남(西南)과 화남(華南)의 각 성을 빠르게 장악했다. 이때 청나라의 지방당국은 이미 싸울 의지가 없었으므로 거의 싸우지 않고 굴복했다.

사천이 독립한 후 장강유역과 그 이남의 각 성은 모두 광복을 찾았고 남경(南京) 하나만이 여전히 청나라의 통치 하에 있는 성(省)으로 외로이 남았다. 청나라 정부는 남경에 대군을 주둔시켰는데 군대를 이끄는 사람은 청나라에 대한 충성심이 깊은 강남 제독 장훈(張勛)이었다. 강절(江浙) 연합군의 악전고투를 거쳐 12월 2일 남경도 광복을 찾았다. 결국 이렇게 남북이 대치되는 상황이 만들어졌다.

1912년 1월 1일 중화민국 임시정부가 남경에 수립됐고 막 해외에서 귀국해 민중의 열렬한 환영을 받은 손문이 1대 임시 총통으로 선출됐다.

공화정부 체제의 수립은 중국역사상 처음 있는 일이었다. 임시정부의 수립 후 북벌을 타파하는 것 외에도 입법, 제도를 개편하고 옛 것을 새로운 것으로 바꾸는데 힘을 집중해 수립 당일 바로 음력에서 양력으로 바꾸어 사용했다. 입법에서는 가장 중요한 《중화민국임시약법(中華民國臨時約法)》을 공포했다. 이 법령에는 "헌법이 실시되기 전 본 법령의 효력은 헌법과 동등하다 .”고 규정되어 있다 .

임시정부가 공포한 법령에는 고문을 폐지하고 사람들이 선거권 , 참정권을 누릴 수 있으며 , '해외 노예' 판매를 금지하고 '천민' 신분을 올리며 남녀가 평등하다고 규정했다 . 옛 것을 새로운 것으로 바꾸는 법령에는 아편을 엄격히 금하고 전 청나라 관원의 칭호를 없앴으며 , 기한 안에 변발을 자르고 , 도박과 전족을 금하며 , 무릎 꿇고 절하는 것을 폐지했고 , 관원의 저임금제도의 실행 등 사회 악습을 개혁하는 정령이 있었다 . 손문은 또한 내무부법령에 관원은 '인민의 공복 (公僕)' 이라는 내용을 넣었다 .

전통과 관습은 계속 과거로 돌아가려 습성이 있어 이를 변화시키는 데는 긴 시간이 필요하다 . 하지만 임시정부의 이들 정령은 사람들에게는 눈과 귀가 번쩍 뜨이는 새로운 느낌으로 다가와 해방감을 주었고 풍속을 개량하는 긍정적인 역할을 했다 . 수많은 사람은 전통적인 낡은 규범과 악습은 시대 흐름에 맞지 않으며 서양의 사회 풍습을 받아들이는 것이 문명적이고 진보적이며 새 시대에 맞는 인물이라 생각했으므로'서양식'의복을 입고 양식을 먹는 생활이 유행하기 시작했다 .

또한 다음의 두 가지에 주목할 필요가 있다 . 첫째는 임시정부가 수립된 후 민간기업의 창업을 권장하고 지방 통과세를 감면하고 , 청나라 정부의 가혹했던 정책을 없애 사회에 기업 진흥의 붐을 일으켜 수많은 기업단체들이 생겨났다 . 또 하나는 민중의 정치 참여 열기가 고조됨에 따라 단체를 조직하는 풍조가 널리 퍼져 각종 정당과 정파단체가 우후죽순처럼 생겨났다 . 이러한 현상들은 모두 청나라 말기 때와는 달랐다 .

그러나 남경임시정부가 수립된 후 실제 상황은 오히려 어려웠다 .

임시정부가 직면해 있던 가장 심각한 어려움은 바로 재정고갈이었다. 임시정부의 경비와 북벌군비 모두를 반드시 지불해야 했는데 이를 지불할 능력이 없었다. 더욱 심각한 문제는 혁명정당 내부가 이미 제멋대로 주장을 내세우는 사람들로 분열되어 와해되는 상태에 빠졌다는 점이다. 그들은 혁명에서 너무 빨리 승리를 쟁취하여 사상적인 충분한 준비가 아직 되어있지 않았다. 쉽게 얻은 승리로 수많은 사람의 판단력이 흐려졌다. 그들은 청나라 정부를 타도하기만 하면 성공한 혁명이라 여기고 다른 모든 것들은 전혀 문제될 것이 없다고 생각했다. 새롭게 얻은 권리로 수많은 사람이 만족했고 급하게 종결된 이 혁명으로 얻은 결과를 가능한 빨리 누리려 했다. 혁명정신은 문란해졌고, 타협하려는 목소리가 모든 것을 압도했다.

이때 혼란스러운 상황에서 풍부한 정치경험과 권모술수를 가진 야심가인 원세개가 내각 총리로 기용됐다. 그는 자신이 훈련시킨 북양육진을 장악하고 있었고 영국 등 열강의 지지를 받으며 권모술수를 부려 먼저 군대를 인솔하고 남하하여 한구, 한양을 함락하고 남방에 압력을 가해 평화협상을 벌였다. 남경측은 원세개에게 청황제를 압박해 물러나게 하고 공화제를 찬성한다면 그를 총통으로 추대하겠다고 제시했다. 그러자 원세개는 이미 속수무책이었던 청나라 조정에 압력을 가했다. 1912년 2월 12일, 청나라 조정은 특별 조건을 받고 퇴위를 선언했고 260여 년간 중국을 통치했던 청나라 왕조의 종식을 선언했다. 15일, 남방의 참의원은 원세개를 임시총통으로 추대했다.

이렇게 신해혁명의 성과는 북양군벌의 수령인 원세개의 수중으로 들어갔다.

제 7 절 혁명의 성공과 실패

신해혁명은 20 세기 중국에서 처음으로 발생한 역사적인 대변동이다 .

이 혁명은 제국주의 침략과 청나라 정부의 부패한 통치에 대해 장기간 쌓여 있던 중국인민의 분노의 폭발이었다 . 그 결과 청나라 정부를 타도했을 뿐만 아니라 몇 천 년 동안 중국을 통치했던 전제군주제가 막을 내렸고 , 중국 역사상 처음으로 공화정체제를 구축하게 됐다 .

중국은 전제군주정치체제의 통치하에서 몇 천 년의 기나긴 세월을 보내는 동안 무거운 인습의 부담을 지고 있었다 . 유년시절부터 머릿속으로 '삼강오륜'이라는 봉건윤리 관념이 계속 주입됐고 이를 만고불변의 진리로 간주했다 . "나라에는 하루라도 왕이 없어서는 안 된다 .", 어디서나 "천지군친사 (天地君亲师 , 사람이 이 세상을 살아가는데 있어 다섯 가지 큰 은혜 , 즉 하늘 (天) 의 덮어서 길러주시는 은혜 , 땅 (地) 의 만물을 실어 길러주시는 은혜 , 국민의 생활을 보호하고 지켜주는 왕 (君) 의 은혜 , 자식을 낳아 양육시켜 주시는 부모님 (亲) 의 은혜 , 세상의 이치를 깨닫게 해 주시는 스승 (师) 의 은혜 등)"의 위패를 모시고 있다 . 군주는 하늘을 의미했고 봉건계급제도에서 가장 높이 위치해 있었다 . 모든 사람들은 이런 제도에서 반드시 황공해 하면서 '명분'을 준수해야 했고 , 조금이라도 이를 벗어나는 것을 용인하지 않았다 . 누구라도 감히 조금이라도 의문을 가진다면 가볍게는 '도리를 어기는', '군자가 아닌' 사람으로 불렸고 심하게는 '나라를 어지럽히는 불충한 무리로 처벌을 받아 마땅한' 사람이 됐다 .

이렇게 무거운 전통의 속박에서 벗어나려면 대담하게 공화정체제를 수립했을 때 그 어려움이 어떠했을지 미루어 짐작할 수 있다. 멀게는 중국 근대사에서 태평천국의 홍수전(洪秀全)이 천황이 됐지만 사실은 천황이 아니라 황제였고, 무술유신운동도 광서제라는 '좋은 황제'의 지지를 받으며 변법을 추진했으며, 의화단운동의 깃발에도 '부청멸양((扶淸滅洋, 청나라를 구하고 서양제국을 명망 시키자)'라고 쓰여 있었다. 중국혁명동맹회의 강령에는 '민국을 수립'해야 한다고 명확히 규정되어 있었는데 이는 완전히 새로운 개념이었고 이때부터 사람들의 마음으로 깊이 파고들었다.

왜 전혀 낯설고 전통적이지도 않은 공화정체제를 짧은 시간 안에 수많은 중국인이 받아들일 수 있었을까? 근본 원인은 극단적인 전제정치의 부패된 청나라 정부가 중국을 멸망의 가장자리까지 끌어들였고, 민중은 청나라 정부에 대한 어떠한 기대도 하지 않는 상태였으므로 상황이 극에 달해 반전을 맞이한 상황이라 말할 수 있다. 구(舊)정부에 대해 모두 분노하고 있는 상태였으므로 사람들은 전제군주제도의 타도를 받아들일 수 있을 만큼 변했다. 혁명당은 미국의 독립과 프랑스 혁명 사건을 대대적으로 홍보했고, 워싱턴과 나폴레옹의 이름은 이미 수많은 사람에게 익숙해져 있었으며, 또한 미국과 프랑스를 대표하는 공화정체제도를 새로운 정치체제라 여기며 동경했다.

전제군주제의 타도와 공화정체제의 구축은 정치제도상의 커다란 진보일 뿐만 아니라 전체 사회를 사상문화 등으로 이끌어 가는 것을 의미했다. 가장 중요한 몇 가지를 들 수 있다.

첫째, 혁명은 몇 백 년 동안 중국 사회를 경영한 통치질서를 완전히 엉망으로 만들었다. 중국 봉건사회에서 머리는 황제였다. 황제는 대권을 독단하는 절대적인 권위를 가지고 있고 구 통치질서의 안정된 중심이었다. 신해혁명이 이 머리를 베어내자 전체 구질서는 완전히 무너져 버렸다. 그후, 북양군벌에서 남경정부까지 주마등처럼 연이어 지나갔고, 구 사회세력은 다시는 통일된 안정적인 통치질서를 구축하지 못했다. 이런 상황은 신해혁명이 일어나기 이전과는 확연히 달랐다.

둘째, 민중 자신이 국가에 처한 지위에 객관적인 큰 변화가 발생했다. 사람들이 나라를 '민국'으로 바꾸어 부르는 것은 단지 칭호가 바뀐 것에 지나지 않았다. 신해혁명 후 중국의 사회 성질과 사람들의 비참한 처지는 변하지 않았다. 그러나 당시 역사조건에서 이 칭호가 있는 것과 없는 것의 차이는 컸다. 중국에는 "이름이 바르지 않으면 말이 엇나가고 말이 엇나가면 일을 그르친다."는 말이 있다. 전제군주제에서는 황제만이 더할 수 없이 높았고, 그의 말은 '금구옥언 (金口玉言, 황제의 말)'이었으며 국가대사에 대해서도 황제만이 결단을 내릴 수 있었다. 백성은 '자민 (子民, 천자의 자식)' 혹은 '의민 (蟻民, 개미처럼 마음대로 죽여도 괜찮은 대상)'으로 불렸고, 국가정책에 참여할 권리가 전혀 없었으며, '충군 (忠君)'과 '애국 (愛國)'은 같은 것으로 간주됐다. 지금은 '민국'으로 불리고 있으니 많은 측면에서 여전히 예전과 같은 상황이지만 자신이 국가의 주인이라는 관념의 변화가 생겼다. 손문은 정부관원을 '인민의 공복'으로 칭했다. 따라서 사회여론은 활기를 띠었고 각종 정치단체도 잇따라 생겨났다. 민국 초기의 민중의 심리는 청나라 말과 크게 달랐다.

셋째, 혁명은 중국인을 사상적인 면에서 해방시켜 주었다. 황제는 지존이라 할 수 있는 침범할 수 없는 신성한 존재였다가 지금은 타도됐다. 그렇다면 의심할 수도 없고 타도할 수 없는 것이 어디 있단 말인가 ? 이것은 일종의 무형의 세력으로 사람들 특히 진보주의자들의 사상과 행동을 어느 정도 좌우하고 있었다 .

　사상이 개방됐으므로 세차게 흘러내리는 사상 해방의 거센 물결을 막을 수 없었다 . 신해혁명 후 정치형세가 아직 위태로워 보였지만 사람들은 대담하게 새로운 구국의 길을 찾았다 . 이런 의미에서 신해혁명이 없었다면 5·4 운동도 없었을 것이라 말할 수 있다 .

　중국에서 제국주의와 봉건세력의 통치는 뿌리 깊었다 . 이를 타도하고 소멸하기 위해서는 한두 번의 혁명운동의 충격으로는 절대 불가능했고 지속적인 여러 번의 충격이 필요했다 . 중국의 사회구조와 민중의 심리로 봤을 때 이러한 문제를 해결하기 위한 조건은 아직 무르익지 않았다 . 중국의 민족자산계급과 상인계급의 세력이 아직 약했고 억압당하는 사회최하위층에 억눌려 있는 힘겹고 비참한 수많은 빈곤한 농민들 대다수가 깊은 잠에 빠져 있거나 가망 없는 분산적인 저항을 할 뿐이었다 . 유민으로 구성된 비밀결사대는 막 신군을 편성해 혁명에서 가장 중요한 공격세력을 담당하고 있었으나 그들에 기대어 새로운 사회질서를 수립하는 것은 어려운 일이었다 . 혁명운동의 선봉에 선 이들은 근대교육을 받은 힘없는 지식인들이었다 . 그들은 암울한 환경에서 용감하게 민족민주혁명의 횃불들 높이 들고 사람들을 선동해 중국인의 마음속에 새로운 희망의 불씨를 지폈다 . 이것이 바로 그들의 큰 공적이었다 . 그러나 그들은 말에는 능했지만 행동은 부족했고 개인의 역량을 지나치게 중시해 대중과 단절되기 쉬웠으며 , 자신의 주장만 펼쳤다 . 책에서 많은 지식을 배웠으나 중국의 복잡한 사회 상황을 잘 이해하지 못했고 , 젊고 사회적 지위가 낮았기 때문에 사회에서 호소력이 부족했으며 , 더 중요한 것은 과학적인 지도이론이 부족하고 사회적 기반이 부족했기 때문에 그들의 세력도 약했다 . 신해혁명에서 그들의 이런 약점은 뚜렷하게 드러났다 .

　신해혁명이 성공한 중요한 요인은 어느 정도 민중의 동원과 지지에 있다 . 그러나 민중의 동원과 지지에서 나타난 심각한 문제 , 특히 하층노동민의 이탈은 혁명이 끝까지 지속되지 못한 중요한 요인이었다 . 제국주의와 봉건주의세력을 타도하고 중국을 통치하려면 민중을 충분히 동원하지 않고서는 불가능했다 . 그러나 중국인구의 절대다수를 차지하고 있는 상인과 농민들은 당시 혁명당의 시야 밖에 있었다 . 혁명과정에서 농촌사회에는 변화가 나타나지 않았으므로 혁명에 대한 수많은 농민들의 적극적인 참여를 이끌어내지 못했고 이는 프랑스 대혁명의 상황과는 완전히 달랐다 . 수많은 상인과 농민들이 적극적으로 참여하지 않았으므로 혁명당은 제국주의와 봉건세력에 직면해 자신의 힘이 부족하고 느낄 수밖에 없었고 , 고립무원에 빠져 타협의 길을 가지 않을 수 없게 됐다 .

　또한 이 혁명의 중국 동맹회를 이끈 것은 산만한 조직이었고 구성원도 매우 복잡했다는 사실을 살펴볼 필요가 있다 . 혁명이 승리하기 시작할 때 혁명 진영 내부에는 사분오열하는 혼란한 상황이 나타났다 . 무창봉기의 성공과 민국의 빠른 설립으로 그들은 너무나 기뻐했다 . 가난한 서생과 부랑자들이 별안간 국회의원 혹은 ‘민국의 위인’이 되어 수많은 사람이 흡족해 했고 권력을 위해 다투기 시작했다 . 강력한 힘이 있는 핵심 혁명정당 없이는 혁명도 끝까지 진행하기 어려웠다 .

　한마디로 확실한 과학적인 혁명 강령과 전국 최대다수의 민중 동원과 지지 , 치밀한 혁명정당을 조직하는 지도자의 결여는 신해혁명에게 남겨진 기본적인 교훈이었고 여기에 당시 성숙되지 않은 중국의 사회조건이 더해지면서 실패가 결정됐다.

　　신해혁명은 근대 중국사회의 근본적인 모순은 해결하지 못했지만 중국은 이때부터 독립적이고 민주적이며 부강한 길을 추구함으로써 사람들의 혁명에 대한 기대를 실현했다.

　　중국 근대 민족민주혁명은 한 세대 또 한 세대의 혁명가들이 여러 세기 동안 희생을 두려워하지 않고 계속해서 노력해왔기 때문에 승리를 이룰 수 있었다. 신해혁명에서 이 임무를 완수하지는 못했지만 근대 중국이 발전해 나가는 과정에서 없어서는 안 될 중요한 단계였다. 20세기는 이제 막 시작됐고 신해혁명은 앞으로 크게 한걸음 내디뎠지만, 중국인이 가야 할 길은 아직 멀고도 멀었다.

제 3 장
북양군벌 통치의 수립

역사는 각종 우여곡절로 가득 차 있고 심지어는 시간이 거꾸로 흐르기도 한다. 민국이 수립되기는 했지만 구사회의 기본은 변하지 않았고 구사회의 의식도 아직 남아 있었으며 옛 것과 새로운 것이 복잡하게 얽히면서 다른 형식을 취할 수밖에 없었다.

사람들은 공화정체제가 구축된 뒤 처음에는 기뻐했고 평화로운 시대가 시작되어 중국이 과거의 비참함에서 벗어나 한발자국씩 부강한 나라로 발전하기를 기대했다. 그러나 현실은 냉혹했다. 민국이 수립된 후 그 뒤를 이은 것은 사람들이 기대하던 아름다운 모습이 아니라 10년간의 야만스러운 북양군벌의 통치였다.

왜 사람들이 절망하는 이런 상황이 나타났을까? 이는 우연히 아니라 당시 중국의 역사 조건과 사회상황에 의해 결정됐다. 봉건세력을 대표하는 전제군주제가 타도되고 기존의 통치 질서가 와해됐지만 중국봉건주의 사회의 근본은 여전히 뿌리 깊이 박혀있었고, 분산된 개인경제가 중국사회에서 여전히 압도적인 우세를 점하고 있었다. 봉건주의 의식형태는 중국에 튼튼하게 뿌리 내리고 있었고 거의 모든 곳에 영향을 미치고 있었다. 봉건주의는 제국주의 세력의 지지도 받고 있었다. 혁명진영에는 이를 대체할 강력한 사회세력이 없었고, 새로운 사회질서를 독립적으로 구축할 수도 있었으나 오히려 구사회 세력에 타협하기에 급급했다.

이 시기는 유난히 견디기 어려웠던 과도기였다. 신해혁명의 맹렬한 충격을 겪은 후 구사회 세력의 기존 전체 통치 질서와 통치 방법은 이미 엉망이 됐으므로 그들의 위태로운 지배 지위를 계속 유지하기 위해 노골적인 군사력에 기대어 반대 세력을 진압할 수밖에 없었다. 사회 대혼란상태에서 파산하고 실업한 사람들이 급증했고 생계를 유지할 수 없었던 사람은 입대하여 생계를 강구하려 했으므로 군인의 수는 급증했다. 제국주의 열강은 각자의 중국 대리인을 육성하기 위해 조건부로 (주로 중국의 특권을 획득해 교환하는) 그들에게 돈과 무기를 지원했다. 이러한 요소가 합쳐져서 역사에 역행하는 군벌통치가 나타났다.

군벌은 무엇인가? 사람들은 서로 다르게 해석한다. 많은 사람들이 대체적으로 세 가지 견해를 가지고 있다. 첫째, 군벌은 군벌의 우두머리 한 사람을 중심으로 가족, 친척, 고향, 학우, 스승과 제자 등 인간관계로 유지되는 개인이 장악한 군대이다. 둘째, 그들은 일정한 근거지를 관리하고 있었기 때문에 고정적인 자금과 군사 정치자금을 확보할 수 있었다. 셋째, 그들이 관리하는 근거지 안에서 군사 권력은 그 어떤 것보다 우선되며 문관은 군인의 명령에 따르고 행정권은 군사권의 제어를 받았다.

북양군벌의 잉태기는 청나라 말기 원세개(袁世凱)가 군사를 훈련시키고 북양육진(北洋六鎭)을 설치하면서 시작됐다. 군벌과 청나라 조정의 구군대와 다른 점은 서양국가의 군제에 따라 편성되고 외국인이 훈련시켰으며 서양식 조련을 훈련 내용으로 했고, 대부분 서양

무기와 장비를 사용했으며, 보군, 기마군, 포병대, 공병대, 치중대 (輜重隊) 를 보유하고 있었다 . 6 진을 편성할 때 병력이 이미 8, 9 만 명에 이르렀다 . 원세개는 북양대신과 직례총독을 맡은 적이 있었는데 북양군벌 중의 북양이라는 두 글자는 여기서 비롯됐다 . 그러나 당시의 북양군벌은 아직 앞에서 말한 군벌의 몇 가지 조건을 완전히 갖추지는 못했다 . 청나라 조정은 여전히 나라에서 가장 높은 통치자였다 . 조정이 북양육진 중의 네 개를 육군에서 직접 관할하도록 명령했을 때 원세개는 이에 복종할 수밖에 없었지만 여전히 뒤에서 이 네 개의 진에 대해 영향력을 미치고 있었다 . 1909 년 1 월 청나라 정부로부터 '고향으로 돌아가 요양하라'는 명령을 받았을 때도 그는 "성은이 망극하옵니다 ."라고 고개를 조아리고 하북으로 돌아와 은거하는 모습을 보여줄 수밖에 없었다 . 민국 초기에 제멋대로 날뛰던 북양군벌 통치 때와는 확연히 다른 모습이었다 .

북양군벌의 사회기본은 주로 봉건지주 계급이었다 . 그들이 이후로도 광공업기업을 경영해 더 많은 재물을 모으게 되지만 여전히 봉건적인 성격이 농후했다 . 군벌들은 대부분 문화수준이 아주 낮았고 근거지와 권력을 빼앗는 것 외에는 사람들을 응집시킬 수 있는 어떠한 국가 건설 목표와 강령을 제시하지 못했다 . 중앙정권을 장악한 군벌은 때때로 근대교육을 받은 지식인을 이용했지만 그들은 외교와 재정, 교육 등의 사무를 보조할 뿐 중요한 결정에 참여하는 경우는 거의 없었으므로 , 시국을 좌우하는 어떤 말도 할 수 없었다 . 북양군인은 수중의 총자루에 기대어 제국주의의 지지를 받으며 얼마 동안은 제멋대로 나쁜 짓을 할 수 있었다 . 그러나 이렇게 시대에 뒤떨어지고 극단적으로 사람의 미움을 사는 야만적인 통치는 그리 오래가지 못했다 . 이는 구사회 세력의 통치가 더욱 약화되고 표면적인 통일도 유지하기 힘들다는 사실을 반영했다.

군벌의 통치하에서 국가 상황은 더욱 나빠졌고 사람들은 이런 학대를 더 이상 견딜 수 없었기에 결국 또 다른 새로운 길을 모색했다. 이는 신구가 바뀌는 과정에서 피할 수 없는 시련이었다.

제 1 절 신해혁명 승리 후의 일반 사회심리

역사 현상에는 모순이 나타나게 마련이었다. 신해혁명의 실패는 표면적인 승리의 함성 속에서 다가왔다.

1911 년의 신해혁명은 맹렬한 폭풍우처럼 중국의 기존사회 정치구조를 변화시켰다. 급작스러운 변화로 사람들은 정신이 없었다. 수많은 혁명당 사람들은 자신의 세력이 너무 약했으므로 청나라 정부가 이렇게도 빨리 무너질 줄은 생각하지도 못했다. 그렇기 때문에 승리의 기쁨에 취해있었다. 따라서 정치와 경제건설의 목표도 짧은 시간 내에 똑같이 순조롭게 실현될 거라고 착각하고 있었다. 이런 보편적인 기쁨과 환상은 현재 상황을 유지하고 싶은 마음이 들도록 만들었고 민주공화제도의 새로운 구조에서 어떻게 국가를 건설할 것인지만 생각하면 된다고 생각했다. 과거 사회세력과의 투쟁은 이미 중요하지 않았고, 두려움으로 분열이 야기되고 도처에서는 현실과 타협하려 하고 있었다.

또한 민국이 설립된 후 수많은 혁명당원들의 사회적 지위가 변해 상류사회에 몸담게 되자 그들 중 수많은 사람은 현재 상황을 유지하고 싶은 마음이 커져갔다. 혁명의 공동목표는 점점 희미해져 갔고 자유롭게 자신의 이익과 발전을 추구하면서 계속 자신의 지위를 높여갔다. 이미 흐트러질 대로 흐트러진 혁명단체는 응집력을 잃어갔고 확연히 분열되고 있었다.

일반 사람들은 보편적으로 현실과 타협하려 한다. 호한민(胡漢民)은 나라가 망한 후 새로운 나라가 세워질 때가 다가오면 국민에게 세 가지 약점이 나타난다고 말한 적이 있다.

"첫 번째 마음의 약점은 태만이다. 사람들은 난리를 겪었기 때문에 회복이 필요하고, 소란을 일으킬 필요가 없다고 생각한다. 혁명당원들은 난폭한 사람들이라 지금은 그들이 필요 없으므로 그들과 거리를 두려 한다. 그들 말고 온건파 인물들도 있지 않은가! (몇몇 혁명당원들은) 힘들게 달려와 온몸이 땀범벅이 되어 휴식을 취해야 했으므로 시간이 허용하든 말든 상관없이 멈춰 서버리고, 진정한 목적지는 아직 멀리 있었지만, 이곳에 누워 다시는 움직이지 않으려 하며 옆에서 아무리 다그쳐도 소용이 없다."

"두 번째 마음의 약점은 요행이다. 과거에 이미 희생했고 또는 이미 충분히 노력해 추구하던 목적을 충분히 달성했으므로 다시 투쟁할 필요가 없다고 생각한다. 사람들은 항상 저렴한 가격으로 귀중한 물건을 사려고 하는데 실제로는 확신이 있는지 없는지는 상관없이 요행만 바라고 있을 뿐이다."

"세 번째 마음의 약점은 의지하려 한다는 것이다. 다른 사람에 의지해 일을 해결하면 자신은 관여하지 않는다. 상술한 두 가지 약점 중에서 그들이 생각하는 좋은 방법은 '현재 상황을 유지'하는 것이고, 이에 만족하는 인재는 원세개가 아니면 안 된다고 생각했다. 이 두 문장은 아주 커다란 역할을 했는데 당시 이 말을 대대적으로 널리 퍼트려 모든 것을 압도하는데 사용됐다.”

    타협과 혼란을 싫어하는 심리가 모든 것을 압도해버렸다. 이러한 분위기는 혁명이 일어나기 전의 사회적 심리와 명백한 차이를 보이고 있었고, 부지불식간에 정세를 좌우하는 역할을 했다.

    손문은 임시정부가 끝난 후, 자신이 결성한 당에 대해 몹시 실망했다. 3개월 동안 정치 소용돌이의 중심에 있었고 아무 것도 할 수 없었던 날들에 대해 괴로움과 권태를 느꼈다. 장태염(章太炎)은 그 시절의 그의 처지를 비웃으며 “손문이 청량산(清凉山)에 말을 타고 가는 것처럼 정부가 명령을 내려도 그 명령을 듣는 사람이 별로 없었다.”라고 말했다.

    그가 임시총통에서 물러난 후의 국가 내외 상황의 복잡함을 손문은 전혀 모르지는 않았지만 잠시 동안 자신이 하고자 하는 바를 펼칠 수가 없다고 생각했다. 그가 송교인(宋教仁)에게 쓴 편지 중, “지금 민국의 정세는 어떤 사람이 집정을 해도 크게 변화하지 못할 것입니다. 나라의 힘은 갈수록 약해져 가고 외부의 위험은 갈수록 높아져서 짧은 시간 안에 해결할 수 없습니다. 정부에서 이를 해결하고자 한다면 반드시 다툼이 끊이지 않아 상황은 갈수록 악화될 뿐입니다. 근본에서부터 시작해서 해결해 나가야 민생과 나라가 안정되고, 그래야 비로소 정치를 할 수 있을 것입니다.”라고 썼다.

    손문은 정치의 중요성을 당연히 알고 있었다. 그러나 그는 현재 정치상황이 몹시 혼란스러워 누구라도 잘 해낼 수 없다고 생각했다. 만일 지금 정치를 계속해 나간다면 더욱 혼란스러워질 뿐이었다. 차라리 잠시 정치적인 문제는 접어두고 먼저 경제를 발전시키는데 역량을 집중했는데, 특히 철도를 건설하는데 전력을 다했다. ‘민생과 나라를 안정'시킨 후, 정치문제를 해결하는 것이 더 쉬울 것이다. 그는 이렇게 하는 것이 '근본에서부터 시작하는' 방법이라고 생각했다.

그의 생각은 옳았다. 경제발전은 가난하고 낙후된 중국에 절실했다. 철도건설을 경제발전의 선행조건으로 생각한 것도 일리가 있었다. 그러나 그는 "정치에 몸담지 않고 사회에서 사업에 전념한다."고 생각했으나 국가 정권이 아직 구사회 세력의 수중에 있었으므로 결코 그의 뜻대로 되지는 않았다. 이는 근대 중국역사에 다시 한 번 커다란 교훈을 안겨주었다.

당시 동맹회에서 사회에서 송교인을 대표로 하는'의회정치'와'정당내각'의 주장이 가장 이슈가 되고 있었고 이를 새로운 중국 건설을 위한 정치제도의 가장 이상적인 방안이라고 보고 있었다.

무창(武昌) 봉기 후 송교인은 기량을 발휘할 때가 왔다고 생각했다. 그는 서양국가의 민주적인 조직의 형식과 의사과정에 관심을 두고 있었는데 이 형식과 과정을 중국에 가져오기만 하면 모든 일의 근본부터 바로잡을 수 있을 거라 생각했다. 송교인은 강력한 정당만 조직한다면 다른 정당과의 경쟁에서 선거의 승리를 통해 의회에 많은 자리를 차지하여, 법률절차에 따라 책임내각을 조직하면 그들의 모든 정치적 주장을 실현할 수 있을 거라 생각했다. 그래서 그가 가장 중요하다고 생각하는 두 가지 일에 모든 힘을 기울였다. 첫째는 큰 정당을 조직하는 것이고 둘째는 국회선거에서 다수의 의석을 차지하는 것이었다. 이 두 가지는 서로 긴밀한 관계가 있었는데 다른 점은 선후의 구별만 있을 뿐이었다.

그는 먼저 큰 정당을 조직하는 일에 착수했다. 중국 동맹회 총무부 주임간사를 맡고 당무의 실권을 장악한 후 바로 통일공화당과 국민

공진회, 국민공당, 공화실진회의 세력을 결합해 국민당을 결성하고 이사장 대행을 맡았다. 그는 곳곳에서 사람을 끌어와 입당시켰고 이렇게 정당의 구성원은 더욱 복잡해져 어느 정도 당의 성격이 바뀌어 의회에서 자릿수만 차지했을 뿐 혁명성은 거의 찾아볼 수 없게 됐다.

국민당이라는 거대당이 결성되자 송교인은 즉시 국회 경선에 중점을 두고 선거를 통해 국회에서 다수의 의석을 차지하지 하기 위해 온 힘을 기울였다. 그는 각지를 다니며 국민당 경선을 위해 노력했다. 민주정치를 추구하는 송교인의 마음은 진심이었으나 책에서 배운 학문적인 이념만 그의 머릿속을 채우고 있을 뿐 중국의 실제 상황에 대한 이해는 너무나 부족했다. 그의 상상 속에서는 완전무결한 정치이념이었지만 실제 상황에서는 완전히 달랐다. 송교인이 흥분하며 5년은 어떻고 10년은 어떻고 하는 내용을 써 내려갈 때는 원세개에게 암살당하기 10일 전이었다. 원세개로 대표되는 구사회 세력은 전혀 아무런 타격을 받지도 않고 모든 실제적인 권력을 장악하고 있었다. 그때에 송교인은 강력한 사회혁명 없이 서양 민주정치의 일부 조직의 형식과 의사과정을 중국에 대입하기만 하면 중국의 문제를 해결할 수 있다고 생각했던 것 같다. 그 생각 자체가 너무 우습지 않은가? 이름 높은 송교인이 사실은 세상사를 잘 모르는 한낱 서생이었다니 어찌 한탄스럽지 않다 할 수 있겠는가!

정당 활동에서 국민당의 다음 가는 정치세력은 청나라 말의 입헌파였다. 그들은 먼저 공화당과 통일당(몇몇 기존의 혁명당인사들도 참여함)을 결성했고, 그 후 민주당을 결성했으며, 국회가 생겨난 후 진보당을 합병했다. 이 정당의 정신적인 지도자는 양계초(梁啓超)였다.

　　몇몇 사람들은 이들은 중간적인 상태에 있다고 말했지만 당시에는 원세개를 지지하고 국민당을 반대하는 태도를 취했다. 청나라 왕조가 타도된 후 양계초가 주장하던 '입헌군주제'는 이미 실현이 불가능했다. 원세개가 임시 대총통을 맡고 있을 때 해외에 있는 양계초는 즉시 원세개에게 편지를 써 공화국이라는 이름으로 계몽절대주의의 실시를 건의하고 그를 지지한다는 의사를 분명히 했다. 4월, 양계초는 <중국입국대방침상각서(中國立國大方針商搉書)>를 써 새로 건설할 공화국의 건국방침을 주장했다. 먼저 강력한 중앙정부를 건설해'보육정책'을 실행하고 미국을 모방하지 말고 '입법부의 행정부 견제'로 중앙집권을 제한하며 지방 자체에서 도독을 선출하지 못하게 하여 지방세력의 봉기를 방지한다는 내용이었다. 이 책은 먼저 공화건설 토론회에서 2만권을 인쇄하고 출판하여 사회에 큰 영향을 미쳤다. 그는 국민의 수준이 낮기 때문에 반드시 강력한 중앙정부로 하여금 민중에게 '보육정책'을 실시하지 않으면 과정이 혼란스럽고, 흐름에서 벗어날 수 있으며, 중국이 현재 위급한 상황에 있기 때문에 몇몇 '경험이 풍부'한 '구관료파'가 강력한 중앙정부를 구축해야 혼란에 빠지는 심각한 결과에 이르지 않을 것이라고 주장했다. 이는 기존에 그가 주장한 '계몽절대주의'와 일맥상통한 것이었다.

　　당시의 보편적인 사회적 인식은 혼란의 종식과 사상의 안정이었는데 민국이 설립되면서 혁명 시기는 이미 지나갔다고 여겼고, 지금 필요한 것은 강력하고 나라를 다스린 경험과 능력을 구비하고 있는 인물이었는데, 원세개가 이런 바로 그런 인물이었다. 양계초와 친분이 있는 유명한 기자인 황원용(黃遠庸)은 "원 총통의 첫 번째 장점은 냉철하고 변화를 잘 관리하는 것이고, 두 번째는 경험이 풍부하고 치밀하고 섬세한 것이며 세 번째는 아는 것이 많고 포용력이 있으며, 네 번째는 유능하고 치국에 힘쓴다는 것이다. 다섯 번째는 인재를 등용함에 있어 격식에 구애 받지 않으며, 자신의 일에 최선을 다하는 것이다."라고 썼다. 그는 또한 "오늘 날 원공(袁公)를 존경하는 사람들은 '원세개는 정말 대단하', 혹은 '원세개에게는 생각이 있다'라고 말한다."라고 말했다. 이에 몇몇 옛 관료들도 자연히 원세개에 대해 의지하려는 마음을 가지게 됐다. 갑자기, 원세개는 안정적인 역량을 유지할 수 있는 인물로 떠올랐다. 소위 "원세개가 아니면 안 된다."라는 말도 여기서 유래됐다. 당시 한치 앞도 볼 수 없었던 사회에서 그런 타협하려는 심리는 어느 정도 속셈이 있던 원세개가 더 쉽게 한발씩 대권 독점에 다가갈 수 있도록 만들었다.

제 2 절 원세개의 대권 독점

원세개의 정치경험은 기존의 혁명단과 입헌파보다 훨씬 풍부했다. 그는 비록 임시 대총통으로 선출됐지만 자신의 입지가 그리 굳건하지 못하다는 사실을 절실히 느끼고 있었다. 그는 신해혁명이라는 폭풍우가 지나간 뒤, 중국의 구사회질서는 이미 어지러워졌고, 청나라 정부 주위로 모여 있었던 구사회 세력들도 흩어졌으므로 그들을 자신 주위로 결집시키기 위해서는 하나의 과정이 필요하다는 사실을 알고 있었다. 그에게는 북양육진이라는 대군이 있었지만 직례, 하남, 산동 등 몇 개의 성(省)만 직접 통제할 수 있었다. 기존의 혁명당은 중국 남부에 아직 상당한 규모의 세력을 가지고 있어 이를 제거하기 위해서는 여러 가지 준비가 필요했다. 민중의 인정을 받은 결성되지 얼마 되지 않은 공화정체제와 여러 가지 제도를 바로 폐지할 수는 없었다. 재정상으로도 외국에서 차관을 받아야 했기 때문에 당장 행동을 취할 수는 없었다.

그는 아직 준비가 더 필요하다고 생각해 수많은 듣기 좋은 빈말들로 상대방을 안심시켰다. 1912년 3월 8일, 그는 남경의 참의원에 전보를 쳐서 공화국에 충성을 맹세했다. 10일, 그는 북경에서 취임선언을 했다.《중화민국임시약법(中華民國臨時約法)》(이하'임시약법')에 정부는 책임내각제를 채택한다고 규정했다. 참의원의 동의를 얻어 원세개는 13일, 당소의(唐紹儀)를 첫 번째 국무총리로 임명했다. 4월 29일, 참의원은 북경으로 이전해 회의를 열었다.

당소의는 원세개의 심복으로 오랫동안 원세개를 따라다녔고, 원세개의 등용으로 점점 직위가 높아져 청나라 말에는 봉천(奉天) 순무(巡撫), 우전부(郵傳部) 상서(尙書) 등의 직책을 역임했으며, 신해혁명이 일어난 후 남북화의(南北和議)의 북방 총대표를 맡았다. 그러나 그는 어렸을 때 홍콩에서 공부한 후 미국에서 7년간 유학하면서 서양 민주사상의 영향을 받았다. 원세개가 그를 국무총리로 임명한 이유는 자신이 편하게 정부를 통제하기 위해서였지만 당소의는 진심으로 '책임내각'을 실행하기를 바랐으므로 원세개와 여러 차례 논쟁을 벌였다. 원세개는 당연히 이를 용인하지 않았다. 임시약법에는 국무원으로 하여금 정부의 실제책임을 지도록 규정하고 있어, 총통은 법률, 명령, 공문의 발표는 국무원의 서명을 거쳐야 유효할 수 있었다. 당소의는 원세개의 동의를 얻어 왕지상(王芝祥)을 직례총독으로 임명할 준비를 하고 있었다. 그러나 원세개는 국무원의 서명을 거치지 않고 직접 왕지상을 남방의 선위사(宣慰使)로 공포한 후, 적계(嫡系) 장군 풍국장(憑國璋)을 직례도독으로 임명했다. 당소의는 이 일이 그에 대한 원세개의 결별통보라는 사실을 알았고 사직서를 남겨두고 몰래 북경을 떠났다. 당소의의 내각은 3개월 만에 막을 내렸다.

당소의의 사직은 일반적인 내각의 인사변동이 아니라 원세개가 임시 대총통직을 수행한 후 처음으로 공공연히 임시약법과 책임내각제를 위반한 중대한 정치적인 행동이었다. 그러나 사회적으로는 그렇게 큰 반향을 일으키지는 않았고 국민당도 양보하는 태도를 취했다. 이 일로 원세개는 더욱 대담하게 한걸음씩 대권을 독점하기 위한 행동을 전개해 나갔다.

신변의 문제를 해결한 후 원세개는 남방의 국민당 세력을 상대하는 일이 가장 중요하다고 생각했다. 그중 가장 중요한 것은 임시정부가 남에서 북경으로 옮긴 후, 황흥(黃興)이 남경에 남아 주둔하고 있던 10만여 명의 군대를 직접 통솔하고 있다는 사실이었다. 이는 원세개에게는 등에 박힌 가시와도 같은 커다란 위협으로 보였다. 이 장애물을 제거하기 위해 원세개는 즉시 강경한 조치를 취하지 않고 남경에 주둔하고 있는 10만여 명의 군대에 보급품을 차단하는 근본적인 해결 방법을 사용했다.

강남은 커다란 부를 가진 지역이었다. 원세개 정부가 황흥의 군대에게 보급품을 조달해 주지 않아 곤란에 빠졌고 감히 단호한 행동을 취할 생각을 하지 못했다면 왜 스스로 보급품을 조달하지 않았을까? 그 이유는 황흥이 너무 순진하고 고지식해서 원세개가 혁명당을 사지로 몰아넣으려고 하는 생각을 간파하지 못했고, 원세계를 '합법'적인 중앙정부를 대표하는 인물로 보고 '통일'과 '법규준수'라는 관념에 자

신의 손발을 묶어놓았기 때문에 가만히 앉아 죽음을 기다리는 처지가
됐다. 원세개가 "군사 자체방위", "서로 적이 되는 상황과 같다."라는
말로 남방을 질책할 때, 황흥은 남경에 남아 기관을 수비하고 있다가
"내분이 일어나고 외환이 발생"하지 않을까 걱정해, 스스로 자리에
서 물러나 군대를 해산시키는 것만이 진심을 나타내고 남북이 서로를
의심하지 않게 만들어 행정 통일과 민국의 초석을 공고히 하는 결과를
가져올 것이라 믿었다. 그의 이러한 행동은 적이 쳐놓은 올가미에 스
스로 걸어 들어가는 꼴이 아니고 무엇이겠는가?

황흥은 이런 생각에서 남경의 유수부(留守府)를 철폐했을 뿐
만 아니라 남경의 10만여 명의 군대 중에서 제8사단만을 남겨두고 소
(蘇), 절(浙) 월(粤) 각 성(省)의 군대는 자신의 성으로 돌려내고
다른 군대는 모두 해산시켰다. 강소(江蘇)는 황흥의 주재로 가장 많
은 군대를 해산시켰는데 모두 7개의 사단이 감소했다.

기타 남방의 각 성들도 군대를 해산시켰다. 호남은 이미 국민당
에 참여했던 담연개(譚延闓)의 주재로 모든 군대를 해산시켰다. 강
서도독 이열균(李烈鈞)만이 인솔부대를 2개의 사단으로 편성해 유
지했다. 혁명파가 수중의 무기를 내려놓았던 이유는 그들이 먼저 사상
적인 무장을 해제했기 때문이었다.

책임내각제가 전복되자 중앙정부의 대권은 원세개 한 사람에게
집중됐다. 남경의 유수부도 이미 철폐됐고, 남방의 군대도 해산되고
있는 중이었다. 이 두 가지 일이 모두 끝났을 때 원세개는 비로소 마음
을 놓았다. 그는 1912년 8월 손문과 황흥을 북경으로 초청하여 국가
의 대사를 함께 상의했다. 손문은 북경에 도착한 후 한 달간 머무는 동
안 열렬한 환영을 받았고, 원세개는 손문과 13차례 회담을 진행하면

서 손문에게 전국 철도계획에 관한 전권을 주었고, 황흥을 한월천 (漢粵川) 철도의 감독으로 임명했다.

손문은 북경에 머물러 있을 때 "지금의 정치는 원대총통과 일반 국무원이 맡아서 하고, 본인은 지금부터 정계에 관여 하지 않고 경제에 힘쓸 것이다. 현재 상황을 유지하는 일은 내가 원세개에 미치지 못하고 미래를 계획하는 일은 원세개가 나에게 미치지 못한다. 앞으로 10 년 동안은 원세개가 계속 총통직을 수행하고 나는 경제를 위해 힘쓸 것이고 10 년 후에도 국민이 나를 원한다면 그때도 늦지 않다."라고 다시 한 번 말했다. 그는 원세개가 '진정 어린' 태도로 회담을 진행할 때 몰래 칼을 갈며 기회를 엿보고 있다는 생각을 전혀 하지 못했다. 그래서 원세개가 갑자기 얼굴을 바꿔 그들을 몰아붙일 때 국민당은 아무런 대비도 하지 못해 전혀 손을 쓸 수 없는 상태였다. 이렇게 그들은 고통스러운 교훈을 얻었다.

임시약법에는 참의원이 설립된 후 10 개월 내에 국회 선거를 진행해야 한다고 규정되어 있다. 국회선거는 1912 년 12 월 상순에서 시작해 그다음 해 3 월에 끝났다. 원세개는 국회를 장식품으로 보고 있었기 때문에 선거에 그리 신경 쓰지 않았다. 선거결과 참의원 266 명과 중의원 596 명이 당선됐다. 통계에 따르면 참의원에서는 국민당이 54% 를 차지했고, 공화, 민주, 통일, 진보당은 9% 밖에 되지 않았다. 중의원에서는 국민당이 전체의 64% 를 차지했고, 공화, 민주, 통일당은 20% 를 차지했다.

결국 참의원이든 중의원이든 상관없이 국민당이 의석의 과반수를 차지했다. 국회는 헌법 제정과 정식 대통령 등의 임무를 담당해야 했다. 서양 정당정치를 숭배하던 송교인은 아주 기뻐했고 "세계의 민주국가의 정치 권위는 국회에 집중되어 있다."고 깊이 믿었고 이때부터 중국정치의 신기원을 열게 될 것이라고 생각했다.

그러나 현실은 무정했다. 3월 20일, 송교인은 국회를 열기 위해 상해에서 북경으로 가려고 준비하고 있었다. 그가 황흥 등을 대동하고 상해역에 도착했을 때 갑자기 자객이 쏜 3발의 총을 맞았고 이틀 후 세상을 떠나고 말았다. 그 후 얼마 지나지 않아 상해조계가 단서에 의해 조사를 진행할 때 주범인 응계형 (應桂馨) 이 내무부 비서 홍술조 (洪術祖), 국무총리 조병균 (趙秉鈞) 과 편지와 전보를 주고받으며 직접 원세개를 언급했다는 사실을 알아내 여론이 들끓게 됐다.

이 사건은 국민당에게는 청천벽력과도 같았다. 일본에서 철도를 시찰하던 손문은 만사를 뿌리치고 즉시 귀국했다. 그는 참혹한 사실을 앞에 두고 원세개에 대해 품었던 환상을 버리고 이미 법률 등으로 해결할 수 없는 문제를 확실히 보게 됐다. 그는 군사회의를 소집해 무력으로 원세개에 대항하려 했다. 그러나 황흥 등이 반대하고 왕정위 (汪精衛) 등도 남북으로 뛰어다니며 타협을 하는 평화적인 해결방법을 모색하기 위해 노력했다. 이미 각 성 (省) 의 도독과 국회의원이 된 국민당원들은 기득권에 연연해, 손문에 호응하는 사람은 얼마 되지 않았다. 신해혁명에서 지금까지 시간은 겨우 1년이 지났을 뿐이었다. 그러나 혁명의 열정은 이미 사라졌고 타협의 목소리는 높아졌다. 손문의 전쟁요구는 그들로 하여금 다시금 전투의 행렬에 참여하도록 소환할 수 없을 뿐만 아니라 '손대포'라는 비웃음만 들어야 했다.

수많은 하층민들은 신해혁명 후 혁명당에 의해 한쪽으로 내쳐졌다. 국민당으로 바뀐 후의 동맹회의 강령은 민중에게 아무런 호응을 얻지 못했다. 국민당이 도독을 맡은 남방의 수많은 성 (省) 에서 민중은 아무런 실익을 받지 못했고 오히려 가혹한 진압과 껍데기만 바뀐 가혹한 세금에 시달려야 했다. 그들의 눈에 국민당과 원세개의 충돌은 관료정치인과 또 다른 관료정치인 간의 권력다툼이었을 뿐, 그들과는 아무런 관계도 없었으므로 자연히 국민당을 열정적으로 지지해주지는 못했다.

민족산업가, 특히 상해의 신흥자산계급이 신해혁명 시기에 적극적으로 반청 무장투쟁에 적극 투자했다는 사실에 주목해야 한다. 이때 그들은 원세개에게 반항하면 자신들의 사업발전의 기회를 잃을까 두려워했으므로 손문이 제시한 '두 번째 혁명'에 대해 반대하는 마음을 가지고 있었다.

힘없는 중국 민족자산계급은 원세개의 비호 아래에서 편안히 자신의 사업을 발전시켜나가기를 바랐으나 이러한 희망은 결국에는 물거품이 될 운명이었다. 1년 전, 전국적인 규모의 혁명을 선동했던 혁명당원들은 얼마 지나지 않아 뿔뿔이 흩어지고 완전히 고립된 지경에 처했다. 사방을 둘러보아도 도움의 손길을 찾을 수가 없었다.

원세개는 인정사정 두지 않았다. 의회가 국회에서 탁상공론하고 있을 때 그는 병력을 재배치했다. 그는 준비를 마친 후, 4월 27일 국회를 거치지 않고, 염전수익 등을 담보로 영국, 프랑스, 독일, 일본, 러시아 5개국 은행단과 2,500만 파운드의 차관 계약에 서명하고 남방의 군사를 배치시킨 후 갑자기 돌변하여 강서, 안휘, 광동 3개 성의 국민당에 적을 두고 있는 도독인 이열균(李烈鈞), 백문위(柏文蔚), 호한민(胡漢民)을 파면했다.

궁지에 몰린 혁명당 내부에서는 논쟁이 일어났고 원세개에 핍박당한 일부 혁명당원들은 이에 반기를 들 수밖에 없었다. 7월 12일, 이

열균이 강서 호구 (湖口) 에서 독립을 선언하고 전보로 원세개에게 통보했다 . 15 일 , 황흥이 남경으로 가서 원세개 토벌 강소총사령관에 취임했다 . 안휘 , 광동 , 상해 , 복건 , 호남 , 중경 등 연이어 독립을 선포했다 . 이것이 바로 역사에서 말하는 '2 차 혁명'이었다 .

'2 차 혁명'은 잠시 반짝했다가 곧 사라졌는데 시작부터 끝까지 걸린 시간은 채 2 달도 되지 않았다 . 원세개는 몇 갈래로 나누어 군사를 내어 진군했고 또 암암리에 남방 군인을 매수하자 남방 각 성의 독립과 저항은 연기처럼 사라졌다 . 이 실패는 엄밀히 말하면 대규모의 전투 없이 강서 , 남경 등 지역에서 진행된 짧은 저항을 제외하고는 대부분 국민당 내부가 와해되면서 붕괴됐다고 말할 수 있다 강소 , 안휘 , 강서 , 광동은 모두 내부 배신에 의해 실패했다 . 호남 , 복건의 두 성의 태도는 시작부터 단호하지 못했는데 계속 우유부단한 태도를 취하면서 관망하다가 얼마 지나지 않아 스스로 독립을 취소했다 .

'2 차 혁명'이 실패한 후 손문 , 황흥 등도 모두 원세개 정부에 의해 수배령이 내려졌고 수많은 혁명당원들은 어쩔 수 없이 일본으로 망명하고 말았다 . 이들 망명자들은 사상적으로 큰 혼란에 빠졌다 . 손문은 이번 실패에서 뼈아픈 교훈을 얻었다 . 그는 국민당이 혁명의 취지를 져버렸고 내부 조직이 해이해져 통일된 행동을 취할 수 없었다는 점이 문제였다고 생각했다 . 그는 전자를 참고해 새로이 국민당을 대체할 중화혁명당을 조직했다 . 또한 후자를 고려해 입당하는 방법으로 지장을 찍도록 규정하고 손문에 복종할 것을 선서하도록 했다 . 황흥과 몇몇 혁명당원들은 이와는 다른 생각을 가지고 있었고 , 특히 입당 방법에 불만을 가지고 있었으므로 중화혁명당에 가입하지 않았다 . 중화혁명당이 세워지긴 했지만 , 해외에 있었고 당원수도 많지 않아서 영향력이 크지 않았기 때문에 큰 역할을 할 수가 없었다. 그러나 손문은 지극히 어려운 상황에서도 혁명의 기치를 높이 들고 흔들림 없이 투쟁해 나갔다. 손문의 이러한 정신은 참으로 귀중한 것이었다.

원세개는 승리의 기세를 몰아 남방의 도독(호북도독 여원홍(黎元洪), 호남도독 담연개(譚延闓) 등을 포함)을 경질해 자신의 부하들로 대체했고 기존의 국민당적을 가진 도독(산서도독 염양산(閻錫山) 등)은 원세개로 돌아섰다. 이전에는 원세개가 중앙을 통제하고 있기는 했지만 실제로 통제할 수 있는 지역은 직례, 산동, 하남 등의 성(省) 뿐이었다. 이때 서남의 운남, 귀주, 광서 3개 성과 멀리 서북의 신강(新疆) 외에 기타 각 성도 모두 원세개의 직접적인 통제에 들어가 국내 정치국면에 중대한 변화가 일어났다.

국민당원이 우위를 점하고 있는 국회 참의원과 국회 중의원은 이미 원세개의 수중에 있었다. 국민당적의 의원들은 다시는 "의회에서 다수를 차지하고 있다."는 망상으로 감히 원세개를 구속하는 행동을 하지 못했고 자신의 위치에 연연해 원세개에게 아첨을 떨기도 했다. 10월, 국회는 원세개를 대총통으로, 여원홍은 부총통으로 선출했다. 일본, 러시아, 프랑스, 영국, 독일, 오스트리아, 이탈리아 등 나라들이 연이어 각서를 보내며 중화민국을 인정했고, 원세개를 지지한다는 의견을 표명했다. 원세개가 정식으로 대총통이 되자 이제 국회는 그에게 아무런 쓸모가 없었다. 한 달도 되지 않아 그는 국민당의 해산을 명령했고 군대를 파견해 국회 참의원과 국회 중의원을 포위하고 국민당 의원에 집을 수색해 이틀간 모두 438건의 의원증서와 훈장을 추징했다. 이렇게 국회는 법정인수 부족으로 개회할 수 없었다. 그다음 해 1월 10일, 원세개는 정식으로 국회해산을 명령했고, 이렇게 민의를 대

표한다고 형식적으로 불리던 입법기관은 불법적인 수단에 의해 사라
졌다.

　　그해의 혁명단원들은 서양의 민주 의회정치와 정당내각의 정치
제도를 실현하기만 한다면 중국의 문제를 해결될 수 있을 거라 생각했
다. 그러나 이런 듣기 좋은 말은 서양국가에서는 어느 정도 효과를 볼
수 있었을지 몰라도 중국의 국가 상황을 고려하지 않고 그대로를 중국
사회에 적용하자 그 모습은 완전히 변해버렸다. 처음 시작할 당시 단
지 보통선거의 틀만 빌려오자 여러 문제가 발생했는데, 다당제로 인한
파벌이 생겼고 국민당은 국회 경선에서 많은 의석을 차지했지만 국민
에게 실제적으로는 아무것도 돌아온 것이 없었다. 원세개로 대표되는
구세력은 준비를 마치자 맹렬히 공격해 들어와 그 형식상의 틀도 조금
도 망설이지 않고 멀리 내팽개쳤다. 처음 혁명을 일으켰을 때 이런 결
과를 낳게 될 줄은 아무도 알지 못했다.

제3절 원세개의 황제 등극을 반대하는 호국운동

　　1914년에 들어섰을 때 중국의 국내외 정세에서 가장 중요한 두
가지 사실은 국내적으로 모든 대권을 원세개가 독점한 것과 국외적으
로는 제1차 세계대전이 마침에 발발했다는 것이었다. 전자로 인해 원
세개는 더욱 야심을 키워 왕정복고를 준비하게 된다. 후자로 인해 유
럽열강들은 동방을 돌아볼 여력이 없어지자 일본의 군국주의는 이때
가 중국을 독점할 호기로 여겨 중국 침략에 박차를 가하게 된다. 이 두
가지 모두 1915년에 갑자기 나타난 현상이었다.

원세개는 국회를 해산한 그 달에 명령을 내려 약법회의를 조직했다. 이 회의 임무는 중화민국약법을 제정해 신해혁명 때 남겨진 임시약법을 대체하는 것이었다. 5월 1일 원세개가 공포한 이 중화민국약법에는 다음과 같은 규정이 있었다.

　　(1) 대총통을 나라의 원수로써 통치권을 장악한다.

　　(2) 대총통이 입법원을 소집하고 개회, 정회, 폐회를 선언한다.

　　(3) 대총통은 관직제도와 규정을 제정한다. 대총통이 문무관을 임명한다.

　　(4) 대총통이 전쟁의 시작과 강화를 선포한다.

　　(5) 대총통은 육해군의 총사령관으로써 전국의 육해군을 통솔한다. 대총통은 육해군의 편제와 군사의 수를 정한다.

　　(6) 대총통은 법률에 의해 계엄을 선포한다.

　　이 중화민국약법에는 국무총리를 언급하지 않았고 당연히 '책임내각'에 대한 내용도 없었다. "행정은 대총통을 수장으로 하고 이를 보좌하는 국무경(國務卿) 한 사람을 임명한다."라고 규정했다. 이렇게 대총통은 이미 전제군주제의 황제와 다름이 없었고 단지 황제라 칭하지 않았을 뿐이었다.

　　원세개는 만족했을까? 아니다. 중국의 몇천 년 간의 봉건사회에서 "군자는 군자다워야 하고, 신하는 신하다워야 하며, 부친은 부친다워야 하고, 아들은 아들다워야 한다."는 삼강오륜은 일부 사람들의 머리에 깊이 뿌리내리고 있었다. 황제만이 최고의 권력을 가진 천자일수 있었다. 원세개는 반평생을 황제의 권력 아래에 엎드려있었고, 청나라 말에는 '일인지하 만인지상'의 재상을 맡았고, 제왕의 지위에 대해 흠모와 동경은 제어할 수 없는 강렬한 욕망이 됐다. 민국의 총통이된 이후, 원세개의 행동방식과 제도규정에서 일상생활 등 모든 곳에서전 청나라 조정의 방법을 모방해 아무런 차이가 없었다.

중화민국약법을 공포한 날, 그는 국무원 해산 명령을 내렸고 총통부 내에 정사당 (政事堂) 을 설치해 청나라 말, 군기처 (軍機處) 의권한을 모방했고 서세창 (徐世昌) 을 국무경으로 임명했다. 원세개에서부터 시작해 모든 사람이 서세창을 '상국 (相國)'이라 불렀다. 같은달에 육해군 대사령관 통솔사무처를 세웠고 각 성 (省) 의 민정장 (民政長) 을 순안사 (巡按使) 로 바꾸었다. 6 월, 각 성의 도독을 해임했고 북경에 장군부 (將軍府) 를 세우고 각종 장군 명칭을 만들어 각 성에 주둔시켜 군사 임무를 관리하게 했다. 12 월, "대총통 선거법의 수정을 공포한다. 총통의 임기를 10 년으로 하고 연임할 수 있으며 대총통이 3 명의 후보를 추대한다."라고 했다.

이는 원세개가 자신이 평생 동안 총통직을 맡고 자신의 아들에게선위 하는 것을 포함해 계승자를 지정할 권리가 있다고 선포하는 것과다름이 없었다. 왕정복고의 조짐이 이미 조금씩 드러나고 있었다.

1914 년 8 월, 제 1 차 세계대전이 발발했다. 유럽 열강이 전력을다해 이 전쟁에 집중하는 사이, 일본의 군국주의자들에게는 중국으로세력을 확장하는 좋은 기회가 됐다.

8 월 23 일, 오쿠마 (시게노) 내각은 독일에 전쟁을 선포했다. 일본과 독일의 전쟁은 중국의 영토 내에서 진행됐다. 9 월 7 일 일본의 2

만 군대가 중립구역인 산동반도 북단의 용구 (龍口) 에 상륙했고 , 10
월에 제남과 교제철도 (膠濟鐵道) 연선을 점령해 5 천명의 독일군이
주둔하고 있는 청도를 향해 총공격을 퍼붓기 시작했다 . 일본군이 청도
를 점령한 후 중국 정부는 일본의 철군을 요구했다 . 일본의 여론은 일
본 정부의 정책을 열렬히 지지했고 , 수많은 신문에는 산동을 근거지로
장강 양안지역으로 경제권 확장을 모색할 것을 선동하는 기사가 실렸
다 . 일본 정부는 중국의 항의를 못들은 체했다 . 이 사건은 5·4 운동의
도화선인 '산동문제'의 원인이 됐다 .

　　　일본 군국주의자들은 이에 멈추지 않았다 그들은 하늘이 도와준
호기가 왔을 때 보통사람은 상상도 못할 야심을 나타냈고 , 큰 위험을
무릅쓰고 행동했다 . 청도를 점령한 후 일본 정부는 이때가 중국을 독
점할 수 있는 호기로 생각했다 . 내각이 통과시킨 중국에 대한 < 대중
국 21 개조 요구 > 는 모두 다섯 부분으로 나누어졌는데 , 주요 내용은
중국 정부에게 일본과 독일 양국이 산동이권 양도에 관한 모든 협정을
승인하도록 요구하고 , 남쪽 만주와 동부 내몽고에서 일본의 특권을 인
정하며 , 한야평 (漢冶萍) 회사 (한양철광 (漢陽鐵廣) 과 대야철광 (大
冶鐵鑛), 평향매광 (萍鄕煤鑛) 을 포함한) 의 중일 공동경영 , 모든 연
해항만과 도서를 다른 국가에 할양 혹은 임차하지 말 것과 중국 중앙
정부가 일본인을 채용하여 정치 , 재정 , 군사 고문으로 삼는 것 등이었
다 . 1915 년 1 월 18 일 , 일본 히오키마스 (日置益) 주중공사가 원세개
에게 < 대중국 21 개조 요구 > 를 보내면서 "총통이 이 요구를 받아들
인다면 , 일본 정부도 지금부터 원총통을 도울 것이다 ."라고 말했다 .

　　　얼마 지나지 않아 히오키마스는 중국 회담대표이자 외교차장인
조여림 (曹汝霖) 에게 더욱 노골적으로 중국이 왕정을 복구하기를 원

한다면 일본이 반드시 찬성해야 한다고 말했다. 2 ~ 4 월, 중일 쌍방은 25 차례에 걸쳐 비밀회담을 진행했다.

원세개는 계속 영국과 미국의 지지에 의존하고 있었고 영국과는 더욱 밀접한 관계를 맺고 있었다. 그러나 이 당시 구미 열강들은 유럽 전쟁에 휩쓸려 중국을 돌아볼 여유가 없었다. 원세개는 왕정을 복구하는데 급급했기 때문에 일본의 '협조'를 희망했다. 5 월 7 일 일본은 최후의 통첩을 보냈고 48 시간 내에 회답하기를 요구하며, "시간 내에 만족할 만한 답을 하지 않는다면 제국정부는 필요하다고 생각되는 수단을 취할 것"이라고 말했다. 9 일, 원세개 정부는 일본이 제시한 조건을 받아들였고 단지 다섯 번째 부분의 몇 개의 조에 대해서만 '나중에 협상'할 뜻을 표했다.

'21 개조'에 나타난 일본의 침략 야심은 아주 컸는데, 중국의 권익에 아주 심각한 손해를 입히는 내용도 있었고, 언급한 범위도 광범위해서 과거에 맺었던 여러 차례의 불평등 조약과 크게 다르지 않았다. 수많은 사람은 이 조약을 '망국 조약'이라 불렀고, 전국에 폭발적인 반향을 불러 일으켜 일본상품을 배척하는 운동이 광범위하게 전개됐다. 이는 민국 수립 이후, 처음으로 나타난 대규모 군중 애국운동으로, 이후 원세개의 왕정복고투쟁에 중대한 영향을 미쳤고, 4 년 후 5·4 애국운동의 선도적인 역할을 했다.

원세개는 국내외 정세에 대해 완전히 잘못된 예측을 했다. 국내적으로 그는 수중의 무력으로 모든 것을 지배할 수 있다고 맹목적으로 믿고 있었고, 대권을 이미 손에 틀어쥐고 있기 때문에 자신의 힘을 제약할 어떠한 것도 존재하지 않는다고 생각했다. 그는 '2 차 혁명'의 빠른 실패로 자신의 힘을 더욱 높이 평가해 마음대로 해도 우려할 것이

없다고 생각했다. 국외에 대해서 그는 < 대중국 21 개조 요구 > 로 왕
정복고에 대한 일본의 지지를 받았고, 구미기타 국가들은 전쟁을 하느
라 바빠 반대하는 의견을 낼 수 없을 거라 생각했다. 이렇게 공화에 충
성한다는 그 맹세들을 헌신짝처럼 버리고 왕정복고를 위한 준비에 박
차를 가했다.

원세개는 왕정을 복구하려 했지만 형식상으로는 대중이 그를 추
대하는 모습으로 연출했다. 9 월 19 일, 원세개의 심복과 총통부 비서
실장 양사태 (梁士詒) 의 책동으로 전국 청원연합회를 세워 왕정복고
를 요구하는 형형색색의 '청원단 (請願團)'이 나타났다. 12 월 12 일,
원세개는 황제에 등극한다. 31 일, 다음 해를 홍헌 (洪憲) 원년으로
정했다.

왕정복고는 모든 사람에게 지탄을 받을 일이었다. 중국은 역사
적으로 공화제도의 전통이 없었고 민국의 현재상황이 실망스러운데
도 왜 이렇게 많은 사람들이 공화제도를 보호하려 하는 것일까? 그 원
인은 신해혁명의 시련을 통해 민주공화국의 관념이 사람들의 마음속
에 깊이 자리잡았고 더 이상 자신을 '현명한 천자'의 다스림을 받는 '백
성'으로 보지 않고 국가의 주인이라고 인식하기 시작했다는데 있었다.
역사는 이미 변한 사실을 다시 원래대로 돌려놓지는 못한다. 정치적으
로 중간상태에 있던 수많은 사람도 혁명 후 '민'을 정통으로 보고 이를
다시 뒤집으려 하는 사람들은 반역자로 생각했다. 하물며 원세개는 과
거 공화제도에 충성을 맹세했다가 지금 다시 공화제도를 뒤엎고 맹세
를 배신하면서 신의를 잃었다. 또 원세개가 집정한 몇 년간 이렇다 할
만한 업적도 세우지 못했고 제정 러시아의 몽골 침략과 영국이 티베트
침략에 더 박차를 가하면서, 텅 비어있던 재정은 외국의 고금리 차관

에 더욱 의지할 수밖에 없었고, 모든 것이 쇠약해지면서 국가의 처지와 민중의 생활 모두 개선되지 않아 청나라 정부 시기와 별 차이가 없었다. 이런 상황에서 아무런 업적도 없는 원세개가 갑자기 황제가 되겠다고 하자 사람들의 불만은 더욱 커져만 갔다.

왕정복고의 소문이 퍼져나가자 사회 각계각층에서는 즉시 강렬한 반응을 일으켰고, 많은 사람이 이에 반대했다. 민감한 청년 학생들의 반응은 특히 더 격렬했다.

유혈투쟁으로 공화제도를 이룩한 신해혁명 시대의 혁명당원들은 더욱 격앙됐다. 이러한 반응은 운남의 중·하급 군관들에게서 특히 두드러지게 나타났다. 운남은 신해혁명에서 무창봉기 후 같은 달에 독립을 선언한 5개 성(省) 중의 하나로 군관 중에는 동맹회 회원과 국민당원들이 많았고 원세개의 힘이 미치지 못하는 서남의 변경에 위치해 있었다. 신해혁명 때 운남 신군 봉기를 이끌었고 운남도독을 맡고 있던 채악(蔡鍔)은 이때 원세개에 의해 북경에 연금되어 있었다.

운남 봉기는 먼저 신해혁명 시기에 혁명 민주주의 사상에 영향을 받았으며, 청나라 정부를 뒤엎고 민국을 건국하는데 참여한 운남 신군 군관들이 일으켰다. 당계요(唐繼堯)는 처음에는 동요하는 태도를 보였으나 그들의 선동으로 봉기를 일으키기로 결심했다. 채악이 북경에서 벗어나 곤명(昆明)에 도착하자 그의 명망으로 인해 운남의 사기는 더욱 올라갔다. 12월 22일 운남에서는 군사회의가 열렸고, 전보를 통해 원세개에게 왕정복고의 취소를 요구하고, 호국군을 조직하여 세 갈래 길로 나누어 진군할 것을 결정했다. 첫 번째 길은 채악이 총사령관을 맡아 사천(四川)을 향해 출발하고, 두 번째 길은 이열균이 총사령관을 맡아 광서를 지나 광동으로 출발하고, 세 번째 길은 당계요가 총사령관을 겸임하여 운남 후방을 지키기로 했다. 25 일, 당계요, 채악 등은 공동 서명하고, 이를 전보로 원세개에게 통보하여 독립을 선언했다. 운남 민중은 더욱 격양됐고 기치를 높이 들고 앞다투어 입대했다.

운남봉기 후 귀주 (貴州), 광서, 광동, 절강, 호남, 섬서, 사천 각 성 (省) 들도 연이어 독립을 선포했다. 수많은 성들이 독립을 선포할 수 있게 만든 기본세력도 신해혁명 시기에 혁명 민주사상의 영향을 받은 신군 군관들이었다. 사천, 호남, 광동의 독립은 성 내 민군들의 봉기와 호국군의 점차적인 압박으로 기존의 통치세력을 유지할 수 없는 상황에서 선포됐다.

이때 북양파 내부에도 심각한 분열이 일어났다. 원세개의 두 대장군인 단기서 (段棋瑞) 와 풍국장 (憑國璋) 도 군주제에 반대했다. 그들이 반대한 이유는 첫째, 군주제를 준비하는 과정에서 원세개가 그들에게 사실을 말하지 않는다는 느낌을 강력하게 받았고 그들에게 자신이 황제가 되지 않을 것이라는 뜻을 단호하게 밝혔으므로 원세개가 그들을 신임하지 않는 것이 확실했다. 둘째, 공화정체제에서 그들은 총통에 오를 수도 있지만 왕정이 복구되면 원세개의 아들에게도 머리를 숙이고 굴복해야 했는데, 그들은 이를 받아들일 수 없었다. 풍국장은 5 장군의 명의로 각 성의 장군들에게 비밀 전보를 보내 공동 서명하여 원세개에게 군주제 취소와 주모자 처벌을 요구하는 전보를 보낼 것을 건의했다. 원세개를 지지했으나 원세개의 황제 등극을 찬성하지 않았던 영국도 전쟁으로 바빴으므로 변란이 일어나지는 않았다.

원세개는 이미 주자제 (周自齊) 를 일본천황의 대관식을 축하하는 특사로 파견해 일본을 끌어들여 자신의 황제 등극에 대한 일본의 지지를 더 강화했다. 21개조 요구 비밀 회담 등의 소문이 퍼져나가 구미 열강의 일본에 대한 불만을 야기했고, 국내정세가 원세개에게 불리한 방향으로 발전해가고 있었기 때문에 일본 정부는 원세개의 특사를 거절하기로 결정했고, 주일 중국공사 육종여(陸宗輿)에게 "귀 정부의 왕정복고에 본래 아무런 문제가 없었으나, 최근 운남이 어지러운데 이때 군주제를 단행한다는 것은 우방의 권고를 무시하는 태도다. 중국 정부의 책임이 아주 크므로 일본 정부는 이를 인정할 수 없다."라고 정식으로 말했다. 이 모든 것이 원세개가 예상치 못한 상황이었다.

원세개는 사면초가 속에 1916년 3월 22일 어쩔 수 없이 군주제를 취소한다고 선포했다. 그는 모두 83일 동안 '황제'의 자리에 있었다. 그는 다시 '민국 총통'이 되고 싶었지만 독립한 각 성(省)과 각계 민중은 당연히 이에 찬성하지 않았다. 그는 모든 계략을 써서 발악을 했으나 그의 처지는 날이 갈수록 악화되어갔고 모두에게 욕을 먹는 외톨이가 되어 6월 6일 매일을 초조하게 보내다가 세상을 뜨고 말았다.

제 4 절 군벌할거와 혼전국면의 형성

사람이 전체 국면에 대해 정확한 예측을 하기는 쉽지 않다. 이미 한 번 겪었던 일도 완전히 이해할 수는 없다. 청나라 정부가 전복되고 민국을 수립할 때 사람들은 지나치게 낙관적으로 역량을 집중시켜 새로운 나라를 수립할 수 있을 거라 예측을 했다. 원세개의 왕정회복이 완전히 실패하고 기존의 부총리인 여원홍(黎元洪)이 총통이 됐을 때도 지나친 낙관이 다시 한 번 고개를 들었다. 사람들은 흥분하여 '공화제 재건'의 성공을 논하며 최소한 비교적 안정된 시기에 접어들었다고 생각했다.

한 번의 교훈을 얻었을 때와 그렇지 않을 때는 당연히 다른 데 뜻 있는 사람들은 이미 시국에 걱정할 만한 요소가 많이 있다고 인식하고 있었다. 사실 원세개의 황위 등극은 비록 실패했지만, 그로 대표되는 구 사회 기초는 충격을 받지 않았고, 그의 통치 버팀목이었던 북양군 벌세력도 그다지 큰 충격을 받지 않았다. 조금 다른 점이 있다면 원세 개가 황위에 등극하기 전 그의 통제력으로 인해 최소한 표면적으로는 '통일'이라는 국면을 유지할 수 있었다. 그가 죽은 후 북양파 내부에는 원세개처럼 전체 북양세력을 총괄할 수 있는 사람을 찾아 볼 수 없었 기 때문에 사분오열하는 양상을 보였다. 원세개는 무장 세력을 장악하 고 있었기 때문에 최고 권력을 손에 넣을 수 있었다. 그의 부하들도 그 를 모방하여 군대를 키워 자신의 세력을 강화했다. 점점 혼란이 가중 되자 북양군벌 내부의 파벌 간에 분쟁이 생겨 점점 군벌할거와 군벌혼 전과 같은 심각한 국면으로 발전해갔다.

원세개는 모든 독재자들처럼 자신 외에 다른 어느 누구에게도 단 독으로 전체 북양파를 맡기지 않았다. 그가 갑자기 세상을 떠나자 내 부의 파별분쟁은 전혀 다른 양상으로 발전했다. 원세개 측근으로써 가 장 중요한 인물은 서세창(徐世昌)과 완사진(王士珍), 단기서, 풍국 장 등 4명이었다. 서세창은 문인으로 군대를 인솔해본 적이 없었다. 왕사진은 성격이 온화하고 정치적으로 야심이 적었다. 따라서 북양파 내부의 파별 분쟁은 주로 단기서와 풍국장 사이에서 나타났다. 단기서 는 안휘의 합비(合肥) 사람이고 풍국장은 직례의 하간(河間) 사람 이었으므로 환계파벌(皖系軍閥)과 직례파벌(直系軍閥)로 불려졌고 서로 한 치도 양보하려 하지 않았다.

당시에는 단기서의 역량과 영향력이 가장 컸다. 그는 천진 군사 학당을 졸업했고, 독일에 유학했으며, 청나라 발에는 북양 육진 중 3 진의 통제를 맡았고, 북양의 각 군사 학당을 관리했으며, 북양군인 중 많은 수가 그의 옛 부대원 혹은 학생이었다. 무창봉기가 발발한 후 단기서는 호북과 호남의 총독을 대행했다. 원세개가 집정할 때 연이어 내각의 육군총장을 맡았으며 국무총리 대리도 2번 역임했다. 그는 원세개의 황제 등극을 찬성하지 않았다. 원세개가 세상을 떠난 후 그는 북경 정부에서 중요한 위치에 있었다.

풍국장과 단기서는 천진 군사학당 동기생으로 수재로 뽑혔고 이후 일본으로 가서 군사를 시찰했다. 원세개가 작은 역에서 군사를 훈련시킬 때 군대의 총 관리를 맡았고 그 후에도 북양의 각 군사학당의 관리를 맡았다. 신해혁명 때 풍국장은 제1 군단장과 금위군 총사령관을 잇따라 맡았고 민국이 수립된 후에는 직례도독을 역임했다. '2차 혁명'을 진압할 때 군대를 인솔하여 남하했고 강소도독을 인계 받아 장강유역 북양세력의 지도자가 됐다. 그는 남방 각 성(省)의 지방세력과도 밀접한 관계를 가지고 있어 단기서와 필적할 만했다.

환계파벌과 직례파벌 외에 북양파와 밀접한 관계를 가지고 있어서 북양세력에 속한다고 할 수 있는 사람으로 장훈(張勳)과 장작림(張作霖)의 두 세력이 있었다. 장훈은 젊었을 때 원세개의 수하로 충성하여 청나라 조정의 강남 제독을 맡았다. 그때 그는 장강 순열사(巡閱使)와 안휘 독군(督軍)의 명의로 2만 명이 넘는 '정무군(定武軍)'을 거느리고 있었고, 서주(徐州) 일대에 주둔하고 있었지만, 마음으로는 여전히 청나라 조정에 충성하고 있었다. 그와 그의 군대는 청나라 통치의 상징인 변발을 유지하고 있어 '변발군'이라고 불렸고 청나라 정부 복구세력과 긴밀히 결탁하고 있었다. 장작림은 젊었을 때 입대하여 향단(鄕團)을 조직했고, 녹림(綠林)에 몸담았다가 그 후 청나라 정부에 의해 순방영(巡防營)에 편입됐다. 민국이 수립된 후 사단장까지 올라갔다. 원세개가 군주제를 철폐하고 대총통이라 자칭한 지 한 달이 됐을 무렵 장작림은 기회를 잡아 원세개에게 압력을 가해 성경(盛京) 장군, 봉천(奉天) 군무를 관리하는 직무를 얻어냈고 그 후 점점 전체 동북을 통제해 봉계군벌을 형성했다.

남방에서는 호국운동 후기 광동 조경(肇慶)에 당계요와 잠춘훤(岑春煊)을 정·부(正副) 무군장(撫軍將)으로 하는 군무원을 수립했다. 원세개가 세상을 떠난 후 이 군무원은 폐쇄됐다. 그러나 당계요가 운남과 귀주를 통제하고 있었고 육용정(陸榮廷)은 광서와 공동을 통제하고 있어 북양정부는 여전히 반독립 상태였고 사천과 호남에 각자의 세력을 넓혀가고 있었다.

여러 세력들이 서로 대치하는 상황에서 어느 한 세력도 독자적으로 중앙정권을 통제하지 못했고 약법에 의해 여원홍이 대총통의 직무를 이어 받을 수밖에 없었다. 단기서가 국무총리에 취임해 실권을 장악했고 이후 국회를 소집해 풍국장을 부총통으로 선출했다. 그러나 이러한 타협은 잠시 문제를 덮어두는 것에 불과했고 몇몇 사람이 기대하는 평온한 국면은 아니었다. 복잡하게 뒤얽혀있는 총통부와 국무원의 문제(부원지쟁(府院之爭)이라 불림)와 환계군벌과 직계군벌의 문제, 북방과 남방의 문제를 포함한 각종 문제들이 잇따라 발생했다. 장훈은 이 문제를 이용해 청나라 황실의 회복을 적극적으로 계획했다. 수많은 성(省) 내에서는 지역적인 성격을 띤 작은 군벌들이 서로 다툼을 벌여 끊임없는 무장충돌로 발전했다. 전체 국면이 점점 더 심각한 혼란에 빠져들고 있었다. 이는 북양군벌 세력이 사실상 크게 약화되고 있다는 것을 의미했다.

　이 문제들 가운데 가장 처음 표출되어 나온 문제는 '부원지쟁'이었다.

　여원홍은 아무런 실력이 없는 총통이었지만 단기서의 '책임내각'의 꼭두각시 노릇을 하기는 싫었고, 단기서의 심복이자 국무원 비서실장 서수쟁(徐樹錚)의 거만하고 횡포한 태도에 분개했으며, 여기에 단기서에게 불만을 품은 정치세력의 지지를 받고 있었으므로 부원지쟁은 점점 더 격화됐다. 이들의 충돌은 독일에 대한 선전포고 문제로 더욱 폭발했다. 1차 세계대전이 발발한 지 3년 가까이 되던 해였다. 1917년 2월 미국이 독일 잠수정의 공격을 이유로 독일과의 외교 단절을 선언하고 중국을 포함한 여러 나라에 일치된 행동을 취할 것을 촉구했다. 일본도 이 기회를 빌려 간섭했다. 중국은 3월에 즉각 독일에게 외교단절을 선언했다. 중국의 참전여부에 대해 단기서는 '참전'이라는 명분으로 일본의 지지를 얻어 그가 직접 통솔하는 '참전군'을 편성하기로 결심했다. 총통부에서는 처음에는 찬성하다가 나중에는 망설이더니 결국 반대하는 태도를 취했다. 쌍방이 논쟁을 벌였지만 사실 독일에 대한 선전포고 문제는 단지 변명에 불과했고, 총통부에서는 국무원의 독단을, 국무원에서는 총통부의 간섭 때문에 논쟁을 벌였고, 여기에 정치인들이 농간을 부려 쌍방을 이간질했다. 명목상으로는 외교적인 문제였지만, 실제로는 총통부에서는 단기서를, 국무원에서는 여원홍을 무너뜨리기 위해 모략을 꾸미고 있다는 사실은 이미 모르는 사람이 없는 비밀이었다.

이때 유례가 없었던 '독군단 (督軍團)' 이라는 촌극이 발생했다 . 대외 선전포고는 국무회의가 의결하고 총통의 날인을 받아 국회에 제출하는 순서에 따라 통과된다 . 단기서는 순조롭게 통과되지 못할 것을 걱정해 4 월 15 일 북경에서 군사회의를 열고 독일에 대한 선전포고문제를 논의했다 . 이 회의에 11 개 성 (省) 의 독군 (도통 (都統) 과 성장 (省長) 이 포함됨) 이 출석했고 11 개 성의 독군 대표가 참관했는데 이를 독군단 회의라 불렀다 . 5 월 1 일 국무회의에서 토론을 진행할 때 몇몇 독군 및 독군 대표가 자연스럽게 회의에 참관해 수일 내에 독일에 선전포고를 선언할 것을 요구했고 참전안은 회의에서 강제로 통과됐다 . 그 다음 날 , 여원홍은 참전안은 국회에 제출해 토론을 진행해야 하고 국회의 통과를 기다려 참전령을 발표할 것이라고 말했다 . 10 일 , 중의원이 참전안을 심의했다 . 그런데 갑자기 단기서가 사주한 '육해군인 청원단' 등 각종 명의의 2,000 명의 사람들이 중의원을 포위하고 반드시 당일 참전안을 통과시켜야 한다고 말하며 의원 10 여 명에게 상처를 입혔고 , 의원들의 강렬한 반감을 일으켜 , 참전문제를 잠시 토론하지 않기로 결정했다 . 이는 원세개가 정식 대총통에 대한 선거를 진행할 때 공민단 (公民團) 을 조직해 국회를 포위했던 상황이 재현된 것으로 군벌이 자주 사용하는 방법이었다 .

　　상황은 이렇게 난장판이 되자 전국의 여론이 들끓었다 . 독군단 구성원들은 여전히 포기하지 않고 공동 서명하여 여원홍을 탄원하며 국회해산을 요구했다 . 여원홍은 폴 사무엘 라인슈 (Paul Samuel Reinsch) 미국공사의 지지를 받은 후 법을 어기지 않을 것이며 도장도 찍지 않을 것이며 죽음을 두려워하지 않는다고 밝혔다 . 5 월 23 일 , 여원홍은 단기서의 국회총리직의 해임을 명했다 . 29 일 , 안휘성장 예사

충 (倪嗣沖) 은 전보를 통해 중앙과의 관계를 단절할 것을 선언했다 . 뒤이어 봉천 , 하남 , 절강 , 산서 , 섬서 , 직례 , 산동 , 복건 등 성 (省) 의 독군도 독립을 선언했다 .

독군단은 민국 초기에 사람들의 이목을 끌던 정치현상이었다 . 군인세력이 연합해 손에 쥐고 있는 총자루에 기대어 공공연히 중앙정치를 간섭하고 조정했는데 , 이런 현상은 중국에서 최소 몇 백 년 동안은 나타나지 않았지만 , 이때부터 한동안은 비일비재한 현상이 됐다 . 이들은 중국의 구사회 세력의 통치질서가 이미 어지러워졌음을 반영했고 , 기존사회 생활에서 습관이 된 그런 방법을 다시 이용해 그들의 위치를 유지할 수 없었으므로 , 이런 난폭하고 사람들의 인심을 잃는 방법을 사용할 수밖에 없었는데 , 이는 그들의 통치가 이미 끝을 향해가고 있어 지속되기 어려움을 예시하고 있었다 . 그러나 당시에 사람들은 단번에 그 마지막은 보지 못하고 , 국가의 상황이 매일매일 악화되어 커다란 고통 속에 빠져 있음을 느낄 뿐이었다 .

다음으로 일어난 촌극은 더욱 황당한 '장훈의 왕정복고'였다 .

독군단이 각 성 (省) 에서 연이어 독립을 선언한 후 여원홍은 당황하여 곳곳을 다니며 상황을 해결하려 했다 . 야심만만한 서주의 '변발장군' 장훈은 북경의 '해결사'를 자원했다 . 그의 진정한 목적은 이 기회를 이용해 청나라 말의 황제 부의 (賻儀) 를 황제로 추대해 복위시키는 것이었는데 암암리에 단기서와 풍국장의 용인도 얻어냈다 . 사실 단기서와 풍국장 등에게는 다른 계획이 있었다 . 그들은 단지 단순한 장훈의 손을 빌어 여원홍을 물리친 후 합법적으로 중앙의 권력을 장악하려 했다 . 이렇게 모두 제각기 다른 음모를 꾸미고 있었다 .

6 월 7 일 , 장훈은 변발군 5,000 명을 거느리고 북으로 올라왔다 .

그는 천진에 도착하자 여원홍에게 3 일 내에 국회를 해산하라는 통첩을 보냈다. 여원홍은 화를 자초한 셈이었으나 이때는 이미 마음이 어지러워 12 일 국회해산 명령을 내리게 된다. 이렇게 국회는 설립 후 6 년 동안 모두 2 차례 해산을 당하게 됐다. 몇몇 사람들에게는 중국의 모든 문제를 해결한다고 생각되던 의회 정치가 군벌통치하에서는 남에게 좌우되는 장식품일 뿐이었고 필요할 때 사용하고 필요치 않으면 아무렇게나 차버리는 불쌍한 존재였다.

장훈은 여기서 멈추지 않았다. 그는 군대를 이끌고 북경으로 들어온 후 7 월 1 일 조복을 입고 강유위 (康有爲) 등 수십 명을 이끌고 청의 궁으로 가서 부의의 복위를 주청했다. 부의도 당일 '즉위조서'를 선포하고 장훈을 '충용 (忠勇) 친왕'으로 봉했고, 정무총장 겸 의정대신, 북양대신, 직례총독으로 임명했다.

전제군주제도는 부활됐지만 중국에서 이미 그에 대한 사회적인 기초가 거의 사라지고 없었다. 여원홍이 초야로 몸을 숨기면서 전보를 통해 왕정복고에 대해 반대를 표했고, 각 성 (省) 에 병사를 일으킬 것을 호소했다. 이와 동시에 두 가지 명령서에 서명했는데 하나는 단기서를 국무총리에 복위시키는 것과 다른 하나는 부총통 풍국장에게 대총통 직권의 대행을 청한 것이었다. 왕정복고에 대한 소식은 각 지역에 퍼졌는데 신문에 연이어 이를 비판하는 글이 실렸고 민중은 공화제의 보호와 왕정복고를 성토하는 집회를 열었으며 강서의 장훈 집안사람들도 그가 공화제를 망친 불초한 자손이라 비난했다.

기회를 기다려 움직인 단기서는 장훈이 국회를 해산하고 여원홍을 끌어내린 후 7 월 3 일 천진, 창주 (滄州) 간의 철도 위에서의 마창 (馬昌) 에서 맹세를 하고 스스로 토벌군의 총사령관이 되어 5 만 명 넘는 군사를 이끌고 북경을 향해 총공격을 가했다. 장훈이 북경으로 데려온 병력은 그리 많지 않았고, 민심을 얻지 못했기 때문에 저항할 힘이 없었다. 이 전쟁에서 사망자는 27명에 불과했다. 12일, 부의는 퇴위를 선포하고 장훈은 네덜란드 대사관으로 도망쳤다. 이렇게 촌극은 막을 내렸다.

공화제도의 실행까지는 5년밖에 걸리지 않았지만 민심에는 커다란 변화를 가져왔다. 민심은 저버려서는 안 된다. 원세개는 황제 등극은 83일 만에 쫓겨났고 장훈의 왕정복고는 12일밖에 되지 않았지만 전제군주제는 이때부터 중국에서 그 의미가 퇴색됐고 누구도 역사의 수레바퀴를 되돌리지 못했다.

장훈의 왕정복고가 실패로 돌아간 뒤 풍국장은 남경에서 북경으로 와서 대총통의 직무를 대행했고 단기서는 다시 한 번 '공화제의 재수립'이라는 자세로 북경으로 돌아와 국무총리에 취임했다. 8월 14일, 중국은 독일에게 선전포고했다. 이때 북양군벌 내부의 직례(直系)와 환계(皖系), 두 파벌이 또 충돌하기 시작했다.

직례와 환계, 두 파벌은 한 뿌리에서 생겨났고 단기서와 풍국장 두 사람의 지위도 엇비슷했다. 그러나 하나는 북에 하나는 남에 있었기 때문에 문제는 아직 표면화되지는 않았다. 풍국장이 북쪽으로 갈 준비를 하고 있을 때 단기서는 측근인 근운붕(靳云鹏)을 남경으로 파견해 반드시 풍국장의 말에 따라야 하며 두 사람이 단결해야 한다고 밝혔다.

수많은 사람은 새로운 부원지쟁이 발생하지 않을 거라 생각했다. 그러나 풍국장이 북경으로 가서 취임한지 얼마 되지 않아 상황은 달라졌다.

그들 문제의 초점은 남북문제였다. 남북문제는 1913년 내전에서 나타났다. 그 내전의 결과 강서, 안휘, 호남, 광동, 사천, 섬서가 모두 원세개의 수중에 들어갔는데 이렇게 북방은 남방세력의 안전을 심각하게 위협하게 됐다. 1916년 원세개를 반대하는 전쟁에서 사천과 광동, 호남에서의 북방세력을 제약했고 이렇게 중국에 두 개의 대립 정부, 즉 북경정부와 조경(肇慶) 군정부(이후 광주의 호법정부임)가 생겨났고 남방 세력이 산록지대까지 확장됐다. 남북문제의 해결방법은 전쟁과 평화, 두 가지였다.

단기서와 풍국장의 문제는 북경정부에서 남방 각 성(省)에 대해 전쟁을 할 것인지 평화를 유지할 것인지의 문제에 집중됐다.

이때 운남의 당계요와 광서의 육영정은 이미 새로운 지역의 군벌이 되어 있었고 운남과 귀주, 사천, 광서, 광동, 호남에까지 그 세력이 미쳤다. 이들 성은 실제로 북양파의 통제범위 밖에 있었다. 북양정부는 임시약법에 따라 만들어지고, 장훈에 의해 해산된 국회의 회복을 반대해 따로 임시참의원을 수립했다. 손문은 '호법'의 기치를 들고 광동으로 남하했고 옛 국회의원 150명도 잇따라 남하했다. 법정인원수가 부족했기 때문에 광주에서 비상회의를 열어 손문을 군정부의 총사령관으로 당계요와 육영정을 사령관으로 추대했다. 당계요와 육영정은 이에 찬성하지는 않았지만 손문의 명성과 '호법'의 기치를 이용하여 북양파 세력의 남하를 저지하려고 군정부의 임명을 받아들여 광주에서 죽은 듯이 엎드려 있었다.

이들 남방세력에 어떻게 대처했을까? 풍국장과 단기서의 태도는 확연히 달랐다. 단기서는 '무력통일'을 주장하며 병력을 대거 남하시켰다. 풍국장은 몇 년간 남경에서 서남의 실력파와 밀접한 관계를 맺고 있었으므로 그들을 구실로 자중하며 화평을 제의했다. 내재되어 있던 쌍방의 문제는 빠르게 표면화됐다.

단기서는 호남과 사천을 빼앗기 위해 진군하던 초기에 좌절을 겪었는데 특히 호남독군으로 임명된 단기서의 처남 부양좌(傅良佐)는 담연개의 상군(湘軍)과 육영정의 계군(桂軍)에게 쫓겼고 남하한 북군 주력군의 두 사령관(모두 직례에 가까움)은 전보를 통해 평화를 주장하며 스스로 철군했다. 그리고 직례의 직례, 강소, 강서, 호남 4개 성(省)의 독군도 공동 서명하여 즉시 전쟁을 멈추고, 철군할 것을 요구하며 중재자로 나서기를 원했다. 단기서는 격노하며 11월 총리에서 물러났고 풍국장은 정전(停戰)을 선언했다.

그러나 단기서는 중앙정권을 오랫동안 독점해왔기 때문에 잠재세력은 여전히 풍국장보다 컸고 여기에 일본의 지지를 얻어 즉시 풍국장에게 반격을 가했다. 3월 23일, 풍국장은 강압에 의해 단기서를 국무총리로 복위시켰다. 이렇게 풍국장의 처신이 어렵게 되자 북경정부의 대권은 다시 단기서의 수중으로 들어갔다. 4월 오패부(吳佩孚) 사단이 상남(湘南)의 요충지 형양(衡陽)을 점령해 호남은 다시 한 번 북양군의 통제를 받게 됐다. 단기서는 광동으로 진격하겠다고 밝혔다.

이때 남방의 정국에도 중대한 변화가 발생했다. 북군이 호남으로 대거 진격하는 상황에서 광동, 운남군벌과 비상국회의 몇몇 의원들은 손문을 내치기로 마음먹고 몰래 회의를 열어 군정부의 조직을 개편하고 총사령관 제도를 취소할 것을 요구했다. 그들은 손문의 결사적인 반대에도 불구하고 5월 4일 국회 비상회의에서 중화민국 군정부 조직 대강 수정안(中華民國軍政府組織大綱)을 통과시키고 총사령관을 폐지하고 7개의 정무총재를 개설했으며 청나라 말에 광동과 광서의

총독 , 운남과 귀주의 총독 , 사천 총독을 역임했던 잠춘훤 (岑春煊) 을
주석총재로 추대했다 . 손문은 일곱 총재 중의 한 사람일 뿐이었다 . 그
는 격노하며 총사령관직을 사임했다 . 그 후 그는 광동을 떠나 상해로
가서 은거하며 집필활동에 전념했다 . 첫 번째 호법운동은 이렇게 조용
히 마무리 됐다 .

사실 '남과 북이 한통속'인 상황에서 군벌세력을 뿌리 뽑지 않고
'법률과 민의'라고 하는 것들은 모두 공염불에 불과했다 . 이것이 손문
이 냉혹한 현실에서 깨달은 중요한 교훈이었고 앞으로 변하게 될 사상
의 중요한 출발점이었다 .

단기서가 국무총리에 복위된 후 특이할 만한 점은 일본군국주의
세력과의 결탁에 박차를 가했다는 사실이다 .

1916 년 2 월 , 데라우치 마사다케 (寺内正毅) 가 수상의 자리에
올랐다 . 그는 전임 오쿠마 내각의 강경하고 위압적인 정책에서 벗어나
'지원협력'의 방침을 실행했고 장기적으로 큰 이익을 취하려는 방법을
썼는데 차관을 제공하여 북양정부의 집권자 단기서를 끌어들여 중국
에서의 권익을 도모하려 했다 . 각 성 (省) 의 군벌이 중앙의 세금을 가
로채곤 했는데 단기서는 일본에서 빌린 자금과 무기로 자신의 통치를
공고히 해 반대파를 제거할 필요가 있었다 . 쌍방의 의견이 일치됐다 .
이때 유럽전쟁의 상황이 절박하게 돌아가고 있어 영국과 프랑스 , 미국
등은 동쪽을 고려할 여유가 없었으므로 일본이 동남아에서 세력을 확
장할 수 있었다 . 데라우치 마사다케는 개인 특사 자격으로 니시하라
고메조 (西原龜三) 를 중국으로 파견했다 . 니시하라 고메조는 북경에
서 교통은행 CEO 조여림과 주주회 총회장 육종여 (陸宗興) 와 회담을
가졌고 단기서와 만나 1917 년 연이어 2 차례 2500 만 엔의 차관을 제공

했다.

1918 년 4 월 말 단기서가 국무총리에 복위한지 두 번째 되는 달부터 시작해 5 개월 동안 니시하라를 통해 일본으로부터 6 차례에 걸쳐 1 억 엔의 차관을 도입했다. 사람들은 이를 상술한 두 차례의 차관을 포함해 '니시하라 차관'이라 불렀다. 일본은 교환조건으로 중국 동북에서 중요한 철도 유지관리권을 획득했으며 단기서는 이 차관을 이용해 '참전군' 3 개 사단과 4 개 여단을 구축했고 일본의 무기를 사용했으며 일본 군사교관으로 군사를 훈련시켰으며 또한 남방에 대한 용병 군비를 충당했다.

이 기간에 중일군사 협정에 서명하는 사건이 발생한다.

러일전쟁 후 그들은 자체적으로 중국 동북지역의 세력범위를 나누었다. 북부는 제정 러시아에게 돌아가고 남부는 일본에게 돌아갔다. 1917 년 11 월, 러시아에서 레닌이 이끄는 10 월 사회주의 혁명이 발생했다. 같은 달, 미국과 일본은 랜싱—이시이 협정에 서명해 중국에서 일본의 특수한 위치를 인정했다. 1918 년 초, 서양 열강들이 소비에트 러시아에 대규모 무장간섭을 했다. 일본 정부는 이 호기를 이용해 대거 군사를 내어 북부에서 제정 러시아의 지위를 대체하고 시베리아의 광활한 토지를 취하려 했다. 2 월 일본의 참모차장 다나카 기이치 (田中義一) 는 주일 중국대사 장종상 (章宗祥) 에게 중일군사 협정의 체결을 제의했다. 단기서는 이를 지지했다. 5 월 쌍방은 '중일 육군 공동방어군사 협정'과 '중일 해군 공동방어 군사협정'에 서명하여 일본군이 '공동방어'라는 이름으로 중국 영토와 영해에 들어오는 것을 허가하고 중국 정부는 모든 편의를 제공해야 했다. 8 월 일본은 시베리아에 출병을 선언했고 이어서 일방적으로 군대를 하얼빈과 치치하얼 만

주리 등지에 들였으며 장춘에서 하얼빈 간의 철도를 강제로 인수 관리하고 흑룡강성에서 강제로 일본군용표 (화폐) 를 사용하도록 했다 .

중일군사협정의 협의를 비밀리에 진행하고 있을 때 소식이 이미 누설되어 중국민중의 강력한 반대를 불러일으켰다 . 광주의 국회비상회의는 전보를 통해 항의했다 . 전국상회연합회는 전보를 통해 "상민 (商民) 들이 이를 인정하지 않음을 맹세한다 ."고 밝혔다 . 일본 유학생들은 감정은 더욱 격앙되어 4 월 28 일 1 천여 명이 참가한 대회를 열었고 모두 귀국하여 반대여론을 불러일으키기로 결의했다 . 그들은 귀국 후 '일본 유학생 구국단'을 수립하고 일부 고향으로 돌아간 사람을 제외한 대부분이 북경과 천진 , 상해 지역을 중심으로 학생 활동에 전념했다 . 5 월 21 일 북경대학과 고등사범학교 , 고급기술학교 , 법률전공 , 의학전공 , 농업전공 등의 학생 2,000 여 명이 총통부로 몰려가 탄원했고 , 대표를 파견해 풍국장을 만나 협정의 서명을 취소할 것을 요구했다 . 천진에서는 1,000 여 명의 학생들이 성장 (省長) 의 관서로 몰려가 탄원했다 . 상해에서는 《구국일보》를 발행했다 . 과거 중국에서 이와 같은 군중규모와 전국적으로 큰 영향력을 가진 애국학생운동이 발생한 적이 없었다 . 이 운동은 다음 해 발발할 5·4 운동의 예행연습이었다 .

주목할 점은 당시 마르크스주의가 일본에서 광범위하게 전파됐다는 점이다 . 중국 초기의 마르크스주의자는 일본의 진보사상계의 영향을 크게 받았고 그곳에서 처음으로 마르크스주의를 접했다 . 그들 중 수많은 사람은 중일 군사협정을 적극적으로 반대했다 . 일본유학생 중 마르크스주의 사상을 가진 사람들은 이달 (李達), 이한준 (李漢俊), 황일규 (黃日葵) 와 같은 이들로 모두 이 시기에 귀국했고 이후 마르크스주의 연구회의 발기인이 됐다. 황일규는 귀국 후 북경대학에서 청 강한 북경 마르크스주의 연구회의 중요 인물 중 하나였다.

상해에 머무른 이달과 이한준은 이 후 중국공산당의 중요한 발기 인과 중국공산당 제 1 차 전국대표대회의 참가자가 됐다.

단기서는 구 국회를 인정하지 않고 그가 통제하는 '신국회'를 선 출했다. 의원의 대부분이 환계 정치인으로 구성된 안복 (安福) 구락 부에 속해 있어 '안복국회'라 불렸다. 9 월, 안복국회는 서세창을 총통 으로 선출했다. 북경정부는 일본에 빌붙은 환계 군벌 단기서의 수중에 들어갔으나 각 지역 군벌의 분쟁과 할거로 혼란한 국면은 바뀌지 않았 다. 이런 상황은 사람들에게 더 강한 불만을 불러일으켰다.

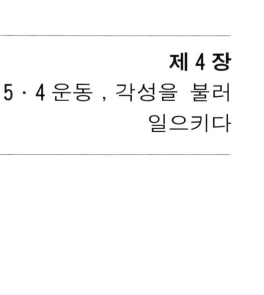

제 4 장
5 · 4 운동 , 각성을 불러
일으키다

역사가 여러 우여곡절을 겪으면서 사람들이 성공의 기쁨에 취해 있을 때 그 다음에 오는 것은 오히려 깊은 좌절이고, 정세가 막다른 골목에 다다른 암담한 상황에 수많은 사람이 낙담하고 있을 때는 어려움 속에 희망이 나타나는 새로운 국면을 맞이하게 된다. 이런 극명한 변화는 사람들이 전혀 예상할 수 없을 듯하지만 자세히 살펴보면 분명한 단서를 찾을 수 있다.

민국이 설립된 뒤 몇 년 동안 수많은 애국자들의 낙담은 극에 달했다. 부패하고 독단적이며 나라에 해를 입히던 청나라 정부가 타도되고 공화제도가 구축됐지만 상황은 더욱 악화됐다. 기존에 품고 있었던 부풀었던 기대는 냉혹한 현실 앞에서 산산조각이 나버렸다. 중국정치 무대에 등장한 것은 뜻밖에 북양군벌의 야만적인 통치였다. 원세개의 황제 등극과 거만하고 횡포한 독군단(督軍團), 장훈(張勳)의 왕정복고, 크고 작은 군벌의 할거와 혼전과 같은 일들이 연이어 발생하면서 끝이 보이지 않았다. 국제적으로는 피비린내 나는 1차 세계대전이 4년 동안 이어졌다. 일본 군국주의자들은 구미 열강이 여력이 없음을 기회로 중국을 독점하려고 '21개조'를 제시하고 산동에 군사를 출동시켰으며 강제로 중일 군사협정을 체결하면서 계속된 '국치'가 중국인에게 가슴을 찌르는 듯한 고통을 주었다. 손문은 원세개의 황제 등극을 반대한 적이 있는 당계요와 육영정 등 서남군인의 도움으로 호법운동을 진행했지만 남과 북을 한통속으로 만드는 쓰라린 결과를 도출하고 말았다. 과거에 갔던 길로 갈 수 없다면 새로운 출구를 찾아야 한다. 그러나 새로운 출구는 어디에 있는가? 잠시 그 해답을 찾을 수 없었다.

이 기간 동안 수많은 사람은 의기소침했고 비관이 절망으로 변했다. 현재 상황에 분개한 사람들도 있었으나 속수무책이었다. 하루 종일 책 더미 속에 머리를 묻고 자신의 번민을 해소하려 한 사람들도 있었고 어떤 이들은 머리를 깎고 중이 되어 초야에 숨어버렸다. 그러나 가혹한 현실은 사람들을 오랫동안 번민과 방황 속에 내버려 두지 않았다. 몇몇 의식 있는 중국인은 앞으로 나아가기를 멈추지 않았다. 그들은 수많은 난관이 놓여있는 험난한 길에서도 낙심하지 않고 새로운 길을 찾기 시작했다. 중국은 이렇데 5.4 운동을 맞이하게 된다.

우리가 항상 말하는 5.4 운동은 사실 좁은 의미와 넓은 의미로 구분된다. 좁은 의미의 5.4 운동은 1919 년 5 월 파리 강화회의에서의 산동문제가 도화선이 된 54 애국운동을 말한다. 넓은 의미의 5.4 운동은 1915 년부터 시작된 초기 신문화운동에서 1920 년 중국공산당이 창건되기 전까지를 포함한다.

넓은 의미의 5.4 운동에 대해 이야기하자면 전후가 일맥상통하지만 성격은 다른 두 단계로 나눌 수 있다. 첫 번째 단계의 초기 신문화운동의 지도사상은 여전히 서양자산 계급 민주주의 문화였다. 두 번째 단계는 기존의 진보사상계가 분화되어 마르크스주의는 점점 진보지식인들의 주류를 이루게 된다. 1919 년의 5.4 애국운동은 이 두 단계의 분수령이었다 .

　당시의 이러한 환경을 모르고서는 5·4 운동이 왜 발생했는지 이해하기 어렵고 , 이 운동이 왜 이렇게 발전했는지도 이해하기 쉽지 않다 .

제 1 절 초기의 신문화 (新文化) 운동

　5·4 신문화운동이 어떻게 발생하게 됐을까 ? 5·4 운동은 신해혁명 실패 원인의 고통스러운 반성으로 발생했다 . 앞에서도 이야기한 바와 같이 손문이 이끄는 혁명활동은 홍보교육과 조직사업 기간을 길게 두지 않고 무장반란을 일으키는 것에 중점을 두었다 . 이러한 점은 장점이라 할 수도 있지만 충분한 역량을 가진 사상문화 운동을 이끄는 내용이 부족하다는 단점도 있었다 . 이런 의미에서 초기 신문화운동은 신해혁명을 보충하는 정도의 역할이라 말할 수 있다 .

　신문화운동은 1915 년 진독수 (陳獨秀) 가 창간한 《청년잡지》(얼마 후 《신청년》으로 개명) 에서 시작됐다 . 《청년잡지》 창간 후 신해혁명 실패의 교훈을 요약했는데 사상문화 방면에 중점을 두었다 . 중국의 상황이 여전히 이렇게 어두운 원인은 공화제도가 진정으로 자리 잡지 못해서이고 , 더욱 본질적인 원인은 옛 사상과 옛 문화 , 옛 예법과 도덕에 대한 철저한 비판이 부족했고 , 대다수 국민이 여전히 전제군주제에 의해 어리석게 속박되어 있어 민주와 과학적인 각성이 부족했다 보았다 .

　《신청년》이 가장 크게 외친 구호는 '민주'와 '과학'으로 그 당시에는 '덕선생 (德先生 , Democracy, 민주)'과 '새선생 (賽先生 , Science,

과학)'이라 불렸다.

'민주'와 '과학'은 우연히 제시된 것이 아니었다. 민주는 전제군주제와 대립되는 개념이고 과학은 어리석음과 미신과 대립되는 개념으로, 바로 중국의 수천 년 봉건 통치의 결과물이었다.

봉건주의 옛 사상과 옛 문화, 옛 예절과 도덕에 대한 비판은 그 철저함과 거칠 것 없는 기세로 민심을 진작시키는데 있어서 신해혁명을 훨씬 뛰어넘는 확실한 계몽적인 역할을 했다.

역백사 (易白沙) 의 '존공 (尊孔 , 유교사상)'에 반대하는 < 공자평의 (孔子平議)> 에서부터 시작해서 《신청년》 등에 이어, 이대교 (李大釗) 의 < 공자와 헌법 >, 진독수의 < 강유위의 총통총리서에 대한 반박 > 과 < 헌법과 유교 >, < 공자의 도와 현대생활 >, < 유교문제의 재론 >, 오우 (吳虞) 의 < 유가주장 단계제도의 폐해 >, < 전제주의를 위한 가족제도의 근거론 > 등 일련의 문장이 출간되어 공자로 대표되는 예법과 도덕에 대해 삼강오륜 등 봉건 통치질서를 유지하는 학설에 대해 맹렬한 비난을 퍼부었다.

역사학자 진욱록 (陳旭麓) 이 이러한 비판의 의미에 대해 "옛 문화와 비교해 새로운 문화는 천 년의 역사가 쌓여서 형성된 옛 문화를 버리고 뛰어넘는 것이다."라고 분석해 놓았다.

북양군벌의 통지 하에서 몇몇 정치가와 왕조에 충성을 바치는 이들이 유교를 국교로 세우자고 계속 강력하게 요구했으므로 진독수 등은 유교와 반유교의 논쟁이 이미 국내 정치에서 심각한 대치 상황에 이르렀다고 생각했다. 초기 신문화운동 과정에서는 공자에 대한 비판이 단순화되고 절대화되는 정도에 머물렀지만 양무파의 "중국 학문을 본체로 하고, 서양학문을 응용하자."와 유신파의 "옛 것에 의지해 체제를 바꾸자 ."가 서로 분명한 차이를 보이며 유가학설 중의 삼강오륜 등 등급제도를 유지하는 옛 문화의 근본에 대한 언급을 절대 용인하지 않았다 . 그들은 공자학설의 역사에서의 공헌을 완전히 부정하지는 않았다 . 그러나 아주 오래 전부터 최고로 여겨지던 유가사상의 근본에서부터의 재평가는 사회에 커다란 반향을 불러일으켰는데 , 이것이 초기 신문화운동의 중요한 업적이었으며 해방사상의 중대한 의미를 가진다 .

'문화혁명'의 제기와 백화문 (白話文) 의 제창 역시 초기 신문화운동의 중요한 내용이었는데 당시 미국에서 유학하던 호적 (胡適) 은 < 문학개량추의 > 에서 다음과 같은 8 가지를 제시했다 .

(1) 말속에 구체적인 내용이 있어야 한다 .

(2) 옛 사람을 모방해서는 안 된다 .

(3) 문법을 중시한다 .

(4) 아프지 않으면서 신음소리를 내지 말 것이다 .

(5) 상투적인 말을 사용하지 말 것이다 .

(6) 전례와 고사에 매달리지 말 것이다 .

(7) 대구 ((對句), 짝을 맞춘 글) 를 사용하지 말 것이다 .

(8) 속어의 사용을 피하지 말아야 한다 .

그의 태도는 비교적 온화한 편이었다 . 진독수는 이 글을 《신청년》에 발표했고 다음 호의 《신청년》에 발표된 《문학 혁명론》에서 더욱 격양된 어조로 "문학혁명의 운명은 하루 이틀 만에 만들어지는 것은 아니다. 나는 전국 학자들의 적이 되더라도 '문학혁명군'의 깃발을 높이 들고 나의 친구 호적(胡適)을 응원하겠다."고 썼다.

　　이 두 문장이 '문학혁명'을 고취하고는 있지만, 여전히 문어문을 사용했다. 1918년부터 《신청년》은 백화문으로 문장을 발표해, 서면어와 구어를 통일하기 시작했다. 이어서 출판된 《매주평론》, 《신조(新潮)》, 《신보부간(晨報副刊)》 등에서도 모두 백화문을 사용했다. 새로운 형식의 문장부호도 《신청년》에서 장려해 널리 보급했다. 노신(魯迅)의 《광인일기(狂人日記)》는 백화문으로 창작한 가장 성공한 소설작품으로 신 문학운동의 기념비적인 의미를 가진다.

　　백화문의 문어문 대체는 중국 역사상 커다란 의미를 가진다. 오래된 속박에서 사람들의 사상을 해방시켜 주었을 뿐만 아니라 현대생활에 맞는 표현이 가능해졌고 이해하기도 쉬워 문화가 소수의 점유물이라는 생각에서 벗어나 더 많은 평민들도 이해하고 받아들일 수 있도록 도왔다. 이는 초기 신문화운동의 또 다른 업적이었다.

　　봉건주의 옛 문화에 대한 대대적인 토벌의 거칠 것 없는 행보로 무감각한 상태에 있던 수많은 사람은 정신이 번쩍 들었다. 짧은 시간 동안 사람들, 특히 청년들의 신구에 대한 태도에 커다란 변화가 생겼다. 마른풀을 쓸어내듯 오래된 것들을 깨끗이 청소하여 새로운 사상을 받아들일 중요한 준비를 하게 했다. 《신청년》으로 대표되는 초기 신문화운동이 중화민족 각성에 미친 큰 업적은 결코 잊히지 않을 것이다.

　　초기 신문화운동은 여전히 서양자산계급의 민주주의의 깃발 아래에서 진행됐다. 그들은 옛 문화와 옛 예법과 도덕에 반대하는 사상을 무기로 내세웠는데 주로 개인을 중심으로 한 '독립인격'과 '개성해방'

을 중심으로 개인의 권리를 우선으로 했다.

이러한 사상에서는 전제와 미신을 맹렬히 반대했고 오랜 역사를 지닌 '유학자의 삼강오륜'을 반대하는 커다란 진보적인 역할을 했다. 그러나 그들은 여전히 인민 전체의 권리가 아닌 개인의 권리에 주안점을 두었다. 그들은 전체 국가민족의 해방이 아니라 개인의 해방만을 추구했다.

이렇게 개인을 중심으로 하는 사상의 무기는 심각한 곤경에 빠진 중국인에게 근본적으로 진정한 출구를 밝혀주지는 못했다. 당시 중국을 통치하고 있던 제국주의와 봉건세력은 강력했고 중국사회는 어둡고 부패했으므로 어떠한 한 개인이 투쟁한다고 해도 절대 바꿀 수 없었다. 민족위기와 사회위기가 극단적으로 심각할 때 "엎어진 둥지 속에 성한 알이 없듯이", 민족을 등진 독립, 인민해방과 사회를 등진 재건은 대부분의 사람들에게는 생존의 권리도 보장할 수 없는 것들이었으므로 개성 해방이니 개인의 미래는 더욱 논할 수 없었다. 문화적인 측면에서만 머무른다면 중국의 문제는 근본적으로 해결될 수 없었다. 사람들은 다시 또 다른 출구를 탐색하기 시작했다.

이렇게 '사회개조'와 '새로운 사회건설'의 목소리는 점점 커져갔고 전국으로 메아리 쳤다. 각 신문도 사회 개조와 중국의 출구문제 대한 토론에 참가하기 시작했다. 사회개조 문제는 사상계에서 특히 중요하게 다루어져 진보청년들의 관심의 초점이 됐고 이는 중국 근대사상 역사상 처음 있는 일이었다. 확실히 옛 사회가 개조되지 않는다면 개인이 아무리 노력해도 미래는 밝지 않았다. '사회개조'를 '개인해방'보다 우선시 했다는 사실은 문제에 대한 인식을 표면에서부터 더욱 깊이 파고들었다는 것을 말해준다. 이러한 새로운 각성으로 민족의 미래에 대한 중국인의 인식이 다시 한 번 비약적으로 발전했다.

군벌정치가가 분쟁과 다툼에 빠져있을 때 그들의 시야에서 멀리 떨어져 있었던 사회사상은 조용히 변화하고 있었고 자그마한 물줄기가 점점 모여들어 누구도 막지 못할 강력한 홍수가 되어 중국에 큰 변화를 가져왔다.

진보 청년들은 중국의 현실사회를 반드시 바꿔야 한다는 사실을 공통적으로 인식하고 있었다. 그러나 사회를 어떠한 형식으로 바꿔야 하는지, 창조해야 할 '새로운 생활'은 무엇인지 대다수의 사람들은 여전히 잘 알지 못했다.

수많은 애국자들은 서양국가의 부강함을 부러워했고 이를 중국이 본받아야 할 유일한 본보기로 보았다. 그러나 자본주의가 근대에서 발전함에 따라 서양국가 내부의 사회적 모순이 확연히 드러났고 너무나 현저한 빈부의 격차를 보고는 놀라움을 금치 못했다. 이렇게 사회주의의 이상이 중국인의 관심을 끌기 시작했다.

손문은 이 방면의 선구자였다. 그는 구미 사회에 대해 진지하게 고찰한 후 '사회혁명이 그리 멀지 않았음'을 느꼈고 사회주의 문제에 관심을 가지기 시작했다. 그는 1903년 친구에게 "사회주의는 내가 진정으로 원했고 이를 한시도 잊은 적이 없다네. 지금 구미국가는 빈부의 격차가 나날이 벌어지면서 앞으로 큰 문제가 발생할 것인데, 내 생각에 빈부의 균형을 이루면서 문제를 해결해야 할 것 같네. 작금의 중국의 혁명에서 빈부의 격차를 고려하지 않았는데, 이렇게 중요한 일을 그냥 내버려두었다가 나중에 해결하려 한다면 국가는 더욱 비참해지지 않겠나?"라고 편지를 썼다.

중국동맹회의 기간 간행물인 《민보》에 주집신(朱執信)의 <

독일 사회혁명가 열전 > 을 게재했는데 여기에 마르크스의 생애와 학술을 소개하면서 공산당 선언의 몇 단락을 발췌 번역해 마르크스의 학설에 대해 공감하는 태도를 보였다 . 그러나 마르크스 학설에 대해 깊이 이해하지 못했고 오해하는 곳도 있었다 . (중국 출판물 중 최초로 마르크스를 언급한 것은 1899 년 2 월 《만국공보》에 게재된 < 대동학 (大同學)> 의 "근로자들을 지도자 , 영웅 마르크스 ."라는 문장에서였는데 당시에는 큰 관심을 받지 못했고 중국 사상계에도 별다른 반향을 일으키지 못했다 .)

　　결국 당시 중국의 진보주의자 중 일부가 사회주의에서 마르크스주의에 이르기까지 흥미를 가진 이유는 그들이 서양을 학습하는 과정에서 서양자산주의 사회의 몇몇 폐해를 희미하게 보기 시작하면서 중국이 이를 피하기 위해 노력했기 때문이었고 , 사회주의에 대해서도 막연하게 당시 새로운 사상의 하나로 보고 이를 소개했다 . 그때 사람들이 관심을 가졌던 것은 주로 청나라 정부를 타도하는 정치적인 혁명에 집중되어 있어 이들 사회주의 저서와 문장의 영향력에는 한계가 있었다 .

　　5·4 운동이 시작되지 전 1914 ~ 1918 년의 1 차 세계대전은 4 년 동안 이어져 유럽 민중에게 커다란 재앙을 안겨주었다 . 유래가 없었던 잔혹한 대참사에 서양국가의 고유한 사회적인 모순도 과거 어느 때보다 더욱 분명히 드러났다 . 전쟁 후의 유럽은 폐허로 변했고 모든 나라의 경제는 불황을 이루었으며 사회는 불안에 잠겨 사람들은 극심한 재난과 혼란에 떨어야 했으며 모든 것이 암흑에 둘러싸인 듯 했다 . 국제적으로 심각한 비상 국면을 맞이하자 기존의 서양학습에 심취해 있던 중국인도 경악하지 않을 수 없었다 . 그들의 눈에는 빛나던 서양사회제도의 광채가 갑자기 사라진 듯 했다 . 사람들은 계속해서 그들의 뒤를

쫓아 그들이 실패한 길을 걸어가야 하는지 새로운 학설을 선택해 더 아름답고 합리적인 사회를 조성할 수 없는지에 대해 생각하지 않을 수 없었다.

　레닌이 이끄는 러시아 10월 사회주의 혁명이 중국의 진보지식인들 사이에서 어떻게 이렇게 강력한 반향을 일으킬 수 있었을까? 그 이유는 그들이 고심하던 문제에 러시아 혁명이 새로운 답을 주었기 때문이었다. 수많은 사람이 보았을 때 사회주의는 단지 책에 쓰여 있는 학설에 불과했다. 1917년 초까지 《신청년》 제2권 5호에서 독자들의 질문에 대답할 때 "사회주의는 이상이 높고 학파도 아주 복잡하다. 단지 새롭게 대두되는 하나의 학설에 불과한데 중국의 산업이 아직 발전하지 못했고 현실성도 결여되어 있어 유럽보다 사회주의의 영향이 더디게 미칠 수 있다."라고 썼다. 10월 혁명은 사회주의를 살아있는 현실로 변화시켰고 답을 고민하고 찾아 헤매던 중국 진보지식인들에게 새로운 본보기로 작용해 그들의 가슴은 새로운 희망으로 불타올랐다. 이웃의 대국에서 발생한 커다란 사회변혁은 중국인의 큰 주목을 받았다. 사람들은 그곳에도 도대체 어떤 일이 발생했는지를 하루빨리 알고 싶어 했다. 수많은 신문과 잡지에는 러시아 혁명의 소식과 평론을 장황하게 다루었고 그 속에 사실과 다른 점이 있다 해도 독자들에게는 모두 전혀 생소한 사실이었다. 처음에 사람들은 옛 민족의 민주적인 관점으로 혁명을 이해하려 했고 혁명을 평민의 승리, 자유평등의 승리, 인도주의의 승리로만 생각했다. 그러나 점점 깊이 있게 알게 되면서 10월 혁명은 역사적인 어떤 혁명과도 전혀 다른 노동계층이 주체가 된 참신한 사회주의 혁명이라는 것을 마침내 알게 됐다. 혁명은 기근과 내전, 외국의 간섭과 같은 시련을 겪은 후에도 여전히 가장 밑바닥에 머물러 있었다 . 사람들 눈앞에 새로운 세상이 열려 새로운 사회를 보고 이러한 사회변혁을 실현할 수 있는 새로운 사회역량을 보았다 . 러시아 혁명은 고심하고 있던 중국의 진보지식인들을 강하게 끌어당겼고 , 새로운 출구를 밝혀주었다 .

거의 1 년이 지나 이대교 (李大釗) 가 1918 년 10 월에 발표한 < 서민의 승리 > 와 <Bolshevism 의 승리 > 는 중국인이 접한 10 월 혁명의 길을 반영한 가장 초기의 문장이었다 . 이 시기에 또 다른 중요한 일이 있었다 . 이 기간에 서양 열강들은 유럽 전쟁에 바빠 잠시 동쪽을 돌아볼 겨를이 없어 중국으로 보내는 배와 중국에 대한 상품의 수입이 큰 폭으로 감소했다 . 이로 인해 중국의 민족공업은 빠르게 발전했다 . 방직과 밀가루 , 담배 , 성냥 , 제유 , 편직 , 제사 , 제지 , 제당 , 잡화 , 비누 등을 포함한 광범위한 업종이 발달했는데 그중 민중의 생활필수품이었던 방직업과 밀가루사업은 아주 빠르게 발전했다 . 지역적으로 이러한 업종들은 대부분 연해와 통상항구에 집중되어 있었는데 그중 강소 (당시 상해는 행정구역상으로 강소에 속해 있었다 .) 가 절반을 차지하고 있었다 .

민족공업이 빠르게 발전함에 따라 중국 산업 근로자의 수도 급격히 증가해 200 여만 명에 달했고 누구도 무시할 수 없는 사회세력이 됐다 . 또한 근로자계급의 투쟁도 강화되어 수많은 정치적인 파업이 발생했다 . 1915 년 , <21 개조 > 의 소식이 알려지자 상해의 운송노동자가 일본기업에 파업을 선언했다 . 1916 년 , 프랑스가 천진의 노서개 (老西開) 지역을 조계 (租界) 로 바꾸려는 조치를 강행하자 프랑스 조계의 노동자들은 대규모 파업을 일으켰다 .

노동자들이 겪었던 소와 말과 다름없는 생활 , 노동자의 파업에 관한 보도는 신문에 여러 편에 걸쳐 장황하게 소개되어 중국 진보지식인들의 지대한 관심을 불러일으켰다. 그들은 이러한 새로운 사실에서 상류층의 정치계에만 관심을 둘 것이 아니라 사회 하층의 고통스러운 생활을 하고 있는 대중으로 눈을 돌려야 한다고 생각하게 됐다. 지식인들은 자신을 고결한 존재로 생각하는 협소한 작은 세계에 국한시키지 말고 노동계층과 함께 해야 한다고 생각했다. 이대교는 5·4 운동이 일어나기 전 < 노동교육문제 > 와 < 청년과 농민 >, < 당산 (唐山) 탄광 노동자의 생활 >, < 현대 청소년의 활동방향 > 등의 논문을 잇달아 발표하면서 "현대의 새로운 문명을 근본에서부터 사회에 주입하고 싶다면 지식계층과 노동자 계층이 함께 하지 않으면 안 된다. 나는 우리 중국의 청년이 이러한 도리를 확실히 이해하기를 간절히 바란다."라고 말했다. 이는 일종의 새로운 각성의 표현이었다. 1919 년 초기 북경대학교가 설립한 평민교육 강연단은 진보지식인들이 노동자들을 가까이 끌어당기고 노동자와 농민과 함께 걸어가기 위한 시도였다. 강연단은 북경대학교생으로 구성됐고 발기인은 등중하 (鄧中夏) 였다.

5·4 운동의 기습적인 폭풍이 다가오기 전에 초기 신문화운동에는 과거에는 없었던 새로운 몇몇 요소가 있었다. 이러한 새로운 요소들은 당시에는 주류를 이루지 못했지만 점점 발전해 나감에 따라 마침내 근대 중국의 면모를 바꾸게 됐다는 사실을 알 수 있다.

제 2 절 5·4 운동의 습격

5·4 애국 군중운동은 중국 근대역사의 전환점이다. 5·4 운동 이전

에도 그 이후에도 상황은 근본적으로 변화했다.

역사상 우리는 다음과 같은 현상을 자주 볼 수 있다. 폭풍우 같은 군중운동으로 대규모 군중은 짧은 시간 안에 사상적으로 강렬하고 커다란 변화를 겪게 된다. 일반적인 상황에는 이런 엄청나게 많은 사람들의 사상적인 변화는 아무리 많은 시간이 흘러도 불가능하며 몇 개의 출판물 혹은 몇 차례의 연설과는 비교도 안 되는 영향력을 가지고 있다. 1919 년 5 월 4 일 시작된 애국운동은 이렇게 거대한 군중운동이 됐다.

5·4 운동은 파리 강화회의의 산동문제가 도화선이 되어 거대한 규모의 군중 성격을 띤 반제국주의 애국운동으로 발전했다. 중국은 1 차 세계대전의 참전국이자 승전국의 하나였다. 세계대전이 끝나고 파리 강화회의가 시작됐을 때 사람들은 모두 승전국으로서 패전국 독일이 산동에서 빼앗은 특권을 중국에 반환할 것이라 기대했다. 미국 대통령 월슨은 국회 연설 중에 '14 항의 원칙'을 언급했다. 그 원칙은 대략 다음과 같았다. "세계의 영원한 평화를 원한다면 반드시 새로운 질서가 필요하다. 다시는 과거의 외교방식으로 전쟁문재를 해결해서는 안 되므로 승전국들은 영토할양과 배상금을 요구해서는 안 된다. 비밀외교를 폐지해야 하고 세계평화를 지키는 조직의 구축을 통해 새로운 질서를 세워야 한다." 이 미사여구는 사람들의 마음속에 간절한 희망을 가져와 "정당한 도리는 강권을 이긴다."는 몇몇 사람의 주장이 진정으로 실현될 것이라고 생각했다.

파리 강화회의는 1919 년 1 월 프랑스 파리 베르사이궁에서 개막됐다. 월슨이 "비밀외교를 폐지해야 한다."고 말하지 않았던가? 그러나 사람들이 파리 강화회의에서 본 것은 바로 진정한 비밀외교였다. 회의의 모든 중대한 문제는 모두 미국과 영국, 프랑스, 이탈리아 4 개국의 지도자와 외교부장 및 두 명의 일본 특별대표로 구성된 '10 인회의'에서 비공개로 결정을 내렸다 . 결정된 후에 다시 협상할 여지는 없었다 .

4 월 22 일 , 미국과 영국 , 프랑스 3 개국의 지도자는 중국대표와의 회견을 약속했고 윌슨 대통령이 중국 대표단에게 '10 인 회의'의 결정 방안을 이야기했다 . "일본은 교주 (膠州) 의 조계지과 중국 · 독일 조약에 규정된 모든 권리를 가진 후 일본이 조계지를 중국에 반환한다 . 하지만 그 후에도 교제철도 (膠濟鐵路) 를 포함한 모든 경제권을 누린다 ."

윌슨은 "최고 지도자회의에서는 지금 언급한 이 해결방법을 중국이 받아들이기를 희망한다 . 이 해결방안이 중국을 만족시킬 수 없을지도 모르지만 현재 상황에서는 가장 좋은 방안이다 ."라고 말했다 .

중국 대표단은 있는 힘을 다해 독일이 직접 중국에게서 빼앗아간 권리를 반환해 줄 것을 요구했다 . 그러나 아무런 효과가 없었고 '10 인 회의'의 방안을 파리 강화회의의 독일에 대한 강화협약에 포함시켰다 . 파리 강화회의에 참석한 중국 대표단의 고유균 (顧維鈞) 은 회고록에서 "우리는 최종방안이 그리 나쁘지 않을 거라고 생각했었지만 결과는 오히려 우리가 상상하지 못할 만큼 참담했다 . 그러나 일본은 그들이 원하는 결과를 얻었다 ."고 기록했다 .

이 사건을 중국인을 크게 자극했다 . 특히 기존에 큰 기대를 하고 있었던 "정당한 도리는 강권을 이긴다 ."라는 주장이 모두 물거품으로 변해 버리자 사람들은 분노로 들끓었다 . 진독수는 5 월 4 일 출판한《매주평론》에 "파리의 강화에서 각국은 일본의 권리에 크게 비중을 두었다 . 정당한 도리니 , 영원한 평화니 , 윌슨 대통령의 14 조 선언이니 하는 것들은 모두 빈말에 지나지 않았다 ."고 발표했다 .

국내에서 처음으로 들고 일어난 이들은 청년학생들이었다 . 청나라 말 , 과거를 폐지하고 학당을 일으킨 이후 새로운 학당이 크게 발전했고 신해혁명 후에도 발전을 계속하고 있었다 . 1912 년 , 5 만 명이었던 중학생은 1916 년에는 6 만 명 이상으로 늘어났다 . 대학생의 수는 그렇게 많이 증가하지 않았지만 학교상황과 기풍은 크게 달라졌다 . 1916 년 겨울 , 채원배 (蔡元培) 가 북경대학교의 교장으로 임명됐다 . 그는 생각이 깨어있는 학자로서 "모든 것을 다 포용한다 ."라는 취지에 입각해 학교를 단호히 개혁했다 . 완고한 수구세력이 세상을 뒤덮고 있을 때 그는 "모든 것을 다 포용한다 ."를 제창했고 실제로 새로운 사회세력을 위해 중국 최고의 학교에서 한 자리를 차지함으로써 새로운 세계로 향하는 문을 열었다 . 그는 진독수를 문과학장으로 , 이대교를 도서관주임으로 , 호적 , 전현동 (錢玄同), 노신 , 양수명 (梁漱溟), 유사배 (劉師培), 황간 (黃侃), 고홍명 (辜鴻銘) 등 서로 다른 성향의 사람들을 교원으로 채용했다 . 채원배의 주도로 북경대학교는 빠르게 변화했다 . 각종 모임이 생겨났고 사상도 전에 없이 활기를 띠었다 . 학생들은 《신조 (新潮)》와 《국민》 등의 간행물도 창간했다 .

북경대학교의 학생들은 파리 강화회의의 과정을 예의주시하고 있었다 . 당시 북경대학교 학생 중 급진파였던 허덕형 (許德珩) 은 그때 "큰 소리로 '정당한 도리는 강권을 이긴다', '신성한 노동자', '민족자결' 등의 문구를 부르짖으며 청년들의 심금을 울렸다 . 1918 년 11 월에서 1919 년 4 월까지 학생들은 정말 미치도록 흥분했다 . 파리 강화회의가 '정당한 도리의 승리'를 가져다주기를 모두가 간절하게 바랐지만 그 바람의 결과는 실망으로 바뀌었다는 사실을 깨달았다 ."고 회상했다 . 너무 높은 기대가 실망으로 바뀌자 그에 따른 고통은 더욱 크게 다가왔다.

분노는 화산처럼 폭발했다. 5월 2일, 허덕형은 채원배 교장에게서 중국이 파리 강화회의에서의 실패소식을 들은 날 오후 각 학교 학생대표를 북경대학교 서재(西齋) 식당에 소집해 긴급회의를 열어 그 다음날 북경대학교 전체 학생대회를 열기로 결정하고 북경의 13개 중등 이상의 학교 대표들이 참석하기로 약속했다. 이번 대회는 5월 4일, 천안문에 모여 학계의 대규모 시위를 진행하기로 결정하고 대일외교에서 직접적인 책임을 지고 있는 조여림(曹汝霖)과 육종여(陸宗輿), 장종상(章宗祥)의 집에 백기를 보내기로 했다.

북경대학교 민국사와 신조사의 학생들은 시위를 위해 두 가지 선언을 준비했고 허덕형이 그 초안을 작성했다. 백화(白話)는 나가론(羅家倫)이 초안을 작성했는데 그는 백화선언에 "우리의 외교는 완전히 실패했다! 산동의 권리를 빼앗겨 중국의 영토를 훼손시켰다. 중국의 영토가 훼손되면 중국은 망한다! 따라서 우리 학계는 오늘 각 공사관으로 줄지어 가서 각국이 공정한 도리를 지킬 것을 요구하고 전국 공업, 상업계와 함께 민국대회를 열 방법을 강구하여 밖으로는 주권을 위해 투쟁하고 안으로는 반역자를 처단한다. 중국의 존망은 이번 행동에 달렸다. 오늘 전국 동포들에게 두 가지 신조를 발표하겠다. 중국의 토지는 정복될지언정 내버릴 수는 없다! 중국의 인민은 도륙될지언정 머리를 숙일 수는 없다! 나라가 망했다! 동포들이여, 함께 일어나자!"고 썼다.

5월 4일 오후, 10여 개 학교학생 3,000여 명은 "청도(青島)를 반환하라.", "머리는 잘릴 수 있지만 청도는 잃을 수 없다.", "21개 조항을 취소하라.", "군사협정 결사반대", "매국노 조여림, 육종여, 장종상을 처단하라 ." 등이 적힌 현수막을 손에 들고 천안문에 모였다 . 그들은 천안문에 집합한 후 동교민항 (東交民巷) 의 대사관 구역에 가서 항의했으나 경찰에 의해 저지당했다 . 두 시간 동안 대치했지만 아무 소용이 없었다 . 분노한 학생들의 발길은 조가루 (趙家樓) 에 있는 조여림의 집으로 향했다 . 시위의 총지휘를 맡고 있던 북경대학교 학생인 부사년 (傅斯年) 은 뜻밖의 사고가 날것을 두려워해 힘을 다해 막았지만 이들을 저지할 수 없었다 . 학생들이 그 곳에 도착했을 때 조가 (曹家) 의 대문은 굳게 닫혀있었고 경찰들이 지키고 있었다 . 학생들은 담을 넘어 들어갔지만 조여림은 보이지 않았고 마침 조가의 집에 있던 장종상은 학생들에게 구타를 당했다 . 분노한 학생들은 그들이 떠나기 전에 기름을 부어 불을 질렀다 . 이것이 그 유명한 '불타버린 조가루'사건이다 . 군경은 32 명의 학생들을 체포했는데 그중 20 명은 북경대학교 학생들이었다 . 그 다음날 북경의 각 대학교는 모두 수업을 거부하고 각지에 지원을 청하는 전보를 보냈다 . 중학생들도 애국운동에 참여했다 . 9 일 , 북경대학교장 채원배는 사직하고 떠났다 . 19 일 북경 중등 이상 학교의 학생들은 수업을 거부하고 서세창 (徐世昌) 총통에게 편지를 보내 강화조약의 서명의 취소와 매국노의 처벌 등을 요구했다 . 학생들은 수업을 거부한 후 강연단을 구성하여 거리에서 애국강연을 벌였고 일본제품을 배척하고 국산품을 애용할 것을 호소했다 . 6 월 3 일 , 북경의 학생들이 거리에서 강연을 할 때 북양정부에 의해 178 명이 잡혀갔다 . 그 다음날 군경은 700 여 명의 학생들을 구금했다 . 그러나 이러한 고압적인 방법은 역효과를 가져왔다 . 3 일째 되던 날 , 거리에서 강연을 하는 학생들은 5,000 명으로 늘어났고 , 사회에 더욱 큰 영향을 미쳤다 . 학생들의 애국운동은 점점 더 많은 각계 인사들의 동정과 지지를 얻어냈다.

북경에서 시작된 5·4 애국운동은 빠르게 전국으로 퍼졌다.

상해는 중국에서 상공업이 가장 발달하고 노동자의 세력이 가장 강하며 신식학교와 문화기구가 집중되어 있다. 상해 조계 내의 중국인의 인구만 해도 1920년의 52만 명 이상에서 1920년에는 84만 명 이상으로 늘어났다.

이곳의 일거수일투족이 전국의 정세를 좌우하는 역할을 했다. 북경 5·4 운동의 소식이 상해에 전해지자 복단공학(復旦公學)의 학생들이 먼저 행동을 개시해 각 방면으로 연락을 취했다. 5월 7일, 상해 학생과 각계 인사 2만 명은 공공 운동장에 모여 산동문제의 실패와 북양정부의 매국행위, 학생들의 구속에 항의했다. 이런 규모의 항의 집회는 과거에는 찾아 볼 수 없었다. 9일은 당시 원세개가 '21 개조'를 인정한 국치기념일로 수많은 학교가 휴교했고 수많은 상공업단체들도 휴업했으며 공연장도 그 날 하루 공연을 하지 않았다. 11일에는 상해 학생 연합회가 설립됐다. 26일, 상해 각 학교 학생 2만 명이 수업을 거부했다. 6월, 전국 학생 연합회도 상해에 설립됐다. 이 연합회는 첫 번째 전국적인 학생조직이었다.

6월 3일, 북경의 수많은 학생들이 체포됐다는 소식이 전해지자 상해의 애국운동은 대규모 공장과 상인들이 동맹파업하는 새로운 단계로 발전했다. 그때 상해의 노동자는 20만 명에 가까웠는데 교통운수 노동자와 수공업 노동자, 점원 등을 합쳐 50만 명에 달했다. 5일 오전, 일본의 나이가이 제3, 제4, 제5 면사공장의 노동자들이 먼저 파업하고 기타 노동자들이 잇따라 파업하며 이에 호응했다.

중국 노동자들이 독립적인 태도를 보이기 시작했고 대대적인 행동을 취하며 정치무대로 진입했다. 이는 중국에서는 미증유의 역사적인 사건이었다. 상해상점도 잇따라 파업에 들어갔다. 대규모 연합파업으로 상해 애국군중운동의 규모와 기세는 북경을 초월했다. 이 사건은 6월 3일 북경 학생의 대규모 구속으로 인해 야기됐기 때문에 사람들은 이를 '6·3 운동'이라 불렀다. 상해 이외의 각 성(省)에서도 잇따라 호응했는데 그중 특히 적극적이었던 도시는 제남과 천진, 무한, 장사 등이었다.

전국 애국군중운동의 거대한 압력으로 북양정부는 체포한 학생들을 석방하고 조여림과 육종여, 장종상을 파면할 수밖에 없었다. 북양정부는 파리강화협약의 서명문제에 대해서 서명을 거절하는 명확한 지시를 내리려 하지 않았고 대표단이 알아서 결정하도록 했다. 강화회의에 참가한 중국대표단은 회의를 시작할 때 독일에 대한 강화조약에 중국이 산동문제에 대해 보류하는 태도를 취했다는 내용을 첨부해 줄 것을 요구했으나 열강에 의해 거절당했다. 6월 28일, 파리 강화회의에서 독일에 대한 강화협약에 서명할 때 중국대표단은 전체회의의 출석을 거부하고 강화협약에 서명하지 않았다.

5·4 운동과 같은 전국을 휩쓸고 기세와 위력 큰 애국군중운동은 중국역사상 유래가 없었다.

5·4 운동이 발발하기 전 중국대지는 암흑에 휩싸여 있었다. 안팎을 둘러보아도 이 암흑세력과 필적할 수 있을 만한 세력은 전혀 없을 것 같았다. 이때 죽은 듯이 조용히 엎드려 있던 민중이 세상을 놀라게 할 대변혁을 일으킬 줄은 아무도 상상조차 하지 못했다.

과거 중국에서 반제국주의와 봉건군벌의 정치행동이 몇 차례 있었지만 단순한 군사 행동이거나 단지 소수의 사람만이 참가한 애국운동이었다. 5·4 운동은 이들과는 완전히 달랐다. 5·4 운동의 광범위한 사회적 영향력은 목적을 이루지 않으면 절대로 포기하지 않겠다는 강경한 의지를 표출한 것이어서 반대세력들은 당황스러워했다. 심각한 민족위기의 강한 충격으로 수많은 사람의 가슴속은 울분으로 가득 찼다. 그들은 함께 모여 국가가 직면해 있는 위기 상황에 대해 터놓고 이야기 했다. 5·4 운동이라는 시련을 겪고 난 후 새로운 세계에 눈을 떴고 그들의 생활은 완전히 바뀌어졌다.

여기서 5·4 운동은 직접 겪은 사람들의 이야기를 들어보자.

구추백 (瞿秋白) 은 5·4 운동 후 그다음 해 혹은 삼 년째 되는 해에 자신의 사상 변화에 대한 과정을 묘사했다. "북경에 가서부터 5·4 운동 전까지의 3 년간은 내 인생에서 가장 지루했던 시기였습니다. 친구들과의 만남은 완전히 단절됐다고 말할 수 있습니다. 북경성 내의 새로운 관료인 '민국' 생활로 아주 고통스러운 충격을 받았습니다. 염세적인 철학사상은 이 3 년간의 철학 연구과정에서 더욱 심해졌습니다."

크로포트킨 (Pyotr Alekseevich Kropotkin) 은 "이번 폭동은 수천만 권의 출판물을 능가합니다. 또한 8, 9 년 동안의 중국사회 현상의 반동과 《신청년》과 《신조》가 표현하는 사고의 변동이 학생운동에서 사회심리의 변화추세를 틈타 하늘을 뒤덮고 전 중국을 흔들었습니다. 당시 애국운동의 의의는 절대로 글자만 보고 단편적으로 해석할 수 없습니다. 중국민족은 몇 10 년간의 억압과 착취를 통해 이제야 식민지 국민으로서의 처지를 느낄 수 있었고 제국주의 핍박의 뼈저린 고통으로 공허한 민주주의의 악몽에서 깨어났습니다. 학생운동의 시작과 산동문제는 모두 여기에 포함되어 있었습니다. 공업진보국의 문제는 자본주의이고 식민지의 문제는 제국주의였으므로 학생운동이 갑자기 사회주의로 나아가게 된 것은 이러한 원인 때문이었습니다."라고 말했다.

동맹회의 초기회원 중의 한명인 오옥장(吳玉章)은 5·4운동을 회상할 때 "사람의 마음을 흥분시키는 진정으로 위대한 역사의 전환점이었습니다. 과거 우리가 혁명할 때 몇몇 군중운동을 지켜보았지만 전국을 뒤흔드는 엄청난 규모의 세력은 일찍이 본적이 없었습니다. 군중운동의 충격적인 파장으로 중국은 깊은 잠에서 깨어나 활력을 되찾기 시작했고 모든 부패한 악한 세력은 모두 초라하게 움츠러들었고 뿌리째 흔들렸습니다. 과거 혁명하는 사람들은 권력을 장악하고 있는 군관과 정치인, 의원들만을 의식하며 모든 방법과 수단을 동원해 이들로 하여금 혁명에 동조하게 만들어야 한다고 생각했습니다. 지금 5·4운동과 비교해 봤을 때 상류층의 사회세력은 너무나 보잘 것 없습니다. 군중에 잠재되어 있던 역량이 일단 밖으로 드러나자 하늘과 땅을 울리며, 어떤 난관도 헤쳐 나갈 수 있는 세력이 됐습니다."라고 말했다.

"10월혁명과 5·4운동의 위대한 시대를 살면서 나의 사상은 아주 급격하게 변화하지 않을 수 없었습니다. 당시 나는 혁명이 희망이고 과거의 혁명 방법을 바꾼다면 중국은 망하지 않는다고 생각했습니다. 나는 아직 중국혁명에 대해 체계적인 완전히 새로운 견해를 찾지는 못했지만 10월혁명과 5·4운동의 교훈을 통해 반드시 사회 밑바닥에 있는 사람들에 의지해 러시아인이 갔던 길을 향해 나아가야 한다는 생각이 매일 강렬해지고 명확해집니다."라고 말했다.

그들이 말한 내용은 단지 개인적인 사상의 변화 과정이 아니라 당시 중국의 수많은 진보지식인들의 공통적인 심리변화 과정을 반영했다.

5·4 운동의 투쟁이 고조됐을 때 사람들은 비정상적인 흥분상태에 빠졌다. 투쟁의 과정 중에서 신구 사회세력 간의 격렬한 싸움으로 몇 가지 첨예한 문제가 드러났다. 이러한 격렬한 폭풍우가 지나간 후에는 어떻게 해야 하는가? 중국의 출구는 도대체 어디에 있는가? 이런 문제들로 사람들은 흥분된 마음을 가라앉히지 못하고 계속 답을 찾아야만 했다. 운동이 한참 진행되던 며칠 밤과 낮 동안 사람들은 기존의 평온하고 쓸쓸하기까지 하던 작은 세계에서 놀라 깨어났고 정열적인 단체생활에 몸을 던지며 과거와는 다른 생활을 이어가고 있었다. 거세게 몰려오던 물결이 점점 가라앉고 있을 때 일부 사람들은 원래 자신의 생활로 돌아갔지만 몇몇 진보지식인들은 오히려 더 깊숙이 탐색했으며 몇몇 뜻이 맞는 사람들과 자리를 함께하며 사회주의를 연구하는 단체를 결성했다. 이렇게 마르크스주의는 마침내 새로운 사상의 주류가 됐다.

제 3 절 마르크스주의 새로운 사상의 주류가 되다

마르크스주의가 새로운 사상의 주류로 발전하는 과정은 결코 쉽지는 않았다.

수많은 사람은 처음에는 기존의 더럽고 탁한 사회를 반드시 바꿔 새로운 사회를 조성해야 한다는 공허한 이상을 품고 있었다. 그러나 구사회를 어떻게 바꿀 것인가? 앞으로 조성될 새로운 사회는 어떠한 모습이어야 하는가? 이러한 문제에 대해 그들은 막연함을 느꼈다.

게다가 그 시기의 사람들이 볼 수 있었던 마르크스주의에 관한 서적은 너무나 적었다 .

　1920 년 이전에는 중국어로 번역된 마르크스와 엥겔스의 기본적인 작품들은 한 권도 없었고 레닌의 문장 역시 그러했다 . 이런 상황에서 마르크스주의를 진정으로 이해한다는 것은 너무나 어려웠다 .

　당시의 진보지식인들 중에서는 사회주의에 대해 토론하는 사람이 많았다 . 그러나 마르크스주의를 이해하는 사람은 아주 적었다 .

　이때 마르크스주의의 홍보에 앞장선 사람은 뜻밖에도 이대교였다 . 그는 일본에서 유학할 때 일본의 유명한 마르크스주의자이며 동경제국대학교수인 가와카미 하지메 (河上肇) 의 영향을 받았다 . 5.4 운동이 발생하기 바로 전날은 마르크스가 탄생한지 101 년이 되는 기념일이었다 . 이대교는 《신보부간 (晨報副刊)》에 '마르크스 연구'라는 칼럼을 개설하고 < 정치경제학비판서문 > 의 발췌 번역과 < 고용노동과 자본 > 의 번역문을 연이어 게재했다 . 《신청년》제 6 권 5 호에'마르크스주의 연구 특집호'를 실었는데 문장이 복잡하게 섞여 있지만 연속으로 연재된 이대교의 < 나의 마르크스주의관 > 은 비교적 체계적으로 마르크스주의 학설 , 특히 유물사관과 잉여가치학설을 소개했다 . 이대교의 이 문장은 대부분 가와카미 하지메의 《마르크스의 사회주의 이론체계》에 근거해 작성됐다 . 문장의 몇몇 번역문에도 '가와카미 하지메 박사로 부터'라고 상세히 주를 달았다 .

　이렇게 몇몇 진보지식인들은 마르크스주의의 학설을 진지하게 연구하기 시작했다 . 왜 그들은 이 학설에 대해 특수한 매력을 느꼈을까 ? 일본의 학자 이시카와 요시히로 (石川禎浩) 는 "마르크스주의는 유물사관과 계급 투쟁론 및 혁명완성 후 나타나게 될 공산계급의 아름다운 세계의 예언을 통해 근본적인 해결방법과 앞으로 다가오게 될 시대에 대한 믿음을 주었고 이로써 '지식'혁명이 발발하게 된다. 5·4 운동 기간 각종 서양근대사상이 홍수처럼 중국에 소개됐는데 그중 마르크스주의는 그 종합적인 체계의 특징이 최고로 발휘된다. 이런 의미에서 마르크스주의는 이를 이해하는 사람의 입장에서 본다면 '완전한 지혜'를 얻은 것을 의미하며 이를 신봉하는 사람들의 입장에서 말하자면 '근본적인 지침'을 찾은 것과 같았다. 과거의 모든 가치는 부정되고 주축을 대신할 새로운 것이 아직 나타나지 않았기 때문에 혼란이 극에 이른 5·4 운동 시기의 사상적인 측면에서 너무도 간단명료하게 마르크스주의의 출현은 새로운 좌표의 축을 찾았다는 사실로 변했다. "고 분석했다.

중국에서 마르크스주의를 홍보하는 중심지는 북경과 상해였다.

북경에서 마르크스주의를 홍보하는 기지는 북경대학교였다. 그곳은 가장 활발하게 새로운 사상을 전파하는 전국이 주목하는 지역으로 이대교가 도서관 주임을 겸임하고 있었다. 북경대학교 도서관에는 마르크스와 엥겔스, 레닌의 서적과 관련 서적이 일부 있었는데 모두 외국어로 되어 있었지만 당시에는 아주 희귀한 서적들이었다. 1920 년초, 이대교가 주축이 되어 북경대학교의 몇몇 청년학생들이 마르크스 학설 연구회를 조직했다. 초기에 이 연구회는 비공식적으로 운영됐다. 이 연구회의 발기인은 등중하 (鄧中夏), 고군우 (高君宇), 황일규 (黃日葵), 나장룡 (羅章龍), 유인정 (劉仁靜) 등 이었으며 모두 5·4 애국운동의 열성분자였다.

상해에서는 진독수가 북경에서 추방당한 후 이곳에 와서 적극적으로 마르크스주의를 홍보하는 측에 섰다. 마르크스주의에 대해 비교적 많은 번역과 홍보를 한 이달 (李達) 과 진망도 (陳望道), 이한준 (李漢俊) 은 모두 일본에서 돌아온 유학생들이었다 . 진망도가 번역한 《공산당 선언》은 1920 년 4 월에 상해사회주의 연구사에서 처음으로 정식 출판한 사회주의 연구총서였다 . 이 책은 중국에서 마르크스주의 기본 서적 중 첫 번째 중문 번역본이었다 . 5 월에 상해에 마르크스주의 연구회를 설립했고 , 진독수 , 이달 , 진망도 , 이한준 외에 소역자 (邵力子), 심현려 (沈玄廬) 등이 참가했다 .

마르크스주의의 국내 기타 지역 전파는 모두 북경과 상해 이 두 중심지와 직접 관계가 있었다 .

이제 모택동 (毛澤東) 에 대해 살펴보자 .

모택동은 농민의 아들로 태어났고 진독수보다 14 살이 적어서 더 젊은 세대에 속했다 . 신해혁명으로 호남이 독립한 후 그는 신군에 몸을 바쳐 반년간 군대에 갔다가 호남 제 1 사범학교를 졸업했다 . 1918 년 모택동이 북경에 갔을 때 이대교가 주임을 맡고 있는 북경대학교 도서관에서 보조로 일하다가 1919 년 봄에 장사 (長沙) 로 돌아왔다 . 5·4 운동이 발발한 후 얼마 지나지 않아 그는 장사에서 《상강 (湘江) 평론》을 창간했다 . 그는 《창간선언》에서 세계에서 민중이 연합하면 가장 강해진다고 여겨 개혁을 실행하고 평민주의로 모든 권력을 타도하자고 큰소리로 외쳤지만 그때 그의 실행방법은 여전히 상당히 부드러웠다 .

그는 일하면서 공부하는 공독주의 (工讀主義) 를 제창했는데 호남 장사의 악록산 (岳麓山) 에 새로운 마을을 만들어 학생들이 일하면서 공부하고 학교를 집으로 여기는 공공단체를 결성하기를 원했다 . 그는 이런 작은 범위에서부터 시작하여 점점 확대해 나가다 보면 마지막에는 사회를 바꾸는 목표에 다다를 수 있을 거라 여겼다.

모택동은 북경과 상해에서 이대교와 진독수 등과 긴 이야기를 나누고 몇몇 중문으로 번역된 마르크스주의에 관한 서적을 읽은 후 마르크스주의를 받아들였다. 그는 미국인 기자 에드거 스노 (Edgar Snow)에게 다음과 같이 말한 적이 있다.

내가 두 번째로 북경에 갔을 때 러시아의 상황에 대한 수많은 책을 읽었다. 나는 그 당시 그리 많지 않았던 중국어로 쓰인 공산주의 서적을 열심히 물색했다. 그중 세 권의 책이 내 가슴속에 깊이 새겨지면서 마르크스주의는 나의 신앙이 됐다. 나는 역사에 대해 정확히 이해한 후 마르크스주의를 받아들였고 그 후 마르크스주의에 대한 나의 신앙은 흔들린 적이 없었다. 이 세 권의 책은 진망도가 번역한 첫 번째 중문 마르크스주의 서적 《공산당 선언》과 카우츠키 (Kautsky) 의 《계급투쟁》, 토마스 커크업 (Thomas Kirkup) 의 《사회주의사》였다. 1920년 여름, 나는 이론적으로 어느 정도는 행동적으로도 이미 마르크스주의자가 되어 있었고 이때부터 나도 내 자신이 마르크스주의자라고 생각하게 됐다.

내가 두 번째로 상해에 갔을 때, 진독수와 내가 읽은 마르크스 서적에 대해 토론한 적이 있다. 진독수가 이야기한 자신의 신앙에 대한 말들은 나의 일생에서 가장 중요했을 그 시기에 나에게 깊은 인상을 심어주었다.

그는 그때 그가 접촉한 기타 새로운 사상, 특히 스스로 사회주의라고 부르는 사상과 마르크스주의를 반복해서 비교했다. 1920년 12월, 그는 채화삼(蔡和森)과 소자승(蕭子升), 프랑스에 있는 신민학회(新民學會) 친구에게 보낸 편지에 채화삼의 러시아 10월 혁명의 길을 가야 한다는 주장에 적극적으로 찬성한다고 썼고 "평화적인 수단으로 전체의 행복을 도모하자."는 의견에 "이론상으로는 찬성하지만 실제적으로는 실현할 수는 없다고 생각한다."라는 의견을 밝혔다.

모택동보다 더 젊은 주은래(周恩來)는 5·4운동이 발발하기 전 일본에서 유학할 때 가와카미 하지메의 영향을 받았다. 5·4운동에서 그는 천진학생애국운동의 열혈분자였다. 《천진학생연합회보》를 창간했고, '각오사(覺悟社)'에 가입했으며 북양정부에 의해 체포되어 반년간 구금됐다. 그는 출옥한 후 유럽을 고찰하며 당시에 유행하던 사회주의의 기치를 든 여러 가지 사상들을 진지하게 비교해 보고 "우리는 공산주의 원리와 계급혁명, 프롤레타리아 독재정치의 두 가지 원칙을 믿어야 하며 실행 수단은 서로 다른 시기에 맞는 적당한 방법을 취해야 한다! 내가 인정한 주의(主義)는 반드시 변하지 않고 이를 홍보하기 위해 열심히 노력할 것이다."라고 결심했다.

선구자의 사상은 후손들이 깊이 생각해 볼 가치가 있다. 그들은 절대로 가벼운 마음으로 마르크스주의를 받아들이기로 결심하지 않았고 일시적인 충동이나 시대의 흐름에 따른 행위는 더더욱 아니었다. 스스로 심사숙고하며 반복해서 비교하고 실제로 검증한 후 마지막으로 일생에서 가장 중요한 선택을 했다.

5·4운동을 겪었지만 여전히 과학과 민주의 신념을 고수하여 마르크스주의를 받아들이지 않는 사람들도 있었다. 그들은 계속 민주정치

운동에 몸 바치거나 교육과 과학, 실업 등에 종사했었고 '교육구국', '과학구국', '실업구국'를 주장하며 우수한 학자와 교사 혹은 기업가가 되어 중국사회의 발전에 큰 공헌을 했다. 그러나 그들은 중국 사회문제를 해결할 근본적인 방법은 찾지 못했고 중국 근대역사의 전진을 촉진하는데 주도적인 역할을 하지도 못했다.

5·4 애국운동은 심각한 민족 위기 상황에서 갑자기 불어 닥친 폭풍처럼 대도시에서 산촌벽지에까지 전국을 휩쓸었다. 수많은 사람은 나라를 구하기 위해 열정적으로 부르짖었다. 사람들은 조국의 운명을 걱정하는 마음으로 가득 차 있었고 용감하게 미래를 개척해나갔다. 1년간 출판된 간행물은 400여 종에 달했다. 다음 해에 전국적으로 많은 수의 진보 청년들이 마르크스주의를 받아들이며 중국공산당의 설립을 제기했고, 남방은 진독수가 이끌고 북방은 이대교가 이끌어 '남진북이 (南陳北李)'라 불렸는데 그들은 모두 5·4 운동의 주역이었다. 여기까지가 5·4 운동의 전과정이다. 이런 의미에서 5·4 운동은 중국민주혁명의 새로운 시기의 출발로 불렸으며 실제에 부합하는 합리적인 운동이었다.

제 5 장
중국공산당의
탄생

시대가 격변함에 따라 수많은 진보지식인들이 마르크스주의의 깃발 아래 잇따라 모여들었고 이곳에서 중화민족의 새로운 희망을 볼 수 있었다. 조국과 인민이 처한 비참함이 그들을 특수한 긴박감으로 내몰았고 일반적인 이론과 연구에 장기간 매달릴 수 없었기 때문에 되도록 빨리 뜻이 맞는 사람들이 함께 모여 중국사회를 바꾸는 실질적인 행동을 하도록 요구했다. 그렇게 빠른 시간 내에 중국공산당을 창립하게 된 이유는 바로 여기에 있었다.

중국공산당의 창립을 최초로 제의하고 추진한 사람은 바로 진독수(陳獨秀)와 이대교(李大釗)였고, 레닌이 이끄는 코민테른의 도움도 받았다. 1920년 4월, 러시아 공산당 극동주(極東州) 블라디보스톡 지부 외국부서에서 27살의 보이틴스키(Voitinsky)를 중국으로 파견했다. 그는 북경에 도착해 이대교를 만났다. 이대교는 그를 상해에 데리고 가서 진독수에게 소개했다.

이대교는 진독수보다 마르크스주의에 더 정통했다. 진독수는 성격이 불같이 급했고 성급히 행동하기 일쑤였다. 이때 그의 눈은 이미 노동자운동을 향해있었다. 5월에 출판한 《신청년》 6호는 노동절

기념호이었는데 이곳에 미국, 일본, 영국, 러시아의 노동운동과 상해, 남경, 장사, 북경, 천진 등 도시의 노동운동 상황을 다룬 5•1 운동의 역사를 소개했다. 이전에는 이렇게 중국 노동상황을 집중적으로 소개한 자료가 없었는데 이는 점점 많은 사람들이 중국 노동운동문제를 중시하고 있다는 사실과 당시 중국사회구조와 사회사상이 크게 변화하고 있다는 사실을 반영하고 있었다. 진독수는 이 시기에 상해의 선박, 창고 노동연합회에서 < 노동자의 각성 > 에 대해 연설했다. 그는 "노동자만이 가장 유용하고 가장 귀중하다. 그러나 현재 사람들의 생각은 전혀 그렇지 않다. 그들은 노동자가 가장 쓸모없고, 가장 미천하다고 생각하며 오히려 노동을 하지 않는 사람이 가장 유용하며 귀하다고 생각한다.", "세계 노동자들의 각성은 2 단계로 나뉜다. 첫 번째 각성은 대우를 요구하는 것이고 두 번째 각성은 관리권을 요구하는 것이다." 라고 했다.

< 노동자의 각성 > 과 이전에 발표한 < 우리의 최후의 각성 > 은 모두 《 신청년 》 에 실린 진독수의 글이었다. 4 년 2 개월이라는 시간 간격을 두고 발표한 이 두 편의 문장에서 진독수의 사상은 너무나 많이 변해 있었다. 이는 단지 개인적인 원인으로 비롯된 것이 아니었다. 이를 통해 시대와 중국사회가 빠르게 변화하고 있음을 알 수 있었다.

중국공산당이 이끄는 혁명이 승리했을 때 "농촌이 도시를 포위하고, 무력으로 정권을 쟁취하자."라는 노선을 걸어갔다. 그러나 공산당은 농촌이 아니라 도시에서 시작됐다. 모택동 (毛澤東), 주은래 (周恩來), 유소기 (劉少奇) 등을 포함한 중국공산당 지도자들은 모두 먼저 도시에서 노동운동을 시작한 후 농촌으로 가서 농촌운동과 게릴라전을 이끌었다. 그들이 걸어간 이 노선은 아주 중요했는데 그들이 이

런 노선을 걸어가지 않았다면 구식의 농민전쟁이 일어날 수밖에 없었을 것이고 승리할 수도 없었다. 이는 수천 년 전부터 태평천국에 이르기까지 역사적으로 증명된 사실이었다.

제 1 절 중국공산당의 창립

중국공산당의 창립은 언제 제안됐을까? 최초로 참여한 사람들은 누구였을까? 이 문제에 대해 서로 다른 의견이 있다. 가장 신뢰할 만한 자료는 1921 년에 쓰여지고 코민테른 중국공산당대표단 서류에 보관되어 있는 익명의 러시아어 서류인 《중국공산당 제 1 회 대표대회》이다. 이 서류에 "중국의 공산주의 조직은 작년에 창립됐다. 초기에는 상해 조직원이 모두 5 명밖에 되지 않았다. 지도자는 명망 있는 《신청년》의 편집장 진동지였다."라고 기록되어 있다. 여기서 말하는 "진동지"는 당연히 진독수였다. 초기의 5 명은 진독수, 유수송 (兪秀松), 이한준 (李漢俊), 시존통 (施存統), 진공배 (陳公培) 이었다. 장태뢰 (張太雷) 는 1921 년 봄에 코민테른 극동 서기처로 보낸 보고서에 "중국 초기의 공산주의 지부는 1920 년 5 월 상해와 북경에 조직됐다."라고 썼다. 그들은 작성한 당의 강령을 보존하지 않았는데 이달 (李達) 은 다음과 같이 말했다. "먼저 당규와 비슷한 것을 작성했는데 바로 이한준이 8 칸 원고지 2 장에 쓴 것이다. 당의 강령은 단지 '노공전정, 생산합작 (勞工專政, 生産合作, 노동자가 정권을 잡고 협력하여 생산한다.)'라는 여덟 글자뿐이었다. 처음으로 결정된 사항은 진독수를 서기로 추대하고 각지 사회주의자들에게 지부를 조직하라는 서신을 보내는 것이었다."

　조직의 명칭은 진독수, 이대교가 상의한 후 사회당이 아니라 공산당이라 부르기로 확정했다. 이 조직이 설립되면서 중국공산당 창설을 위한 활동의 중심이 됐다.

　공산당의 추진으로 각지에서 잇따라 중국공산당의 초기 조직이 생겨났다. 북경은 이대교에 의해 창설됐는데 초기 구성원은 장신부(張申府), 장국도(張國燾) 두 사람으로 '공산당 소조(小組)'라 불렀다. 얼마 지나지 않아 구성원은 등중하(鄧中夏), 나장룡(羅章龍), 유인정(劉仁精), 고근우(高君宇), 하맹웅(何孟雄), 진위인(陳爲人) 등으로 확대됐다. 대다수 구성원은 북경대학교의 진보 교사와 학생들이었고 '공산당 북경지부'를 설립해 이대교가 서기를 맡았다. 무한의 초기 조직은 이한준과 동필무(董必武) 등이 협의하고 진독수가 유백수(劉佰垂)를 무한(武漢)으로 파견하여 추진한 후 설립됐고 '공산당 무한지부'라고 불렀으며 동필무(董必武), 진담추(陳潭秋), 포혜승(包惠僧) 등이 참여했다. 장사(長沙)의 조직 창설자 모택동은 진독수, 이대교와 친분이 있었고 초기 구성원에는 하숙형(何叔衡), 팽황(彭璜) 등이 있었다. 광주(廣州)의 조직은 진독수가 상해에서 광주로 간 후 담평산(譚平山)과 진공박(陳公博), 담직당(譚植棠) 등과 함께 설립했는데, 그들 대부분은 북경대학교 학생이었고 조직은 '광주 공산당'이라 불렀다. 제남(濟南)의 조직은 이대교가 진위인을 제남으로 파견한 후 왕진미(王盡美), 등은명(鄧恩銘) 등과 함께 설립했다. 도일 유학생들 중 초기당원은 2명(시존통(施存統), 주불해(周佛海))뿐이었는데, 이들은 모두 상해에서 입당했다. 프랑스에 다녀온 사람들 중 3명의 기존당원(장신부(張申府), 진공배(陳公培), 조세염(趙世炎)은 각각 북경, 상해에서 입당했고 그 후 주은래와 유청양(劉淸揚) 등으로 확대됐다.

중국공산당은 초기 조직이 창설된 후 조직을 확대시켜 나갔고 주로 다음의 세 가지 일을 진행했다.

첫째, 중국 사회주의 청년단을 설립했다. 당시 마르크스주의를 받아들이고 사회혁명에 적극적으로 몸을 바치고자 하는 이들은 주로 청년학생들이었다. 따라서 당의 초기 조직에서 청년단의 설립을 중시한 것은 당연한 일이었다. 청년단의 설립 과정은 다음과 같았다.

1920년 8월 모일, 상해의 청년사회주의자 8명이 사회개조와 사회주의 홍보를 실행하기 위해 단체를 조직했는데 이 단체를 상해 사회주의 청년단이라 불렀다. 상해 사회주의 청년단이 설립되고 얼마 지나지 않아 북경, 광주, 장사, 무창(武昌) 등 도시에서도 이와 같은 단체가 생겨났고 상해의 단체와 서로 호응했다. 이렇게 사회주의 청년단의 설립을 선언했다. 당시 중국 사회주의 청년단은 사회주의 경향을 띠고 있었을 뿐이었고 확실한 정통 사회주의는 아니었다. 따라서 구성원이 아주 복잡했는데 마르크스주의자도 있었고 무정부주의자와 길드 사회주의자, 조합주의자도 있었으며 알 수 없는 이상한 사람들도 있었다.

또 다른 중국사회주의 청년단 대표는 1921년 7월 개최한 청년 코민테른 제2차 대표회의 보고에서 다음과 같이 발표했다.

첫 번째 청년단은 상해에서 설립됐고 그 원칙은 사회 혁명을 준비하는 것이다. 처음에 이 단체를 청년사회혁명당 이라 불렀다가 제9차 회의 이후에야 단체의 명칭을 변경했 다. 이번 회의에서 단체의 명칭 변경문제를 토론할 때 일부 무정부주의 사상을 가진 구성원들이 조직을 탈퇴했다. 1920 년 8월 22일에 사회주의 청년단은 한 차례 공식회의를 가 졌는데 그 구성원들은 모두 공산주의자였다. 그 후 수많은 대도시에서도 청년단이 점차 생겨났다.

최초의 사회주의 청년단은 시존통 (施存統), 심현려 (沈玄廬), 진망도 (陣望道), 이한준 (李漢俊), 김가봉 (金家鳳), 운진영 (袁振英), 유수송 (俞秀松), 엽천저 (葉天底) 등 8명으로 구성됐다. 책임자는 시존통과 유수송이었다. 얼마 지나지 않아 당에서 개최한 상해 외국어 동호회에서 구성원은 임필시 (任弼時), 나역농 (羅亦農), 소경광 (蕭 勁光), 임작민 (任作民), 왕일비 (王一飛), 가경시 (柯慶施), 팽술지 (彭述之) 등으로 확대됐고 유소기는 호남에 입단한 후 외국어동호회 에 들어갔다.

둘째, 마르크스주의의 선전이다. 당을 설립하려는 준비를 하는 동안 《신청년》은 잠시 휴간에 들어갔다. 1920년 9월, 《신청년》 은 제8권 첫 번째 호를 출판하여 점차 공산당 기관지가 됐는데 초기 의 내용은 여전히 잡다했다. '러시아 연구' 등의 특별 칼럼을 개설했 지만 제1호에도 존 듀이 (John Dewey) 연설집을 게재했고 2호와 3호 에는 더 많은 지면을 할애해 중국에서 강연되고 있는 버트런드 러셀 (Bertrand Russell) 의 학설을 소개했다. 11월 7일 창간한 《공산당》

은 달랐다. 《공산당》에서는 '공산당'의 깃발을 공개적으로 내세워 당의 주장을 홍보하는 내용도 담았다. 《공산당》제 1 호 발간사의 < 짧은 글 > 에 "우리의 동포를 노예와 같은 처지에서 완전히 구해내려면 노동자 모두가 힘을 합쳐 혁명의 수단으로 우리나라의 모든 외국자본계급을 타도하고, 러시아의 공산당과 같은 새로운 생산방식을 따르지 않으면 안 된다. 모든 생산도구는 모두 생산노동자들이 소유하게 하고, 모든 권리도 모두 노동자가 장악하게 하는 것이 우리의 신조이다."라고 썼다.

셋째, 노동운동에 몸을 바치기 시작했다. 그들이 출판한 노동자들이 읽는 통속 간행물에는 상해의 《노동계》와 북경의 《노동음 (勞動音)》, 광주의 《노동자》, 제남의 《제남 노동월간》등이 있었다. 그들은 11 월 21 일 상해기계노동조합의 설립을 추진했고 상해에 있던 손문과 진독수 등이 함께 총회에 참가하여 2 시간에 걸쳐 연설했다. 그러나 이 노동조합의 활동은 상당히 부드러웠다. 공산당이 이끄는 노동자 운동이 전개되기 시작했을 때는 당의 첫 번째 전국대표 대회와 중국 노동조합 서기부가 설립되고 난 후의 일이었다.

이때 당의 창립을 위해 제거해야 할 주요한 사상적인 장애물은 무정부주의였다.

당시의 진보 사상계에서 무정부주의가 한때 우위를 점한 적이 있었다. 이는 이상한 일이 아니었다. 중국은 쁘띠 부르주아계급의 숫자가 많은 나라였다. 사람들이 처음에 사회주의 사상을 접했을 때 대부분 사회주의에 대한 과학적 사고가 부족해서 명확하게 이해하지 못했다. 무정부주의자는 종종 '사회주의', 심지어는 '공산주의'의 깃발을 내걸었다. 그들이 제시한 '절대평등', '절대자유', '권위반대' 등의 주

장은 모두 개인 중심이었으며 어두운 현실에 대한 극단적인 불만과 개
인의 처지를 급히 바꾸려고 하는 실제적인 사회경험이 부족한 지식청
년들의 입맛에 적합했기 때문에 광범위하게 확대됐다. 그들은 무정부
주의야 말로 가장 명쾌하고 가장 철저하며 가장 급진적인 새로운 사상
이라 생각했다. 무정부주의는 초기에 각종 구식 사상 (특히 봉건전제
주의 사상) 의 충격을 주는 것과 사람들의 속박에 대해 얼마간 긍정적
인 역할을 했으나 개인의 모든 속박에서 벗어나고자 하는 생각은 실정
에 맞지 않은 공상이었고 단체의 결속을 심각하게 무너뜨리는 역할을
했다.

　　중국공산당의 창당 초기에 몇몇 무정부주의자가 당 조직에 참여
했는데 이러한 상황은 광주와 북경에서 더욱 두드러졌고 내부에 수많
은 분쟁을 조성했다.

　　마르크스주의자들은 이런 무정부주의 사상을 일찍부터 반대했
다. 《민성 (民聲)》이 다시 출간을 시작한지 얼마 지나지 않아 1921
년 5 월 출판된 《공산당》 제 4 호에 실린 < 무정부주의의 해부 > 라는
글에는 다음과 같은 내용이 있었다.

　　무정부주의가 될 수 있는 것은 개인주의밖에 없다.

　　비록 정도는 다르지만 어떤 시기에는 강압을 행사할 필
요가 있다.

　　이런 혁명사업을 하려면 투쟁할 수 있는 새로운 세력을
반드시 구비해야 한다.

　　그러므로 우리는 마르크스주의를 추천한다.

　　이 논쟁에서 마르크스주의자는 다음과 같이 더욱 명확하게 말했다. 억압받는 민중이 투쟁에서 공동이상과 엄격한 규율을 가지고 일치단결하는 거대한 세력으로 응집해 압박을 가하는 자에게서 승리하지 못한다면 분산되고 무능한 상태에 멈춰있을 수밖에 없고, 아무리 아름다운 이상도 모두 공허한 빈말이 될 것이다. 무정부주의자를 반대하는 이러한 투쟁 없이 전투력을 구비한 진정한 당을 설립하는 것은 불가능하다.

　　따라서 그들 중 수많은 사람은 고통스러운 자신과의 투쟁을 통해 그들이 최고라고 여기는 개인의 자유를 기꺼이 희생할 준비를 하고 필요할 때는 자신의 생명까지도 바쳤다. 이는 당연히 외부 세력의 압력에 의해서가 아니라 그들 자신이 심사숙고하고 반복적으로 가늠해본 결과였다. 당시의 더 이상 참을 수 없었던 암담했던 상황과 가혹한 현실이 사람들에게 주었던 강렬한 자극을 생각하지 않고서는 이 모든 것이 어떻게 발생하게 됐고 왜 피상적인, 혹은 잘못된 해석을 하게 됐는지 이해할 수 없다.

　　당시 진보지식인들 중에는 당을 창당하는 문제를 고려하고 있는 사람이 많았다. 호북에서는 1921 년 여름, 운대영 (惲代英) 이 5・4 운동 후 설립된 무창의 이군서사 (利群書社) 사원과 측근을 소집해 회의를 열었다. 사천 (四川) 에서 오옥장 (吳玉章), 양암공 (楊闇公) 등도 중국청년 공산당을 설립한 적이 있었다. 그때 사천의 대외교통이 봉쇄되어 있어 그들은 외부에서 공산당이 이미 조직됐다는 사실을 알지 못했다. 그 후 오옥장이 북경으로 가서 조세염을 만나 공산당의 설립과정과 활동상황에 대해 알게 됐고 즉시 중국공산당에 정식으로 가입했으며 사천에 편지를 보내 중국 청년공산당을 취소하고 양음공 등 모든 구성원들이 개별적으로 중국공산당에 가입하라고 전했다 .

　　이러한 사실들은 4 가지를 증명하고 있다 . (1) 중국에서의 공산당 설립이 절대 소수 몇 사람의 생각이 아니었다 . (2) 외부적인 요인에만 의지하지 않았다 . (3) 당시 수많은 진보지식인들의 공통된 요구에 의해 설립된 객관적인 발전과정의 산물이다 . (4) 필연적인 결과였다 .

제 2 절 제 1 회 중국공산당 전국대표대회

　　비록 공산당 설립이 적극적으로 추진되고 있었고 수많은 지역에서 공산당이라는 명칭을 사용하는 조직이 잇따라 생겨났다 . 그러나 그 조직들은 각지에 분산되어 있었고 전국적인 통일된 당을 형성하지 못했으며 공통된 강령과 발맞추어 중앙지도조직과 함께하는 실질적인 업무계획도 없었다 . 중국공산당 제 1 회 전국대표대회는 바로 이런 근본적인 문제를 해결하기 위해 개최됐다 . 1 년간의 준비를 통해 이번 대회를 개최하는 조건이 조성됐다 .

　　중국공산당 제 1 회 전국대표대회를 개최한 시간과 참가한 대표자의 수는 아주 오랫동안 분명히 밝혀지지 않았거나 논쟁이 되고 있는 문제다 . 가장 믿을 만한 자료는 코민테른의 중국공산당 대표단 서류에 보관되어 있는 1921 년에 쓰인 러시아 문서인 < 중국공산당 제 1 회 대표대회 > 이다 .

　　이 문서에는 "대표대회는 6 월 20 일 개최하기로 예정되어 있었으나 북경과 한구 (漢口), 광주 , 장사 , 제남 , 일본의 대표가 7 월 23 일이 되어서야 상해에 도착했기 때문에 그때 비로소 대표대회를 개막할 수 있었다. 대회에 참가한 12명의 대표들은 7개 지역 (상해를 포함함) 에서 왔는데 두 지역에는 1명의 대표가, 5개 지역에서는 2명의 대표가 참가했다."고 기록했다.

일본학자 이시카와 요시히로는 이 내용 중의 '6월 20일'을 7월 20일로 잘못 적었다고 생각했고 중국학자 소유 (邵維) 는 정해진 대회 개막 날짜가 바로 이 서류에 쓰인 7월 23일이라고 생각하고 있다.

제1회 대표대회는 23일 저녁 상해 프랑스 조계에 있는 이한준의 형 이서성 (李書城) 의 집에서 열렸다. 대회에 참가한 사람은 전국 53명 당원들의 대표 12명 외에 코민테른 대표 말렌코프 (Георгий Максимилианович Маленков) 와 코민테른 극동 서기처 대표 니콜스키, 당시 광주에 있던 진독수가 보낸 포혜승 등 이었다. 30일 저녁, 프랑스 조계의 순찰이 갑자기 회의장을 수색하러 왔다. 이로 인해 회의의 마지막 날은 절강 (浙江) 가흥 (嘉興) 남호 (南湖) 의 유람선 위에서 진행됐다.

제1회 중국공산당 대표대회에서 중점적으로 토론한 내용은 강령과 실제 업무계획을 세우는 것이었다.

대회에서 확정한 강령의 제1조에 "본 당의 명칭은 '중국공산당'으로 정한다."고 명확히 기록했다.

중국공산당이라는 명칭을 정식으로 확정해 이 조직이 전국적인 통일된 당이 됐다는 사실을 반영했다. 당의 강령은 중국공산당이 당을 설립되기 시작하면서부터 사회주의와 공산주의를 자신이 투쟁해야 할 목표로 정하고, 혁명의 수단으로 이 목표를 실현할 것을 확정했다. 그러나 이 강령에 중국사회의 현실상황을 분석하지 않았고, 당의 현 단계의 기본적 임무에 대한 명확하고 적합한 규정도 없었다는 사실은 당이 아주 미숙하다는 것을 설명하고 있다. 중국의 구체적인 국가 상황에 대해 깊이 이해하지 못했고 이러한 문제들에 대해서 당 내부에 서도 공감대를 이루지 못했음을 부분적으로 반영하고 있어 모든 사람 들이 받아들일 만한 명확한 표현을 하기 어려웠다. 당의 어렵고 힘든 노정은 이제 막 시작됐을 뿐이었다.

제1회 대표대회에서 진독수, 이달, 장국도로 구성된 중앙국을 지도조직으로 선출했고 진독수가 서기를 맡았다. 각지의 초기 당 조직 은 중앙국의 지도에 따라 잇따라 지방 위원회 혹은 구 위원회로 개편 했다. 전국적으로 통일된 중국공산당은 이렇게 설립됐다.

제1회 대표대회의 12명의 대표 중에서 가장 나이가 많은 사람은 45세, 가장 어린 사람은 19세로 평균 나이는 28세였고 호남대표 중의 한명인 모택동은 아직 만 28세미만 였다. 진독수와 이대교는 대회에 참가하지 않았는데 회의에 참가한 대표는 모두 사회적으로 별로 이름 없는 하찮은 인물들이었다. 이 젊은이들은 하늘과 땅이 울릴 만큼 호 탕한 기세로 마음을 모아 중국이라는 오래된 나라에서 참신하고 합리 적인 사회를 조성하고자 했다. 단체도 분화와 재조직의 과정을 겪었 다. 제1회 대표대회의 12명의 대표들 중에는 모택동, 동필무와 같이 계속 공산주의 노선을 견지해 나가 당의 지도자가 된 사람도 있고 용 감하게 희생한 사람도 있었으며 중도에 당을 탈퇴한 이들도 있고 장국 도, 진공박, 주불해처럼 당을 배신한 이들도 있었다. 큰 파도가 모든 것을 씻어내듯 당도 바로 그런 과정 중에 있었고 이를 통해 더욱 강해 졌다.

중국공산당은 제1회 대표대회에서 시작해 아주 기나긴 여정의 한 발을 내디딘 것에 불과했고 게다가 그들은 아직 미숙했다. 그러나

이것은 결정적인 역할을 하게 된 첫걸음이었다. 중국공산당은 이때부터 몇 가지 특징을 갖

게 됐다. 첫째, 과학적인 이론, 즉 마르크스주의의 선명한 기치를 들고 중국의 문제를 관찰하고 분석했다. 둘째, 사회 하류층, 즉 중국인구의 대다수를 차지하는 노동자들 속으로 깊이 들어가 일하겠다고 결심했다. 셋째, 일치된 행동을 하기 위해 엄격한 규율을 세울 것을 요구했다. 상술한 내용은 과거 중국의 어느 정당에도 없었다. 중국공산당은 중국 사회에 새로움을 가져왔다. 중국공산당이 급격하게 발전하게 되리라는 것은 당을 만든 사람들조차도 예상하지 못했다.

제 3 절 민주혁명 강령의 제정

중국공산당이 설립된 후 가장 중요한 임무는 이제 막 학습한 과학이념으로 직면해있는 실제문제를 관찰하고 분석하는 것이었다. 1922년 1월 창간한 《선구 (先驅)》는 < 발간사 > 에서 "본 간행물의 첫 번째 임무는 중국의 객관적인 실제상황을 연구하고 중국문제를 해결하는 가장 적합한 실제 방안을 강구하는 것이다."라고 썼다. 또 "우리는 객관적인 실제상황을 연구하지 않고 단지 개인의 주관적인 생각으로 사회를 개조하려 하는 사람들의 잘못은 반동보수파와 다를 바가 없다는 사실을 알아야 한다.(비록 우리가 그들을 용서하는 마음을 가지고 있지만)"라고 썼다. 이 마지막 말은 조금 도가 지나치기는 했지만 그가 지적한 내용은 정확했고 중국의 객관적인 상황을 힘써 연구해 '개인의 주관적인 생각'으로 사회를 바꾸려는 상황을 피하고자 하는

결심을 반영했다.

당시 '중국의 객관적인 실제 상황'에서 가장 두드러진 현상은 군벌할거와 군벌혼전이 날로 격렬해지고 있어 민중에게 극심한 고통을 안겨주고 있다는 사실이었다. 이런 상황은 5·4 운동 때보다 더욱 심각했다. 1920~1922년 사이에 대세를 변화시키는 두 차례의 전국적인 충돌이 있었다. 이 두 차례의 충돌 중 하나는 1920년의 직환(直皖) 전쟁이고 다른 하나는 1922년의 첫 번째 직봉(直奉) 전쟁이다. 두 차례의 전쟁은 모두 북양군벌 내부에서 발생했는데 그 목적은 중앙정부 통제권을 차지하기 위해서였다. 이는 원세개가 죽고 난 후 북양군벌이 이미 점점 사분오열하고 있다는 사실을 반영했다. 이런 혼란 국면은 당시 사람들에게 더할 수 없는 고통을 주었고 기존의 통치질서가 이미 더는 유지될 수 없는 상태에 이르렀다는 사실을 설명하고 있었다.

군벌들은 왜 전쟁을 불사하고 중앙정부를 통제하려 했을까? 최소한 다음과 같은 두 가지의 원인이 있다. 첫째, 중국의 전통적인 관념에서 봤을 때 중앙정부는 합법적인 정통의 위치에 있어서 중앙정부의 명령은 비교적 많은 사람들의 인정을 받을 수 있기 때문이었다. 이처럼 중앙정부로부터 받은 관직과 작위는 지방세력으로부터 받은 것보다 혹은 스스로 칭하는 것보다 더 가치가 있기 때문이었다. 둘째, 중앙정부는 외국의 승인을 받아 대외 조약을 체결할 수 있는 권리가 있어 열강들로부터 차관을 받을 수 있었다. 관세와 소금세는 재정수익에서 가장 큰 부분을 차지하고 있어 당시에는 배상금 지급에 대한 보증차원에서 외국에 의해 통제되고 있었고 외국이 먼저 가져가고 남은 '관여(關余)'와 '염여(鹽余)'라 불리는 잔액은 중앙정부가 가져갔다. 누가 중앙정부를 통제하느냐에 따라 명예와 지위를 사용해 지방세력을 부릴 수 있었고 관록으로 자신의 병력을 확충할 수 있었기 때문에 자연히 비교적 큰 세력을 가지고 있는 군벌의 탐욕과 투쟁을 불러일으켰다.

5·4 운동 시기에 북양정부의 총통은 서세창이었는데 실제권력 은 환계의 군벌 수령인 단기서의 수중에 있었다. 그는 독군단 등을 조정해 풍파를 일으켰을 뿐만 아니라 일본의 차관을 이용해 자신이 직접 통제하는 참전군 (參戰軍, 유럽전쟁이 끝난 후 변방군 (邊防軍) 으로 개칭) 을 훈련시키자 그 권력이 조정과 재야에까지 미쳐 위력이 하늘에 뜬 해와 같았다. 그러나 그에 대한 민중은 불만은 날로 늘어갔다. 환계 세력이 정점이 이르렀을 때 사실은 이미 고립되어 가고 있었으며 스스로 실패의 씨앗을 뿌리고 있었다.

풍국장이 병사한 후 직례 독군 조곤 (曹錕) 이 그의 자리를 대신했다. 그가 가장 의지한 사람은 제 3 사단의 사단장 오패부 (吳佩孚) 였다. 오패부는 선비출신으로 엄격하게 군대를 다스렸고 전쟁에 능했고 정치적 수완이 좋았다. 남북전쟁이 시작됐을 때 그는 북경정부의 명을 받들어 부대를 이끌고 장사, 형양 (衡陽) 로 내려가 곧장 광동을 향해 돌진해 전국을 뒤흔들었다. 그러나 단기서는 전공이 전혀 없는 환계의 장군 장경요 (張敬堯) 에게 호남독군의 직위를 주었다. 장경요는 호남에서 폭정을 일삼아 사람들의 미움을 한몸에 받고 있었다. 모택동 등은 '장경요 축출운동'을 일으켜 호남 사회 각계의 지지를 받았다. 오패부는 형양에 도착한 후 군사를 움직이지 않고 남방세력과 결탁했고 1920 년 5 월에 스스로 북으로 철수했다. 공개적으로 단기서에 대한 반대를 표시해 민심을 얻었고 이름이 알려지면서 사람들은 그를 '애국군인'으로 인식했다.

7 월, 직환전쟁이 북경 이남의 철도연선에서 시작됐다. 환계군대

는 변방의 3 개 사단을 위주로 하여 병사의 수가 많았고 정예 무기를 갖추었으나 군대를 조직한지 얼마 되지 않아 실전경험이 부족했다 . 직례 군대는 전투력이 강했다 . 5 일간 전쟁에서 직례 군대가 승리했고 봉계 군대도 대대적으로 산해관 (山海關) 에 진입한 후 직례 군대를 도왔다 . 환계는 전쟁에서 패함에 따라 정치세력도 잃게 됐다 .

직환전쟁 후 서세창이 여전히 북양정부의 총통을 맡고 있었지만 실제권력은 직 • 봉계군벌의 수중으로 넘어갔다 . 지방에서의 세력은 직례가 강했으므로 오패부 자신도 낙양 (洛陽) 에서 군대를 훈련시키며 '팔방풍우회중주 (八方風雨會中州 , 사방에서 몰려들어 중주 (中州) 에 집결한다)' 라 불렀으며 중앙정부에서의 통제력은 봉계가 강했다 . 얼마 후 직례와 봉계의 권력투쟁이 빠르게 대두됐다 . 일본 정부는 단기서가 실패한 후 봉계군벌을 지지했다 . 봉계군벌의 지지로 국무총리가 된 양사태 (梁士詒) 는 일본과 친밀한 관계를 가지고 있었다 . 마침 워싱턴 회의에서 산동문제에 대한 논쟁이 긴박하게 진행되던 중 양사태는 일본의 돈을 취하기 위해 중국 대표단에게 양보를 명하는 전보를 보내 국민의 분노를 샀는데 오패부는 이를 크게 내세워 (1922 년) 1 월 5 일에 양사태를 반대하는 내용의 전보를 보냈다 .

오패부의 칼끝은 사실 양사태의 배후인 장작림을 향하고 있었다 . 쌍방은 이미 일촉즉발의 상황에 처해있었다 . 3 개월여 동안의 전보전 (電報戰) 과 준비를 통해 4 월 29 일에 첫 번째 직봉전쟁이 시작됐다 . 쌍방이 투입한 병력은 직례가 10 만여 명 , 봉계가 12 만여 명으로 직환전쟁에 비해 훨씬 규모가 컸고 작전지역은 직례북부였다 . 전쟁은 5 월 4 일까지 계속되다가 봉계군대가 크게 패해 상해관 (上海關) 밖으로 퇴각하자 장작림 (張作霖) 은 자연스럽게 동삼성 (東三省) 보안 총사령관이 됐다. 중앙정부의 통제권은 완전히 직계군벌의 수중에 떨어졌지만 동북은 여전히 봉계군벌에 의해 통제됐다. 서세창은 당시 단기서의 지지를 받아 환계가 장악한 '안복국회 (安福國會)'에서 총통으로 선출됐는데 나중에는 봉계를 더 가까이 하여 직례의 불만을 샀다. 6 월, 서세창은 총통직의 사퇴를 강요받았고 직례는 여원홍을 다시 한 번 총통으로 임명하고 장훈이 왕정을 회복했던 당시의 구 (舊) 국회를 해산했다.

직환전쟁과 1 차 직봉전쟁과 함께 수많은 성 (省) 에서 지역적인 성격의 소군벌들이 나타났다. 이들은 방어구역을 나누고 세금을 징수하면서 서로 끊임없이 군사충돌을 일으켰으므로 백성의 생명과 재산을 전혀 보장할 수 없었다. 특히 남북의 사이에 위치한 호남, 사천, 섬서 (陝西), 복건성 등의 상황은 더욱 심각했다. 몇몇 성의 지방군벌은 할거하여 방어하기 위해 더 큰 군벌 세력에 삼켜지지 않기 위해 '성 연합 자치'를 주장했고 이 일은 잠시 동안 많은 사람의 입에 오르내렸다. 수많은 사회각계 민중은 북양군벌의 '무력통일'로 해마다 계속된 전란에 치를 떨고 있었으므로 이 주장에 찬성했지만 이는 실현할 수 없는 환상일 뿐이었다.

이때 광동에서도 두 가지 중대한 일이 반복됐다. 1920 년 8 월, 손문에 의해 키워졌고 당시 민남 (閩南) 에 주둔해 있던 진형명 휘하의 월군 (粵軍) 은 계계 (桂系) 군벌의 우두머리인 육영정이 민남을 공격할 준비를 하고 있다는 소식을 듣고 회군하여 광동으로 가기로 결정했다. 육영정은 서남의 5 개 성중에서 군사력이 가장 강했다. 그러나 그의 부하는 "몇 년 동안 광동에서 백성을 착복하여 이미 많은 돈을 가진 부자가 되어 있었는데 전방에서 포성이 울리면 그들은 자신의 재산을 후방의 안전지대로 옮기기 바빴고 그 곳에서 싸우려 했다. 특히 계군 (桂軍) 의 사병들이 지방에서 계속 백성을 괴롭혀 광동 사람들의 미움을 받고 있었으므로 월군이 공격을 시작해 '월인 (粵人) 자력구제' 라는 구호까지 내걸자 광동 각 현 (縣) 의 민병들은 무장봉기를 일으켰고 계군은 사면초가에 빠지게 됐다."라고 했다.

10 월 하순, 진형명 부대의 월군이 광동을 장악했다. 손문은 상해에서 광주로 돌아왔다. 그때 광주에는 약 20 명의 구 국회의원이 있었다. 1921 년 4 월, 비상국회는 손문을 비상 대총통으로 선출했다. 7 월, 월군은 광서를 점령했고, 육영정 등의 도주로 구 계계군벌은 자취를 감추었다.

이때 손문은 여전히 '호법 (護法)'의 깃발을 들고 북양군벌의 북벌을 반대할 준비를 하고 있었다. 그러나 점점 우익에 물들어가던 진형명은 이미 딴 마음을 품고 있었으므로 '성 (省) 연합 자치'에 찬성하고 손문의 북벌을 반대했다. 1922 년 6 월, 진형명은 공개적으로 배신하고 총통부를 포위 공격했다. 손문은 광동에서 쫓겨나 상해로 돌아왔다. 자신이 키운 무장 세력의 배신은 손문에게 너무나 커다란 충격이었고, 만년에 새로운 길을 가도록 결정을 내리는 중요한 계기가 됐다.

이런 암담한 시국에서 나라와 백성에게 해를 끼치는 크고 작은 군벌을 먼저 타도하지 않는다면 모든 아름다운 이상의 실현은 시작도 할 수 없을 것이었다.

1922 년 6 월, 중국공산당 중앙에서 < 시국에 대한 중국공산당의 주장 >(이하 '주장') 을 발표했다. 이는 중국공산당 설립 후 거의 1 년 만에 처음 발표하는 중국시국에 대한 주장이었다. 이 발표에는 오늘날 중국의 내우외환의 근원은 군벌통치라고 지적했다. "연이은 군벌

간의 영역다툼으로 인해 수많은 무고한 생명이 희생됐다. 군벌정치는 중국 내우외환의 근본원인이며 인민이 고통 받는 근본원인이다."

또한 더 나아가 이러한 군벌정치의 배경에는 제국주의의 지원이 있다고 지적했다. "이러한 반독립 봉건국가에서 정권을 잡고 있는 군벌과 제국주의가 상호 결탁하는 이유는 군벌이 외국 자본을 군자와 낭비에 쏟아 붓고 있기 때문이었고, 제국주의가 적당한 범위 내에서 군벌에게 기꺼이 자금을 빌려준 이유는 그들이 중국에서 특수한 세력을 형성하고 있었기 때문이고 또 중국의 내란을 장기화시켜 중국의 경제를 발전하지 못하게 해 영원히 소비만 하는 그들의 시장으로 만들기 위해서였다."

국내의 민주세력에 대해서 < 주장 > 에서는 손문이 지도하는 국민당에 대해 희망을 가지고 다음과 같이 새로운 판단을 했다. "진정한 민주파는 인민 앞에 반드시 두 가지 증거를 보여야 한다. (1) 그들의 당강령과 정책은 절대 민주주의 원칙을 위배하지 않는다. (2) 그들은 반드시 민주주의와 군벌과의 투쟁을 지지해야 한다. 이런 점에서 봤을 때 중국에 현존하는 각 정당 중에서 민주당만이 비교적 혁명적인 민주파이고 진정한 민주파이다."

< 주장 > 에서는 군벌을 타도하지 않고는 중국이 현재 직면해 있는 여러 문제를 해결할 수 없으며 유일한 방법은 "민주전쟁에 동참해 군벌을 타도하는 것"이라고 밝혔다. 이 < 주장 > 의 발표는 연초 코민테른이 개최했던 극동 각국 공산당 및 민족혁명단체 제 1 회 대표회의의 영향을 받았고 동시에 이 시기 중국공산당의 수많은 문제에 대한 인식이 비교적 크게 발전했음을 반영하고 있다.

1922 년 7 월, 중국공산당은 상해에서 제 2 회 전국대표대회를 개

최했다. 회의에는 전국 195 명의 당원을 대표하는 진독수 등 12 명의 대표가 출석했다. 이번 대회의 가장 중요한 성과는 대회선언을 통해 중국민주혁명 강령을 제정했다는 것이다. 강령에는 "각종 사실로 증명됐듯이 중국인민 (자산계급이든 노동자 혹은 농민이든) 에게 가장 큰 고통을 주는 것은 자본제국주의와 군벌관료의 봉건세력이므로 이 두 세력에 반대하는 민주주의 혁명운동은 큰 의미를 가진다."라고 썼다. 《선언》에서는 현 단계의 투쟁목표를 제시했다. 가장 앞쪽의 두 가지 내용은 "내란을 종식하고 군벌을 타도하여 국내평화를 구축하자."와 "제국주의의 압박에서 벗어나 중화민족의 완전한 독립을 이룩하자."이다.

중국공산당 제 2 회 대표대회에서 반제국주의와 반봉건주의의 민주혁명강령 (비록 봉건주의의 토지제도 반대를 아직 언급하지는 않았지만) 을 확실히 제시했다. 대회에서 < 중국공산당 정관 > 과 코민테른 가입 등 9 개 결의안을 통과시켰다. < 민주적인 연합전선에 관한 결의안 > 중에서 먼저 국민당 등에 요청해서 적합한 지역에 대표회의를 개최하자고 제시했다. 이는 제 1 회 대표대회 때와도 달랐다. 이러한 내용이 없었으면 제 1 차 국공합작이 이루어지지 않았을 것이고 "열강을 타도하고 군벌을 제거하자."는 대혁명은 일어나지 않았을 것이다.

중국공산당이 설립된 후 중앙에서 지방 각급 조직까지 실제업무에서의 주축세력은 노동운동에 종사하는 이들이었다. 노동운동에 대한 지도력을 강화하기 위해 1921 년 8 월 중국노동조합 서기부 (書記部) 를 설립하고 각지에 지부를 만들었다. 과거, 중국에는 산업 노동자가 아주 적었고 수공업 노동자와 막일을 하는 인부들이 대부분이었다. 노동자들은 조합과 향우회, 청홍회 등 비밀결사조직이 손문과 관련된 소수 남방 노동조합에 밖에 없었다. 노동자들은 자발적인 파업투쟁을 해본 적이 있었는데, 대부분 경제적인 성격을 띠고 있었고 규모도 크지 않았으며 파업시간도 그리 길지 않았다. 제 1 차 세계대전 기간 동안 민족산업이 발전함에 따라 중국산업노동자의 대오도 빠르게 확대됐다. 특히 5•4 운동 과정에서 상해노동자들이 체포된 북경학생들을 응원하고 대략 6~7 만 명이 파업하면서 사람들은 노동자의 힘을 인식하기 시작했다. 중국노동조합 서기부가 설립된 후 노동운동은 새로운 단계로 진입했다. 초기 노동운동은 경한 (京漢) 철도 (특히 북경부근의 장신점 (長辛店)) 와 안원 (安源) 의 도로와 광산, 개란 (開灤) 석탄광산, 상해 소사도 (少沙渡) 일대의 방직공장이 집중되어 있는 지역에서 시작됐다.

당시의 공산당원은 대다수가 지식인이었다. 이들이 노동자들 속으로 깊숙이 들어가 공산당을 홍보하고 조직하는 것은 쉬운 일이 아니었다. 공산당은 실제 행동을 통해 점점 효과적인 방법을 탐색해냈다. '평민교육 제창'이라는 명목으로 노동자학교를 세워 그들의 교육을 돕는 방법이었다. 교육에서 시작해 한편으로는 노동자들과 친구가 되어 그들 중에서 적극적인 사람을 발견한 후 그들을 교육시켜 지속적으로 단결을 확대시켜 나갔다. 또 한편으로는 문화를 강의하는 시간에 몇몇 내용을 추가해 노동자들이 자신이 받은 착취와 억압의 진면목을 이해하고 단결하여 투쟁해 나갈 필요가 있음을 역설했다. 시기가 무르익으면 노동조합 혹은 노동자 친목회를 조직해 더 많은 노동자들을 단결해 그들을 위한 복지를 도모하고 투쟁단체를 조직했다. 이렇게 그들은 한 걸음씩 걸어 나아갔다.

1922 년 1 월부터 중국의 첫 번째 파업이 시작했다. 이 파업은

1923 년 2 월까지 모두 13 개월 동안 진행됐는데 크고 작은 파업이 100 여 차례 이상이었고 파업에 참가한 인원수도 30 만 명 이상 이었다 .

이번 파업은 홍콩 선원들의 대파업으로 시작됐는데 그들 모두가 공산당 간부인 것은 아니었다 . 노동자들은 임금인상을 요구했고 초기 에는 1,000 여 명의 선원이 파업에 참가했었는데 뒤이어 운수노동자들 이 호응함으로써 파업자수는 2 만 명 이상으로 늘어났다 . 홍콩의 영국 당국은 힘을 다해 진압하려 했지만 오히려 우체국 , 은행 , 호텔 , 찻집 , 시장 및 가정 고용인 등으로 파업이 확대됐다 . 시 전체가 문을 걸어 잠 갔고 , 질서는 크게 어지러워졌다 . 홍콩의 영국 당국은 어쩔 수 없이 임 금인상에 동의하고 봉쇄됐던 노동조합을 회복시키고 , 체포됐던 노동 자를 석방함으로써 파업은 승리로 끝났다 . 이 사건으로 전국은 크게 동요했다 .

북쪽에서 당산 (唐山) 의 개란 석탄광산의 노동자들이 일으킨 파 업의 영향도 아주 컸다 . 당산에는 5 만 명의 광부가 있었다 . 노동자의 임금은 아주 낮았으며 사고가 빈번하게 발생했는데 희생자의 보상금 은 20 은전밖에 되지 않았다 . 중국공산당 북방지역 위원회와 북방 노 동조합 서기부는 잇따라 사람을 파견해 일을 전개해 나갔다 . 1922 년 10 월 23 일부터 노동자들은 임금과 보상금의 인상을 요구하며 파업을 선언했고 4 만여 명이 참가해 1 달간 이어졌다 . 결국에는 광산 측에서 부분적으로 임금을 인상해 파업은 종결됐다 .

노동자운동에서 성과가 가장 두드러지고 지속시간이 가장 길었 던 것은 안원의 도로와 광산파업이었다 . 중국공산당 호남지역 서기 모택동은 이립삼 (李立三) 과 유소기 (劉少奇) 등을 안원의 노동자들 틈으로 파견했다 . 그들은 노동자 자제들의 학교와 노동자 야학 설립

에서부터 일을 착수하여 점차 공산당과 청년당을 구성해 나갔다 . 1922
년 5 월 , 안원 도로와 광산 노동자동호회가 설립됐다 . 9 월 , 2 만 명의
노동자가 파업을 했고 “과거에는 말과 소였지만 지금부터는 인간이
되어야 한다 .”라는 슬로건을 외쳤다 . 도로국과 광산국은 어쩔 수 없이
상인연합회에게 중재를 요청했다 . 파업은 승리로 끝났다 . 안원의 도
로와 광산 노동동호회는 월한철도 (粵漢 , 광동 (廣東) 과 한구 (漢口)
를 연결하는 철도 , 중국 남부와 중부를 연결하는 간선 (幹線) 으로서
정치 , 경제 , 군사상 대단히 중요함) 노동조합 총연합회와 호남 모든
성 (省) 의 공단연합회 , 한야평 (漢冶萍 , 중국 최대 제철회사) 노동
조합 총연합회를 서둘러 설립했다 .

경한철도 (京漢鐵路) 의 파업은 중국에서 첫 번째로 파업이 고조
됐던 시기에서 가장 마지막으로 일어난 파업이었다 . 이 파업으로 중국
노동자운동은 새로운 단계에 진입했다 . 즉 , 생활을 개선하기 위한 경제
적인 투쟁에서 자유를 쟁취하기 위한 정치적인 투쟁 단계로 들어갔다 .

이번 파업은 경한철도 노동조합 총연합회가 설립되면서 시작됐
다 . 당시 오패부는 ‘노동자 보호’를 표방하고 이를 그의 4 대 정치 주장
의 하나로 삼았다 . 1922 년 5 월 이대교는 오패부 심복 몇 명과의 사적
인 관계를 통해 공산당원 몇 명을 소개해 교통부의 비밀조사원을 맡았
고 공직자의 신분을 이용해 각 주요 철도에서 일을 전개해 나갔다 . 연
말이 되자 경한철도의 각 역에는 이미 16 개의 노동자동호회가 설립됐
고 1923 년 2 월 1 일 경한철도 노동조합 총연합회를 설립하기로 결정
했다 . 당시 경한철도의 수입은 오패부 군대의 주요한 수입원이었는데
노동자의 파업으로 그의 수입에 큰 손실을 입게 됐으므로 그는 ‘노동
자 보호’라는 가면을 벗어버리고 이들을 진압하기 시작했다 . 노동조

합 총연합회가 설립되던 당일 , 연합회 사무실은 군대에 의해 점령되고 박살나고 말았다 . 그날 저녁 , 노동조합 총연합회 비밀회의에서 모든 철도의 파업을 결정했다 . 4 일 , 모든 철도는 객차와 화물차의 운행을 정지했다 . 2 월 7 일 , 오패부는 장신점에서부터 정주 (鄭州) , 한구에 이르기까지 남북에서 동시에 대학살을 자행했고 수백 명의 사상자가 속출했다 .

군벌의 잔혹한 진압으로 인해 학살 사건이 발생한 후 , 광동과 호남 , 안원을 비롯한 모든 노동조합이 봉쇄됐고 노동자들도 의기소침해져 전국 노동자운동은 잠시 침체상태에 빠졌다 .

이러한 일련의 투쟁에서 노동자계급의 전투력을 보여주었고 중요한 교훈도 남겼다 . 첫째 , 중국혁명 의 적은 강대하다 . 그들에게서 승리하기 위해 노동자 계급의 고군분투에만 의지해서는 안 되며 반드시 가능한 모든 기회를 이용해 모든 동맹자들을 끌어 모아야 했다 . 둘째 , 반식민지 , 반봉건 국가인 중국에서 노동자들이 최소한의 민주적인 권리조차 가지지 못한다면 어디를 가서든 반 (反) 혁명군의 진압을 받게 될 것이다 . 혁명에서 승리를 쟁취하기 위해 무장투쟁을 하지 않고 파업에만 의지해서는 안 된다 . 통일전선과 무장투쟁은 중국혁명 에서의 두 가지 근본적인 문제이다 . 젊은 중국공산당은 이제 실제 투쟁에서 얻은 기초적인 경험을 가지고 국공합작을 기반으로 하는 대혁명의 시기에 들어섰다 .

제 6 장
' 열강을 타도하고 군벌을
제거하자 ' 는 국민혁명

1920년대 중반, 중국에서 '열강을 타도하고 군벌을 제거하자'는 국민혁명의 거대한 폭풍이 전국을 뒤흔들었는데, 사람들은 이를 두고 중국의 '대혁명'이라 불렀다.

'열강을 타도하고 군벌을 제거하자'는 당시 대다수 중국인이 강렬한 열망을 집중적으로 반영했고, 사람들의 마음을 가장 잘 움직일 수 있는 행동구호였다. 혁명의 취지는 제국주의와 북양군벌의 중국에 대한 통치를 뒤엎고 국가의 독립과 통일을 도모하는 것이었다. 이 기간 동안 제국주의 열강은 중일 청일전쟁과 팔련군이 공격했을 때처럼 직접 대규모 대중국전쟁을 시작하지 않고 북양군벌로 하여금 중국을 장악하게 하고 내부적으로 문제를 일으키게 하는 간접적인 방법을 선택했다. 따라서 대혁명은 북양군벌의 북벌전쟁을 반대하는 부분에서 가장 두드러지게 나타났다.

이는 20세기의 신해혁명을 이은 두 번째 전국적인 규모의 혁명이었다. 신해혁명과 대혁명의 시간 간격은 10년밖에 되지 않지만 서로 너무나 달랐다. 신해혁명은 손문을 중심으로 하는 동맹회가 이끌었고, 당시 중국에는 아직 공산당이 없었다. 1920년대 중반의 대혁명은 국공 (國共) 양당 (兩黨) 이 연합하여 일으켰다 . 신해혁명과 대혁명은 모든 면에서 서로 달랐다 .

제 1 절 대혁명이 발발한 사회 원인

왜 1920 년대 중반에 이 같은 대혁명이 일어났을까 ? 대답은 쉽다 . 인민혁명은 제국주의와 봉건세력 , 대중과의 모순이 계속 확대된 결과였으며 시대적으로 요구됐던 저지할 수 없는 흐름이었다 . 이렇게 말하는 것이 맞겠지만 충분하지는 못하다 . 사람들은 역으로 물어볼 수 있다 . 이 문제는 근대 중국에 계속 존재해 왔었고 , 민중의 불만과 항쟁은 계속 되어왔는데 , 언제든 생겨날 수 있었던 현상이 하필이면 이 시기에 왜 그렇게 전국적인 규모로 군중혁명운동이 일어났는가 ? 이 질문에 대답하려면 당시 중국의 사회상황과 역사적인 특징에 대해 분석해야 할 필요가 있다 .

당시 중국인은 두 가지 문제에 직면해 있었다 .

첫째 , 구미 열강들이 1 차 세계대전이 끝난 후 전쟁으로 심각했던 정치 경제적 위기를 점점 극복해 나가면서 상대적으로 안정된 시기에 들어섰다 . 그들은 다시 극동을 주시하기 시작했다 . 1921 년 세계인이 관심 속에서 워싱턴 회의가 개최됐고 구미 열강은 일본의 중국 독점을 저지하고 극동에 그들의 세력을 구축하려고 계획했다 . 회의에서 통과된 구국공약 (九國公約) 으로 중국은 다시 제국주의 몇 개국의 공동 지배 국면에 처했다 . 회의 후 구미 열강들은 중국의 경제와 정치를 더욱 압박했다 . 대량의 외국 상품들도 다시 중국으로 쏟아져 들어오는 동시에 중국에 대한 직접 투자도 빠르게 증가했다. 당시 중국의 국가 주권은 대부분 외국인들이 장악해 민족경제의 힘이 매우 약했다. 이런 상황에서 외국 상품들이 대량으로 쏟아져 들어오고 투자도 급격히 증가하자 중국 민족경제는 자연히 큰 충격을 받을 수밖에 없었다.

외국 회사와의 극심한 경쟁으로 민족산업의 이익액은 공장 건설 수와 투자액보다 더 많이 떨어졌다. 다음의 통계 숫자들에서 당시의 생생한 사회 모습을 짐작해볼 수 있다. 중국민족공업은 세계대전 기간 중과 전쟁 후 초기에는 크게 발전했지만 1924년 이후 서양 열강이 압박해 들어왔고 상황은 점점 어려워졌다. 한동안은 너무나 순조롭게 발전해왔기 때문에 현재 상황과 비교했을 때 지금의 어려움에 대한 그들의 반응은 특히 민감했고 민족상공업자들의 불만은 자연히 커질 수밖에 없었다.

전쟁 후 중국으로 복귀한 구미 열강 세력 중, 특히 영국을 주목할 필요가 있다. 근대에 들어서면서부터 영국 세력은 오랫동안 중국에서 우위를 차지하면서 중국에서 가장 풍요로운 장강(長江) 유역 등의 지역을 장악했다. 1차 세계대전 후 극동에서 독일과 러시아의 세력은 소실됐다. 대영제국의 위상은 큰 폭으로 추락했고, 중국에서의 세력도 상대적으로 약화됐으며 투자의 성장속도로 일본과 많은 차이를 보였다. 영국은 이런 상황이 달갑지 않았다. 그들은 예전으로 돌아가기 위해 1920년대에 지속적으로 수많은 노력을 했다. 정치적으로는 중앙정부를 장악하고 있던 직계군벌을 한동안 지지해 일본이 지지하는 환계(皖系)와 봉계(奉系) 군벌을 대신해 중국에 대한 통제를 강화했다. 지난 몇 년간 <21개조> 반대와 니시하라 차관, 중일 군사협정에서 파리 강화회의의 산동문제까지 민중애국운동의 주요 목표는 모두 일본

제국주의를 반대하는 것이었다. 그러나 1924년 이후 공격의 칼끝은 점점 영국으로 향했다. 5•30운동은 일본 방직공장에서 맞아 죽은 노동자 고정홍(顧正紅)에 대한 항의에서 비롯됐다. 5월 30일에 영국과 일본의 순찰이 상해 남경로에서 시위군중을 총살하자 운동의 칼끝은 영국으로 향했다. 성항(省港, 광주성과 홍콩) 대파업도 마찬가지였다. 북벌이 시작된 후 중국인이 한구, 구강(九江)에서 되찾아온 조계지는 모두 영국의 조계지였고 만현(萬縣)과 남경 학살사건 등도 영국 당국에 의해 일어난 사건이었다. 이 사건은 모두 상술한 배경과 직접적인 관계가 있었다.

둘째, 국내 정치적으로 군벌할거와 군벌혼전이 점점 심해졌다. 국가는 이미 실제로 분열되고 와해되고 있었고 각 성은 횡포를 일삼으며 제멋대로 날뛰는 군벌이 통치하고 있었다. 전국 군인 수는 1916년에는 50만 명을 초과했고 1918년에는 100여만 명, 1924년에는 150여만 명, 1928년 200여만 명이었다. 북경정부의 군비 지출을 보면 1916년에는 1억 은전이었다가 1925년에는 놀랍게도 6억 은전에 이르렀다. 당시의 신문에 의하면 군벌 간의 근거지 쟁탈전과 파괴에 대한 내용을 여러 편에 걸쳐 장황하게 싣고 있다. 인민의 생명과 재산에 대해서도 최소한의 보장도 받지 못했으니 나머지는 더 말할 필요도 없었다.

첫 번째 직봉전쟁 후 직계군벌은 오패부의 계책으로 북경에 옛 국회를 다시 열고 여원홍을 불러들여 다시 대총통으로 추대했다. 그들은 '법의 정통성 회복'이라는 명분을 위해 안복(安福) 국회가 선출한 서세창 총통을 쫓아내고 법리 상실을 근거로 남방 '호법운동'을 와해시켰다. 목적을 달성한 후에는 그들에게 여원홍이 필요하지 않았다. 그들은 단지 여원홍이라는 꼭두각시가 필요했을 뿐이었으므로 그의 처지는 오히려 '부원지쟁' 때보다 더 못했다. 조곤은 스스로 총통되기에 급급했다. 다음 해 6월 그들은 군경과 '공민단 (公民團)'을 소집해 여원홍을 몰아내고 여원홍의 총통관저의 물과 전기도 끊어버렸다. 여원홍은 기차를 타고 북경을 떠나 천진으로 피신하려 했는데, 직례 성장 (省長) 왕승빈 (王承斌)은 군경을 이끌고 양촌 기차역으로 가서 총통 전용차량을 막아서며 강제로 여원홍에게서 총통의 인장을 넘겨받아 국회에 제출할 사직서에 서명하게 했다. 이는 민국 헌정역사상 가장 큰 조롱거리였다.

여원홍이 물러나자, 직례 군벌 수령인 조곤은 뇌물을 뿌리기 시작했고 국회에서 국회중의원 의장 오경렴 (吳景濂)의 주재로 그를 총통으로 선출했다. 전국은 국회의 추문으로 떠들썩했고 이를 '돼지국회'라 불렀다. 사람들은 이런 추악한 일을 너무나도 혐오했고 중국인의 눈에 의회정치는 과거에도 존재했던 사람들을 속이는 세력이었으므로 국회는 국민의 믿음을 완전히 상실하고 말았다.

1923년 10월, 조곤은 북경으로 가서 총통에 취임했고 헌법을 제정했다. 북양정부가 일을 이렇게까지 엉망으로 만들었다는 것은 그들의 마지막이 얼마 남지 않았다는 의미였다. 다음 해 9월, 직례의 강소도독 제섭원 (齊燮元)과 환계에서 남아있던 절강도독 노빙상 (盧冰祥) 간의 강절 (江浙) 전쟁이 발생했고 곧이어 2차 직봉전쟁이 발발했다. 이번 전쟁의 규모는 1차 직봉전쟁보다 훨씬 컸다. 직군 25만 명, 봉군 17만 명이었고, 전투가 주로 벌어졌던 곳은 산해관과 열하 (熱河) 일대였으며 약 2달간 진행된 전쟁에서 직례가 패배했다. 비록 직계의 병력은 봉계보다 많았지만 패배 원인은 오히려 더 많았다. 봉계 군벌은 지난 전쟁에서 패배한 후 동북으로 후퇴하여 일본의 지원으로 군비와 무장을 정비하고 신군을 재편하여 군사력을 크게 키웠다. 직계 군벌은 권력이 정점에 이른 후에 내부 갈등과 분쟁이 첨예화되고 있다가 전쟁이 대치단계에 이르렀을 때 제3로군 총사령관 풍옥상(馮玉祥) 등이 갑자기 아군에게 총을 겨누어 열하전선에서 비밀리에 회군하여 북경을 접수하고 조곤을 감옥에 가두면서 직계 군대의 군심이 크게 어지러워졌고 모든 전선은 붕괴됐다. 그러나 가장 근본적인 문제는 조곤의 뇌물 선거와 오패부의 독단, 무력만 맹신하는 도리에 어긋난 행위들이었고 이런 문제들로 인해 민중의 미움을 받아 고립무원 상태에 빠졌다.

　2차 직봉전쟁이 끝난 뒤 북양군벌은 이미 뿔뿔이 흩어져 걷잡을 수 없는 상태에 이르렀다. 장작림은 봉군을 이끌고 상해관에 입성해 기타 군벌세력에 호소하기 위해 천진에 칩거하는 북양원로 단기서에게 임시 집정관을 맡겨 풍옥상과 세력의 균형을 이루었다. 그 후 얼마 지나지 않아 풍옥상 부대를 서북으로 쫓아내며 북경, 천진, 직례, 산동 등의 지역을 장악했으나 독군을 담당하고 있던 양우정(楊宇霆)과 강등선(姜登選)을 강소와 안휘로 보내 복건과 절강을 불법으로 점거하고 있는 후발 직계 군인 손전방(孫傳芳)을 쫓아내자 손전방은 남경에서 스스로 강소, 절강, 안휘, 강서, 복건의 5개 성의 연합총사령관이라 칭했다. 오패부는 전쟁에서 패해 주력부대를 잃고 다급히 천진에서 수로로 무한까지 후퇴한 후 패잔병들을 모아 호북, 하남에서 직례남부까지 장악했으나 그의 세력은 이미 과거와는 비할 수 없을 만큼 줄어있었다. 북양군벌의 분열로 그들의 세력은 매우 약해졌고 쉬지 않고 서로 싸워 국민혁명군의 북벌성공에 아주 유리한 조건을 제공했다. 이런 전란이 여러 해 동안 계속되자 국민은 군벌을 제거해 나라의 평화와 통일을 실현할 수 있기를 간절히 원하게 됐다.

그러나 이런 객관적인 조건만으로는 부족했다. 전국을 뒤흔들었던 대혁명에는 사람들의 고통과 절망의 산물만이 아닌 사람들을 고취시킬 희망과 신념이 필요했다. 중국공산당은 처음으로 국민 앞에 반(反) 제국주의와 반봉건주의의 정치 주장을 제시했고 국민당과 함께 협력하면서 수많은 사람의 마음을 사로잡았다. 사람들은 광동의 국공합작(國共合作) 근거지와 혁명군대의 조직, 광범위하게 확대되기 시작한 공농운동(工農運動)에서 희망과 힘을 발견했다. 이렇게 결코 피해갈 수 없는 혁명의 소용돌이가 점점 다가오고 있었다.

제2절 국공(國共) 양당의 합작

'열강을 타도하고 군벌을 제거하자'는 절대다수 중국인의 공통된 소망이었다. 그러나 제국주의와 봉건군벌의 세력은 매우 강했기 때문에 소수의 사람이 고군분투하거나 몇몇 세력이 분산되어 각지에서 제각기 전쟁을 일으켜서는 무너뜨리기 어려웠으므로 세력을 연합하고 협력할 필요가 있었다. 이것이 국공 양당이 함께 요구하고 협력을 실현하게 된 근본적인 원인이었다.

공산당은 2·7 대파업이 실패한 후 현실을 정확하게 보기 시작했다. 노동자계급에게 강대한 연합군과 혁명 무력세력이 없다면 민주 권리가 전혀 없는 이 나라에서 아무런 무기도 없이 머리부터 발끝까지 무장한 적들을 제거한다는 것은 불가능했다. 그래서 그들은 협력자를 찾기 시작했고 가장 먼저 눈에 띤 세력은 국민당이었다.

당시 국민당 사정도 그렇게 좋지 않았다. 여러 차례 좌절을 겪고 난 후 세력이 크게 줄었고 내부 구성원의 출신성분도 상당히 복잡해 대중과 심각하게 단절되어 가고 있었다. 그러나 국민당에는 간과할 수 없는 세 가지 장점이 있었다. 첫째, 국민당은 당시 중국 사회에서 상당한 권위를 가지고 있었다. 국민당 우두머리인 손문의 지도로 청나라 정부를 타도하고 공화국 정치체제 구축을 실현했다. 손문은 시종 혁명의 기치를 높이 들고 불굴의 정신으로 대외침략자들과 중국 군벌세력을 반대하는 투쟁을 계속해 왔기 때문에 사람들에게 혁명의 상징이 되어 있었다.

　　둘째, 국민당은 남방에 뿌리깊은 근거지를 가지고 있었다. 손문은 광동에서 3차례 근거지를 세웠다. 진형명이 1922년 6월 배신한 후, 손문을 지지하던 몇몇 군대는 1923년 1월에 진형명을 쫓아내고 광주를 되찾았다. 손문은 광동으로 돌아와 육해군 대원수부를 설립하고 주강삼각주(珠江三角洲)에서 광동성 북부의 소관(韶關)까지 비교적 풍요로운 지역을 장악했고 몇 만의 군대를 거느렸다. 그때 전국에서 이곳만이 당당하게 혁명의 기치를 높이 들고 합법적으로 노동자와 농민운동을 전개할 수 있었고, 공산당도 이곳에서만 공개적으로 활동할 수 있었다.

　　셋째, 민족민주혁명에 충실한 국민당 내의 손문, 요중개(廖仲愷), 등연달(鄧演達) 등이 있었다. 그들의 세계관과 혁명에 대한 인식은 공산당과는 달랐지만 혁명에 대해서는 결연한 태도를 지니고 있었고 공산당과 함께 하기를 원했다. 그들을 통해 상당히 많은 국민당 내의 중립세력을 단결시킬 수 있었다.

　　이것이 바로 공산당과 국민당이 협력한 이유였다. 코민테른도 중요한 역할을 했다. 특히 코민테른 대표 말렌코프는 인도네시아에서 일할 때 민족주의 정당과 협력한 적이 있었고 공산당원에게 개인자격으로 민족주의 정당에 참여하게 한 적도 있었다. 이 역시 무시할 수 없는 부분이었다.

말렌코프는 중국공산당의 제2회 대표대회와 거의 동시에 중국에서 모스크바로 되돌아가 코민테른에 '국민당 내부 작업전개'를 건의했고 코민테른의 동의를 받았다. 1922년 8월 하순, 중국공산당 중앙집행위원회가 항주(杭州) 서호(西湖)에서 개최됐다. 이 회의는 중국공산당의 국공합작문제에 전환적인 의미를 가지는 결정적인 회의였다. 회의는 코민테른의 의견에 따라 손문이 국민당을 재정비한다는 조건 하에서 공산당 당원이 개인의 신분으로 국민당에 가입해 협력을 실행하기로 결정했다.

이번 국공합작의 명분은 '국민혁명'이었다. 진독수는 서호회의 후 20여 일 동안 <향도(向導)>에 <조국론(造國論)>을 발표했다. 그는 이 글에서 다음과 같이 썼다.

중국의 산업이 충분히 발달하지 못했기 때문에 자산계급과 무산계급의 세력이 충분히 강대해지지 못했다.

두 계급만이 연합한 국민혁명의 시기는 이미 무르익었다. 이 사실은 10여 년간의 정치역사와 군벌타도의 요구, 민주정치 건설을 외치는 목소리로 증명되고 있다.

요약해보면 우리가 나라를 만드는(造國) 1단계는 국민군을 조직하고 2단계는 국민혁명으로 국내외의 모든 억압을 제거하며 3단계는 민주적인 통일된 정부를 건설하고 4

단계는 국가 사회주의 개발사업을 채택하는 것이다.

'국민혁명'의 우렁찬 구호는 이렇게 제시됐다. '국민혁명'이라는 단어는 1906 년 손문 등이 기안한 < 중국 동맹회 혁명계획 > 의 내용 중에 나온 적이 있었다.

과거에는 영웅 위주로 혁명이 일어났고 오늘날에는 국민 위주로 혁명을 일으킨다. 소위 국민혁명을 하는 사람은 한 나라의 사람들에 대해 자유, 평등, 박애의 정신을 가지며, 국가혁명을 위한 모든 책임을 져야 하는 상황에서 군정부는 그저 하나의 기관에 불과하다.

여기서 언급한 '국민혁명'은 '영웅혁명'과 상대적인 개념으로 혁명의 원동력과 주체에 중점을 두어 말했고 혁명의 내용과 임무를 말한 것이 아니었으며 이후 16 년간 다시는 이 단어를 거론하지 않았다. 진독수가 < 조국론 > 에서 "국민혁명으로 국내외의 모든 억압을 제거한다."라고 제시한 부분은 "열강을 타도하고 군벌을 제거하자."는 혁명의 임무와 직접적으로 연결돼 새롭고 명확한 정치적 내용을 부여했다. 이때부터 이 구호는 시대를 풍미하며 사람들의 마음에 깊이 자리잡았다.

1923 년 1 월, 코민테른에서 < 중국공산당과 국민당의 관계에 대한 결의 > 를 만들었다. 이는 코민테른이 처음으로 오로지 중국문제만을 가지고 만든 결의였는데 이를 통해 코민테른이 국공관계를 중국문제 중에서 가장 중요한 의미를 가진 과제로 생각한다는 것을 알 수 있

다.

국공관계의 추진에 영향을 미친 두 가지 사건은 모두 코민테른이 이 결의를 하고 난 뒤 한 달 사이에 발생했다. 첫 번째는 사람들을 충격으로 몰아넣은 2•7 참사이다. 비교적 급진적이었던 채화삼(蔡和森)은 "이번 실패는 우리에게 고군분투라는 큰 교훈을 주었다. 당시 정치적으로 조곤과 오패부, 영국제국주의의 통치를 받고 있을 때로 정치적인 억압이 너무 심했기 때문에 제3차 대표대회에서 객관적 이유로든 주관적인 이유로든 모두 국민당에 가입해 정치적인 동맹자의 조건을 갖추려 했다."라고 말했다. 이로 미루어 중국공산당내부에서 이 문제에 대해 장기적인 논쟁을 거친 후 의견 일치를 보았다는 것을 알 수 있다. 또 다른 하나는 손문이 2월 21일 광주로 돌아와 대원수에 취임해 광동혁명 근거지를 재건한 일이다. 근거지 재건으로 국공합작의 중요성이 더욱 명확하게 드러났을 뿐만 아니라 중국공산당이 광주에서 공개적으로 활동할 수 있게 됐다. 중국공산당 제3회 대표대회 개최와 국공합작정책을 정식으로 수립할 시기는 이렇게 무르익어갔다.

1923년 6월, 중국공산당 제3회 전국대표대회가 광주에서 열렸다. 대회에는 전국 420명 당원을 대표하는 30여 명이 참가했다. 이번 대회의 주제는 국공합작 문제였다. 대회에서 <국민운동 및 국민당 문제에 대한 의결안> 등 10여 개의 중요한 문건을 통과시켰다. 의결안에서 "반식민지의 중국은 국민혁명운동을 중심으로 내외의 억압을 제거해야 한다."는 내용을 강조했다. 대회에서 "중국사회의 현재 상황에 따라 세력이 집중되어 있는 당을 국민혁명운동의 본부로 삼아야 하는데, 중국에 현존하는 당 중에서 국민당만이 국민혁명을 할 수 있는 당이다. 노동자계급이 그리 강대하지 않으므로 현재 혁명의 수요에 호응하는 강력한 대중의 공산당을 조직할 수 없다. 따라서 코민테른 집행위원회는 중국공산당이 중국국민당과 협력해야 한다."고 결정했으므로 공산당 당원들은 국민당에 입당해야 했다.

이 중대한 결정은 당의 전국대표 대회에서 결의한 방식으로 확정됐다. 이는 당시 손문과 국민당이 받아들일 수 있는 유일한 협력방식이었다. 이 방안은 국민당의 재정비와 발전에 유리했고 중국공산당도 좁고 작은 범위에서 벗어나 거센 대혁명의 물결 속에서 단련하고 강대해질 수 있었으므로 쌍방에 모두 유리했다.

국공합작은 국민당과 공산당 쌍방의 일이었다. 만일 한쪽에만 필요하고 다른 한쪽은 필요하지 않다거나 한쪽에만 유리하고 다른 한쪽에는 아무 이익이 없다면 이런 합작은 실현되기 어려웠을 것이다. 따라서 손문이 이끄는 국민당이 왜 공산당과 협력해야 했는지 관찰할 필요가 있다.

중화민국이 설립된 후 손문은 공화제도를 수호하기 위해 오랫동안 투쟁했고 호국운동과 호법운동에 잇따라 뛰어들었지만 계속 큰 좌절을 겪었다. 이런 좌절을 겪은 중요한 원인은 다음과 같다. 첫째, 혁명의 대상을 확실히 인식하지 못해 진정한 동지와 단결해 진정한 적을 공격하지 못했다. 둘째, 군중을 광범위하게 동원하지 못했고 특히 하류층의 노동자를 끌어들이지 못해 조직적이고 지속적인 군중운동을 하지 못했다. 셋째, 강력한 당이 없었다. 이러한 좌절로 손문을 고통 속에서도 깊이 있는 생각을 이어나갔다.

그는 오래 전부터 서양의 사회주의 운동에 관심을 가지고 있었다. 10월 혁명이 발생한 후 그는 즉시 공감을 표했다. 1921년 12월 하순, 말렌코프는 중국공산당 제1회 대표대회에 참가한 후, 국민당 요청으로 계림 (桂林) 에서 손문과 3 차례 긴 이야기를 주고받으며 , 러시아의 전시 공산주의에서 신경제정책으로의 전환을 자세히 소개했다 . 당시 통역은 중국 공산당원이었던 장태뢰 (張太雷) 가 맡았다 . 회담 후 손문은 요중개와 왕정위에게 "오늘 말렌코프의 이야기를 듣고 비로소 소비에트 러시아의 공산혁명을 진행한 후 경제적인 어려움을 겪었다는 사실을 알게 됐다 . 따라서 혁명을 할 때 새로운 경제정책을 실시해야 한다 . 이러한 신경제정책은 그 정신과 주장하는 민생주의가 완전히 일치했다 ."라고 말했다 . 그는 말렌코프와의 회담 후 계림의 강연에서 "프랑스와 미국 공화국은 모두 옛날 형식을 취하고 있는 반면에 오늘날의 러시아만이 새로운 형식을 취하고 있다 . 나는 오늘 완전히 새로운 형식의 공화국을 만들 것이다 ."라고 말했다 .

1922 년 6 월 , 코민테른 청년동맹의 대표인 달림 (達林) 이 광주에 도착해 중국공산당 당원 구추백 (瞿秋白) 과 장태뢰를 대동하고 손문과 5, 6 차례 접촉했다 . 손문은 영풍함 (永豊艦) 에서 50 여 일을 보냈다 . 그는 진우인 (陳友仁) 을 청해 광주에 머물고 있는 달림에게 "그동안 나는 중국혁명의 운명에 대해 많은 생각을 했고 과거에 믿었던 모든 것에 실망했다 . 그러나 지금 나는 중국혁명에서 유일한 진정한 동반자는 소비에트 러시아라고 깊이 믿고 있다 . 나는 상해에 가서 계속 투쟁해 나갈 것이다 . 실패한다면 , 소비에트 러시아로 갈 것이다 ."라고 전하게 했다 .

중국공산당 제 2 회 대표대회와 서호회의도 마침 손문이 중산함을 사수하고 있던 시기에 진행됐다 .

손문이 광주에서 상해로 온지 열흘밖에 되지 않았을 때 이대교는 말렌코프와 함께 손문을 만났다 . 그 후 이대교는 손문과 여러 번의 만

남을 통해 '국민당을 부흥시켜 중국을 부흥시키는 문제에 대한 토론'
을 했다. 두 사람은 '지칠 줄 모르고 이야기를 나누느라 끼니조차 잊을
지경'이었다고 한다.

손문은 매우 흥분하여 스스로 이대교를 중국국민당에 가입하도
록 주선했다. 이대교는 손문에게 자신은 공산당 당원이라고 말했다.
손문은 "그건 괜찮네. 자네는 코민테른의 당원으로서의 역할도 하면
서 국민당에 가입해 나를 도와주면 된다네."라고 대답했다.

그 후 진독수, 장태뢰, 채화삼 등 공산당원들이 잇따라 개인적인
신분으로 국민당에 입당했다.

손문은 각종 문제에 대해 이미 여러 번 생각했기 때문에 상해로
돌아온 후 국민당을 재정비할 결심을 했다. 9월 4일, 손문은 상해의
호한민(胡漢民)과 왕정위, 요중개, 진독수 등 53명을 불러서 국민
당의 재정비문제를 논의했다. 논의에 참가한 구성원은 상당히 복잡했
지만 당내에서 손문의 명망이 높았으므로 그가 이미 결정한 사항에 대
해 아무도 이의를 제기하지 않았다. 6일, 손문은 진독수를 포함한 9
명을 국민당 개선계획 기안 작성위원으로 확정했다. 위원회는 한 달
반 만에 국민당의 강령과 총칙의 기안을 작성했다. 반복된 연구과정
을 거쳐 손문은 1923년 정월 초하루에 <중국국민당 선언>을 발표했
다. 그 다음날, 중국국민당 개선대회를 개최하고 당의 강령과 총칙을
공포해 중국국민당의 역사의 새로운 장을 열었다.

1923년 2월, 손문을 지지하던 군대가 진형명을 토벌하고 광주를
회복했으므로 손문은 광동으로 복귀하여 스스로 육해군 대원수가 됐
고 세 번째 토벌로 광동 혁명근거지를 구축했다. 그는 먼저 온 힘을 쏟
아 직접 동강(東江) 전선으로 가서 전투를 지휘해 진형명의 남은 병

력의 반격을 물리쳐야 했으나 국민당의 재정비도 계속 진행했다. 10월, 소련대표 미하일 보로딘(Mikhail Markovich Borodin)이 광주에 도착하자 손문은 그를 중국국민당의 교관으로 초빙했다. 브로딘은 손문을 존중했고 손문의 신임도 얻었다. 그가 도착한 후 국민당 재정비의 속도도 빨라졌다. 10월 19일, 손문은 요중개, 왕정위, 이대교 등 5명을 국민당 재정비위원으로 임명하고 24일, 요중개, 담평산(공산당원) 등 9명을 국민당 임시 중앙집행위원으로 임명해 재정비 준비업무를 맡겼다. 12월 9일, 손문은 광주 본진에서 국민당 당원들에게 연설을 하면서 "우리당의 이번 재정비는 소비에트 러시아를 본보기로 하여 근본적인 혁명의 성공을 도모했다."고 밝혔다.

국민당의 재정비 시기와 조건은 이렇게 무르익어갔다.

제3절 국민당 제1회 전국대표대회로 인한 새로운 국면

중국국민당 제1회 전국대표대회의 개최는 제1차 국공합작이 정식으로 이루어졌다는 상징성을 가진다.

대회는 1924년 1월 20~30일 동안, 손문의 주재로 열렸다. 대회는 중국국민당(국민당의 전신인 흥중회, 중국동맹회, 국민당, 중화혁명당을 포함한)의 30년 역사상 처음으로 개최하는 전국대표대회였다.

대회가 개막된 날 오후, 손문은 중국의 현황과 국민당 재정비문제에 대해 이야기 한 후, 대회 선언문을 낭독했고 회의 심의를 제출했다. 선언문은 브로딘이 기안을 작성해 구추백이 중국어로 번역했고 왕정위가 문장을 다듬었으며 손문이 심의하여 결정했다. 선언문은 손문이 항상 주장해오던 민족주의, 민권주의, 민생주의를 재해석한 것이었다.

선언문에서는 민족주의에 대해 "첫째, 중국민족은 스스로의 힘으로 해방되어야 하고, 둘째, 중국 내 각 민족은 모두 평등하다."라는 두 가지 내용을 제시했다. 민권주의에 대해서는 "근세 각국의 민권제도는 자산계급의 전유물로 평민을 억압하는 도구가 되고 있다. 국민당의 민권주의는 일반평민의 전유물로서 소수자만이 가질 수 있는 사적인 것이 아니다."라고 강조했다. 또한 "이런 민권은 민국의 국민만이 누릴 수 있으며 이런 권리는 국민을 반대하는 사람 즉 '제국주의와 군벌에 충성하는 사람'은 누릴 수 없다."라고 밝혔다. 민생주의에 대해서는 첫째로 지권 (地權) 균등, 둘째는 자본 제한이라는 중요한 두 가지 원칙을 제시했다. 선언문에서 "국민당 삼민주의의 정확한 해석은 상술한 바와 같다."는 한 문장으로 결론지었는데, 즉, 이 이외의 것은 모두 삼민주의의 '정확한 해석'이 아니라는 뜻이다.

국민당의 제1회 대표대회의 개최는 국공합작이 정식으로 실현됐음을 상징했다. 그러나 국민당 내부의 상황은 상당히 복잡했고 손문이 단호하게 추진하고는 있지만 여전히 상당한 수의 사람들이 의심하거나 반대하는 태도를 취하고 있었다. 회의가 거의 끝나갈 때쯤, 당의 규정심의 보고에 대한 토론을 진행할 때 한바탕 분쟁이 발생했다. 광주대표 방서린 (方瑞麟) 은 "국민당의 당원은 다른 당에 가입해서는 안 된다는 명문화된 규정이 있어야 합니다. 당의 규정에 '국민당 당원은 다른 당에 가입해서는 안 된다'라는 내용을 추가하기를 주장합니다."라고 말했다. 그가 발언한 내용은 공산당 당원이 기존의 당적을 보유하면서 개인의 신분으로 국민당에 가입하는 것을 허가해서는 안 된다는 뜻이었다. 그러자 10여 명이 그 제안에 찬성을 표했다.

이대교는 즉시 연단에 올라 다음과 같이 대답했다.

우리는 오늘날 중국이 열강의 반식민지, 즉, 국민당의 총리가 말한 차(次) 식민지인 것을 알고 있습니다. 열강제국주의와 열강에 빌붙어 아첨하는 군벌에게 받고 있는 이중의 억압에서 벗어나고 싶다면 전국민, 즉 전민족의 힘으로 국민혁명운동을 일으키지 않고는 불가능합니다. 우리는 국민혁명의 세력이 분열되고 통일되지 않은 상태로는 국민혁명운동이 불가능하며 그 세력이 약화되면 혁명이 느려질 수밖에 없다는 사실을 확실히 알고 있습니다. 따라서 모든 민족이 힘을 모아 한 당으로 집중되지 않으면 안 됩니다.

국민당에 입당할 때 우리는 먼저 이론에서부터 실제상황까지 세밀하게 연구했습니다. 국민당의 총리이신 손선생께서도 우리가 기존에 가입했던 조직, 즉 코민테른이 중국에 설립한 지부조직의 신분을 유지할 것을 허락했으므로, 우리가 국민당에 참여하면서 고유의 당적을 겸하는 것은 공명정대한 행동이지, 떳떳하지 못한 행동이 아닙니다.

이대교가 발언한 후, 수많은 대표들도 방서린의 주장에 반대하는 발표를 했다. 요중개는 "방선생의 제안에 반대합니다. 가입한 사람들에게 성의를 가지고 혁명을 할 것인가라는 질문만이 필요하지 다른 것은 더 이상 질문할 필요가 없습니다. 이번에 가입한 사람들은 국민

당의 새로운 생명입니다 ."라고 말했다 . 대회의 집행위원장인 호한민
도 방서린의 의견에 반대했다 . 모택동은 "표결에 넘깁시다 ."라고 제
의했고 거수 표결 결과 , 방서린의 제안은 부결됐다 .

대회의 마지막 날 , 중앙집행위원과 감찰위원의 명단이 통과됐
다 . 이 명단은 손문이 직접 친필로 썼다 . 공산당 당원인 이대교 , 담평
산 , 모택동 , 임조함 , 구추백 등 열 명은 중국국민당 제 1 회 중앙 집행
위원회 위원 혹은 후보위원으로 당선됐는데 총수의 약 4 분의 1 을 차
지했다 .

제 1차 국공합작이 실현된 후 손문은 계속 단호한 태도를 취했다 .
요중개 등도 수많은 업무를 추진했다 . 중국공산당은 한마음 한뜻으로
국공합작을 실현하고 , 국민혁명운동을 추진하기 위해 노력했다 . 말
렌코프는 "모든 업무는 국민당에 귀속된다 ."는 구호를 내세웠고 진독
수는 이에 찬성했다 . 브로딘은 공산당은 국민혁명운동에서 '힘든 일'
을 담당해야 한다고 주장했다 . 이런 생각들은 지나치게 순진한 면이
없지 않았지만 공산당의 성의를 보여주었고 이렇게 국공 양당의 협력
은 국민당에게 새로운 생명력을 불어넣었다 .

첫째 , 공산당의 도움으로 국민당에는 비교적 명확한 민족민주혁
명 강령이 생겼고 , 이 강령은 국민당 제 1 회 대표대회 선언문에 구체
적으로 드러났다 . 신해혁명은 역사적으로 큰 공헌을 했지만 , 동시에
명확하고 완전하게 제국주의와 봉건세력의 정치 강령을 반대할 수 없
었다는 약점이 있었다 . 국민당 제 1 회 대표대회는 이러한 면에서 크게
발전했다 . 국민혁명군의 혁명의 잔류부대를 제거한 두 번의 동정 (東
征) 전투와 북양군벌을 반대하는 북벌전쟁은 모두 "열강을 타도하고
군벌을 제거하자 ."는 웅대한 목소리에서 진행됐다 . 이 전투들이 민중

의 큰 사랑을 받고 크게 승리한 이유는 중국의 근대적 정세와 민중의 희망에 부합하는 정치강령이 있었기 때문이었다.

둘째, 광동 노동자운동을 고조시켰다. 국민당을 재정비한 후 노동부와 농민부를 설립했다. 노동부의 부장은 요중개였는데, 그의 업무가 너무 많았기 때문에 노동부의 비서이자 공산당 당원인 풍국파(馮菊坡)가 실제적인 업무를 처리했다. 농민부 부장 임조함과 비서 팽배(彭湃)는 모두 공산당 당원이었다. 국민당 중앙이 설립한 농민운동강습소의 1기 주임은 팽배였고 6기 주임은 모택동이었다. 손문은 농민운동 강습소의 1기 졸업식 연설에서 "경작하는 자가 토지를 소유한다."라는 주장을 공개적으로 내놓았다. 광주혁명정부는 노동자와 농민을 보호하고 지지하는 수많은 정책을 채택했고 광동의 노동자운동은 왕성하게 발전하는 새로운 국면으로 접어들었다. 광동의 노동자운동은 인근의 호남, 강서 등 성(省)의 노동자운동의 발전에 직접적인 영향을 주었다. 이러한 조건이 없었다면 북벌전쟁은 순조롭게 진행되지 못했을 것이다.

셋째, 당의 군대를 훈련시켰다. 손문은 군사업무를 계속 중시했지만 오랫동안 기존의 군대를 이용하려고 생각했고 이 군대는 항상 그의 혁명 주장에 따라 움직일 수 없었으므로 실패를 거듭했다. 코민테른의 대표 말렌코프는 손문과의 회담에서 그에게 "군관학교를 창설하고 혁명군의 기초를 수립하자."라고 건의했고, 국민당은 광주 근처의 황포도(黃埔島)에 육군군관학교를 세우기로 결정했고, 손문이 직접 총리를 맡았다. 처음에는 정잠(程潛)에게 교장을 맡기려 하다가, 소련에 파견되어 시찰한 적이 있는 월군(粤軍) 참모장 장중정(蔣中正, 장개석의 본명)을 교장으로 임명하고, 요중개는 당대표로 임명했으며, 하응흠 (何應欽) 은 총교관으로 임명했고, 소련에서는 홍군장교 갈렌 등을 군사고문으로 파견했다. 이 군사학교의 중요한 특징은 정치교육을 군사훈련과 똑같이 중요시했고 학생의 애국사상과 혁명정신에 중점을 두어 교육을 진행했다는 점이었다. 주은래 (周恩來) 가 이런 면에서 중요한 공헌을 했다. 이런 군대에서의 정치적인 제도는 점점 광주혁명정부의 기타 군대로 확대됐다.

사관학교의 학생은 전국에서 선발됐는데 많은 수가 공산당 조직으로부터 선발됐다. 서향전 (徐向前), 진갱 (陳賡), 좌권 (左權), 허계신 (許繼愼), 장선운 (蔣先云), 선협부 등은 모두 황포사관학교 1기 학생들이었다. 이 기수의 학생 중에서 공산당원과 공산주의 청년단원이 56 명으로 총 학생수의 10 분의 1 을 차지했다. 이후 국민당의 고급장교가 되는 호종남 (胡宗南), 두율명 (杜聿明), 송희렴 (宋希濂), 황유 (黃維), 왕경구 (王敬久), 손원량 (孫元良), 황걸 (黃杰) 등도 이 기수의 학생이었다. 소련에서도 군사교관을 파견하고 100 만 루블은 황포사관학교 설립비용으로, 400 만 루블은 국민당 당군 개편에 필요한 경비로 지불했다. 따라서 황포사관학교는 국공 양당합작의 산물이라 할 수 있다.

넷째, 국민당 조직의 발전이다. 이전에 국민당은 국내 활동범위가 소수지역으로 제한되어 있었다. 국민당은 광동, 상해, 사천, 산동에만 존재했고, 동북, 북경, 천진, 남경, 호북, 호남, 복건 등에는 조직되지 않았으니 더 멀리 떨어진 지역은 말할 필요도 없었다. 수많은 지역에서 공산당의 도움으로 국민당이 조직되기 시작했다. 수많은 성 (省) 과 도시의 당부 (黨部) 책임자는 공산당원이었다. 북경집행부는 이대교가, 호북성 당부는 동용위 (董用威, 동필무 (董必武) 의 본

명) 와 진담추가 , 강소성 당부는 후소구 (侯紹裘) 가 , 하북성 당부는
어방주 (於方舟) 와 이빙성 (李氷聲) 등이 맡았다 . 이 지역의 국민당
조직은 거의가 이들의 노력으로 아무것도 없던 곳에서 무에서 유를 창
조하듯 설립됐다 . 1926 년 5 월 국민당 제 2 회 대표대회가 개최될 무렵
에는 신강 (新疆) 과 운남 , 귀주 등 소수의 성과 자치구 외의 모든 지
역에 국민당 조직이 설립되어 있었다 . 국민당은 사상과 정치에서 뿐만
아니라 조직 발전측면에서도 공산당에게 큰 도움을 받았다 .

이런 조건이 없었다면 국민당은 몇 년이라는 단기간 내에 전국을
통치하는 위치에 올라설 수 없었을 것이다 .

공산당의 입장에서도 국공합작을 실행한 이후 새로운 단계로 도
약할 수 있었다 . 국공합작으로 인해 반제국주의와 반봉건주의의 정치
강령을 발표한 후 국민혁명의 붐을 일으켰다 . 국민혁명은 사람들의 마
음에 더 깊이 파고들었고 기존의 협소한 틀에서 벗어나 더 넓은 사회
정치 무대에 올라 더 큰 규모의 군중투쟁 속에서 스스로를 단련했다 .
남방 각 성에서 노동자 운동을 크게 발전시켜 각지의 농민협회와 노동
자 조합을 잇달아 설립함으로써 , 이후 토지혁명의 폭풍우를 일으키
는 중요한 혁명대중의 기반을 마련했다 . 당의 조직도 크게 확대됐다 .
1923 년 6 월 중국공산당 제 3 회 대표회의 무렵에는 당원의 수가 420
명밖에 되지 않았지만 1925 년 1 월 중국공산당 제 4 회 전국대회 무렵
에는 994 명으로 증가했다 . 대혁명이 절정에 이른 이후 2 년여 동안에
는 6 만 명 가까이 늘어났다 . 뿐만 아니라 수많은 핵심인재도 양성했
다 . 이 모든 것은 약해진 국민당을 발전시킨 대가로 얻어낸 것이 아니
라 국민혁명운동에서 양당이 함께 발전함으로써 얻어낸 결과였다 .

결과적으로 국공 양당의 입장에서 봤을 때 양자 협력으로 모두에

게 이익이 된 것은 너무나 명백한 사실이었다. 누구에게 더 큰 이익이 있는지를 반드시 가려야 한다면 아마 더욱 빠르게 발전한 국민당이지 신생의 공산당은 아닐 것이다.

제 4 절 대혁명이 고조되다

손문은 1924 년 11 월 직계군벌의 통치에 의해 쫓겨난 후 국민회의 개최와 불평등 조의 폐지, 중국의 평화통일을 모색하기 위해 병중임에도 불구하고 북으로 갔다가 그다음 해 3 월 북경에서 세상을 떠났다. 그는 "내가 국민혁명에 힘을 바친 지 어언 40 년, 그 목적은 오로지 중국의 자유와 평등을 구하는 데 있었다. 40 년간의 경험으로 얻은 깨달음은 목적에 도달하려면 반드시 민중을 먼저 일깨워야 하며 평등으로써 세계 민족과 연합하여 공동 분투해야 할 것이다."라고 유언했다. 이 유언은 손문의 평생 경험을 집약한 것이었다. '민중을 일깨워야'한다는 것은 반드시 공산당과 연합해 농민과 노동자를 도와야 한다는 뜻이었다. "평등으로써 세계 민족과 연합하여"라는 말은 러시아와 연합해야 한다는 뜻이었다. 손문이 직접 러시아와 연합하여, 공산당과 연합해 농민과 노동자를 돕는 3 대 정책을 말하지는 않았지만 만년에 그가 실행한 것이 바로 3 대 정책이었다. 손문이 세상을 떠났을 때 그의 나이 겨우 58 세였다. 그가 너무나 일찍 세상을 등지자 전국의 민중은 커다란 슬픔에 빠졌다.

전국적 범위의 대혁명은 1925 년 5 월 상해에서 발발한 5•30 운동에서 시작됐다.

　　당시 , 중공중앙 (중국공산당 중앙의원회의 약칭) 은 상해에 설립되어 있었다 . 중앙위원회는 상해 대학을 지도자를 육성하는 중요기지로 삼았다 . 상해대학교장이자 국민당 원로인 어우임 (於右任) 이 이대교의 소개로 등중하를 알게 되어 학교업무를 맡겼다 . 등중하는 위원회에 의해 교무부장으로 임명되어 학교의 행정업무를 주관했다 . 사회학과장를 맡은 구추백 , 중국문학과장를 맡은 진망도 등은 중국공산당원이었고 국민당 당원도 몇 명 있었다 . 야간학교에서 가장 중시한 과목은 글공부와 산수였다 . 그들은 7 개 지역에 노동자 야간학교를 잇따라 설립했다 . 노동자 야간학교의 추진을 통해 1924 년 말 , 20 여 개의 공장에 잇따라 노동자 동호회 비밀조직을 만들었고 회원은 2,000 여 명에 달했다 . 노동자들의 조직이 생기자 그들의 행동에는 더욱 힘이 실렸고 그들의 공동된 소망을 실현할 수 있었다 . 이 노동자단체의 설립으로 노동자 운동은 새로운 국면을 맞이했다 .

　　5•30 운동의 도화선은 1925 년 5 월 , 일본계 방적공장에서 노동자 고정홍 (顧正紅) 이 총살당한 사건이었다 . 28 일 중공중앙은 상해에서 긴급회의를 열어 현재 상황과 대책에 대해 연구했고 "노동자의 경제투쟁과 현재 크게 확대되고 있는 반제국주의 투쟁을 합쳐 , 노동자투쟁에 반제국주의 성격을 뚜렷이 반영해 모든 반제국주의 세력의 지원을 쟁취한다 ."고 확정했다 . 회의에서 "5 월 30 일 , 조계에서 반제국주의 시위운동을 결성한다 ."는 결정을 내렸다 .

　　5 월 30 일 , 상해학생과 노동자 3,000 여 명이 조계로 가서 몇 개의 팀으로 나누어 연설했고 '제국주의를 타도하자', '상해는 중국인의 상해' 등의 전단을 배포했고 공동조계당국은 100 여 명의 학생을 체포했다 . 이에 분개해 항의 시위하는 민중은 갈수록 늘어나 남경로 (南京

路) 는 인산인해를 이루었다 . 오후 3 시경 , 영국경찰이 무장하지 않는 군중에게 발포명령을 내려 16 명의 학생과 시민들이 죽었고 부상당한 사람은 이보다 더 많았다 . 이 참혹한 사건으로 전국은 들끓었다 . 외국인이 중국 국토에서 제멋대로 수많은 중국인을 도살할 수 있다니 도대체 이게 말이 되는가 ? 이 사건으로 인해 노동자들은 파업했고 학생들은 수업을 거부했으며 상인들도 동맹파업을 감행했다 . 6 월 1 일 , 상해 총 노동조합은 공산당 당원 이립삼 (李立三) 을 위원장으로 선출했다 . 4 일 , 상해 공상학연합회 (工商學聯合會) 가 설립됐다 . 13 일까지 상해에서 파업에 참가한 인원수는 25 만 명에 이르렀다 . 운동은 전국 600 여 개의 도시와 현으로 빠르게 확대됐고 그간 중국인 가슴 깊이 묻혀 있던 반제국주의에 대한 분노의 불길이 갑자기 분출됐다 . 대도시에서 산간벽지에 이르기까지 수많은 민중이 거리로 쏟아져 나와 항의집회를 열고 시위행진을 했다 . 불완전한 통계에 따르면 전국적으로 이 운동에 참여한 사람은 약 1,700 만 명이라고 한다 .

　　광주와 홍콩에서 발생한 성항 (省港) 대파업은 5•30 운동으로 발생한 가장 큰 규모의 시위였다 . 6 월 3 일 , 광주의 각계 민중은 거대한 시위행진을 벌였다 . 19 일부터 홍콩에서는 선원과 전차 , 인쇄공들이 먼저 파업을 선언했다 . 15 일 동안 파업한 노동자는 25 만 명에 달했다 . 노동자들은 기차와 배를 타고 광주로 돌아왔다 . 23 일 , 홍콩의 파업노동자와 광주의 각계 민중 10 만 명은 광주에서 대회를 열고 시위행진을 했다 . 주은래 등 황포사관학교 교수와 학생들 , 사관학교 군사 2,000 명이 맨손으로 시위에 참가했다 . 시위대가 조계 맞은편 기슭의 사면 (沙面) 을 지날 때 조계 내에 매복해 있던 영국군과 경찰이 갑자기 소총과 기관총으로 일제히 사격을 개시했다 . 시위대는 비좁은 도로에 몰려 있어 피하지 못하고 그 자리에서 52 명이 총에 맞아 죽었다. 중상을 입은 사람도 170 여 명에 달했다. 황포사관학교의 학생과 사병 23 명이 희생됐고 다친 사람도 53 명이었다. 주은래 옆에 있던 2 명도 총에 맞아 죽었다. 이 사건이 바로 사기 (沙基) 참사였다.

사기참사가 발생한 후, 광주혁명정부는 즉시 영국과의 경제절교를 선언했고 항구를 봉쇄했다. 광주로 돌아간 홍콩의 노동자와 사면의 파업노동자들은 성항 파업위원회를 설립했다. 성항대파업은 홍콩의 영국 당국에게 거대한 손실을 초래했다. 파업은 16 개월 동안 계속됐고 광주의 모인 10 여만 명의 파업 노동자들은 광주혁명 정부의 중요한 버팀목이 됐다.

5•30 운동은 중국 근대역사에서 중대한 역할을 했다. 이 운동은 2•7 대파업의 실패 후 오랫동안 중국을 감싸고 있던 음울함을 타파하고 뜨거운 혁명 분위기를 형성하기 시작했다. 운남, 광서, 안휘, 복건 등과 같이 과거에 공산당 조직이 존재하지 않았던 수많은 지역에 당이 설립됐다. 중국공산당은 민중투쟁 속에서 스스로를 단련해, 북벌을 위한 중요한 준비를 해나갔다.

5•30 운동이 유리한 형세로 발전해 나가는 상황에서 국공합작은 두 차례의 동정을 통해 동강일대를 불법으로 차지하고 있던 진형명 부대와 광동 남로 (南路) 의 등본은 (鄧本殷) 부대를 제거했고 광주에 주둔하고 있던 전군 (滇軍, 운남성 군벌) 양희민 (楊希閔) 부대와 계군 (桂軍) 유진환 (劉震寰) 부대의 반란을 평정해 광동 혁명의 근거지를 통일했다.

7 월 1 일, 국민 정부가 광주에 설립됐고 왕정위를 주석으로 선출했다. 손문이 북상한 후 대원수의 직무를 대리하던 호한민은 국민 정

부의 외무부장을 맡았다. 군사부장은 월군의 총사령관인 허숭지 (許崇智) 가 맡았고 재무부장은 요중개가 맡았다. 브로딘은 자문전문위원으로 초빙됐다. 광동의 군대는 국민혁명군으로 편입되어 모두 6 개 군으로 개편됐다. 이로써 북양군벌을 토벌하는 북벌전쟁을 위해 확실한 발판이 준비됐다.

제 5 절 장개석의 공산당 척결 (반공활동의 대두)

국민당은 복잡한 구성원으로 구성된 단체로서 좌파와 우파가 모두 국민당에 속해있었다. 손문의 삼민주의를 옹호한 사람도 있고 정치적인 소신이 부족해 무작정 대세를 따라간 사람도 있었다. 기존의 군벌과 정객을 포함한 사람들은 단지 손문에 기대어 자신의 발전을 도모하려고 했으므로 러시아와 연합하고 공산당과 연합해 농민과 노동자를 돕는 것에 찬성하지 않았다. 손문이 살아있을 때 사람들은 이미 여러 차례 반대의 목소리를 냈었다. 그러나 손문의 태도가 너무나 단호했기 때문에 어떠한 세력도 형성할 수 없었다. 손문이 세상을 떠난 후 추로 (鄒魯), 사지 (謝持), 임삼 (林森), 거정 (居正) 등의 중앙 감사위원들은 북경의 서산 (西山) 벽운사 (碧雲寺) 에서 자칭 '중앙집행위원회 제 4 차 전체회의'라는 회의를 열었고, "공산당으로 본 당에 가입한 사람은 모두 본 당에서의 직책을 취소한다."고 불법적인 결정을 내렸는데, 이들을 '서산회의파'라고 불렀다. 그러나 당시에는 일부의 문제였을 뿐, 대세를 바꾸지는 못했다. 여기서 상황을 역전시킨 중요한 역할을 한 인물은 바로 장개석이었다.

당시, 장개석은 황포군관학교 교장 겸 월군 참모장을 맡고 있었다. 국민당 내에서 그의 지위는 그리 높지 않아 세력 기반이 약했다. 국민당 제1회 대표대회가 개최됐을 때 그는 아직 대표가 아니었고, 중앙집행위원으로 뽑히지도 못했다. 그의 지위가 높아진 것은 국공합작으로 설립된 황포사관학교에서 훈련 받고 혁명정신으로 무장된 신식군대가 첫 번째 동정 때 용맹스럽게 싸우며 사람들이 전혀 예상치 못했던 핵심역량을 발휘해 황포사관학교의 명성을 크게 떨쳤을 때였다. 그 후, 그들은 다시 한 번 주력부대로서 광주를 불법적으로 점하고 있던 양희민과 유진환 부대를 해체시켰다. 두 번째 동정 때, 장개석은 동정군 총지휘와 광주 경비사령관을 겸했는데, 그때 그의 나이는 38세가 채 되지 않았다. 이러한 전공으로 그의 지위는 빠르게 높아졌다. 1925년 8월, 요중개가 광주에서 암살당했는데 이는 국민혁명의 커다란 손실이었다. 호한민은 요중개 암살사건에 연류된 혐의를 받고 축출됐다. 장개석은 이 기회를 이용해 국민 정부의 군사부장 겸 월군 총사령관인 허숭지를 내쫓고 허숭지의 부대를 그가 통솔하는 국민혁명군 제1군단의 제3사단으로 편입했다. 이때 그의 휘하에 있던 군대의 전투력은 광동 국민 정부 군대 중에서 가장 강했다.

이때 장개석은 국민당의 좌파세력에 대해 반대하는 마음을 품고 있었다. 그러나 그때 그의 세력 기반이 아직 약해 소련과 중공의 도움이 필요했으므로 공개적인 장소에서는 반공적인 성향을 드러내지 않았고 이와 정반대의 태도를 취했다. 6월 29일, 그는 황포사관학교 국민당원 대회의 연설에서 "우리가 본받아 배우고자 하는 것은 러시아의 혁명당이다. 러시아 공산당의 당원은 아무리 어렵고 고통스러운 일이 있어도 모두 기꺼이 하려고 한다. 다른 사람들은 못하는 일을 그들

은 해낸다. 그들은 오로지 국가와 민중의 행복만을 생각하고 자신만을
위한 행복을 추구하지는 않는다. 그들은 권리를 민중에게 주고 의무는
자신들이 진다. 이상으로 봤을 때 러시아 혁명은 당원들이 한마음 한
뜻으로 당을 위해 투쟁하고 인류를 위해 희생했기 때문에 러시아 혁명
이 빨리 성공할 수 있었다. 바꿔 말하면 진실이라는 단어로 민심을 감
동시키고 적군을 감화시켰기 때문이다. 우리 중국의 당원들과 중국혁
명군도 그들의 이러한 방법에 따라 한다면 한 사람이 1,000명을 감화
시킬 수 있고 1만 명도 감화시킬 수 있다."라고 말했다.

1925년 9월, 장개석은 황포사관학교 특별당부에서의 연설에서
"국민당 당원도 공산당을 반대해서는 안 됩니다. 공산당을 반대하는
것은 총리가 정한 방침과 주장을 배반하는 것입니다. 총리는 지금의
중국에서 철저한 혁명을 주장하는 공산당과 협력하는 것 외에 다른 어
떤 당파와도 협력할 수 없을 것이라고 생각했습니다. 또한 공산당은
진정한 혁명의 동지이며 당원의 수도 국민당에 못지않고 국민당에 가
입하여 국민당을 위해 진보와 발전을 꾀해 본 당의 혁명정신을 촉진했
습니다. 따라서 총리는 이런 큰 결정을 내렸고 여러 사람들의 의견에
흔들리지 않았습니다."라고 했다. 또한 총리는 "국민당 당원이 공산
당을 반대한다면 나는 스스로 공산당에 가입하겠습니다."라고 말한
적이 있다. 그는 왜 그런 말을 했을까? 그 이유는 공산당과 국민당의
혁명 목적이 같기 때문이었다.

장개석은 정치적으로 거듭 이런 분명한 태도를 취하며 진정으로
협력을 원하는 사람처럼 행동했고 황포사관학교와 동정에서 과감한
일처리로 상당한 능력을 보이며 큰 성과를 냈다. 그러므로 소련대표
브로딘과 중공중앙의 몇몇 사람들은 그를 믿을 수 있는 혁명좌파로 보

고 열심히 그를 도왔다. 그러나 장개석은 그의 기반이 공고해지자 갑자기 돌변했다. 장개석의 1926년 3월 상순의 일기를 읽어보면 곰곰이 생각해 볼만한 내용을 발견할 수 있다. "혁명하려는 마음은 모두 신비로운 힘과 감정으로 성공할 수 있고 이성이 할 수 있는 역할은 아주 미약하다. 중국국민혁명이 성공하기 전에 모든 실권이 다른 사람의 수중에 떨어지는 것은 적합하지 않다. 내가 경험하지 못하고 자세히 고려하지 못한 지식으로는 다른 이들의 허수아비가 될 수밖에 없다."

3월 20일, '중산함 사건'이 발생했다. 그는 왜 하필 이때 이런 일을 벌였을까? 바로 지난달에 발생한 두 가지 일 때문이었다. (1) 두 번째 동정과 남정이 2월에 종료되어 광동의 혁명 근거지가 통일됐다. (2) 다른 하나는 광서에서 백숭희(白崇禧)를 파견해 광주국민 정부에 복종한다는 뜻을 전해 2월 24일 국민 정부양광(兩廣, 광동과 광서) 통일 위원회가 설립됐고 계군의 지도자 이종인이 국민혁명군 제7군단장에 취임해 양광의 정세는 안정됐다. 장개석이 병권을 장악하고 후방은 안정됐으므로 더 이상 뒷일을 걱정할 필요가 없게 됐다.

공산당의 입장에서 봤을 때 중산함 사건은 마음의 준비가 전혀 되어 있지 않은 상황에서 발생했다. 이 사건에는 분명한 것이 아무것도 없었다. 양천석(楊天石)은 <중산함 사건의 수수께끼>라는 글에서 사건의 과정을 다음과 같이 묘사했다. 3월 18일 저녁 무렵, 황포 사관학교는 외양(外洋)에서 해적이 배 한 척을 약탈을 했다는 소식을 접했고, 교장 사무실 주임은 관리과에게 광주 주재 사관학교 사무실에 전화를 걸어 순찰함을 보내 보호할 것을 요구했다. 사무실 주임인 구양종(歐陽鍾)은 장개석 명의로 해군국 국장대리 이지룡(李之龍, 공산당 당원)을 찾아가 "교육장의 명령을 받아 교장의 명령을 전달하니 해군국 (海軍局) 은 신속히 군함 두 척을 황포로 보내고 다음 명령을 대기하라고 통지한다 ."라고 했다 . 이지룡은 중산함을 황포로 보냈다 . 사관학교 교육장 등연달 (鄧演達) 은 이 일에 대해서는 전혀 아는 바가 없다고 말했고 마침 광주에서 중산함을 필요로 했기 때문에 배를 회항시켰다 .

사건은 아주 간단했고 자세히 조사하기도 어렵지 않았다 . 그러나 지나치게 의심이 많은 장개석은 그가 배를 움직이라는 명령을 내린 적이 없었기 때문에 왕정위와 공산당이 군함으로 그를 위협하여 강제로 소련의 블라디보스톡으로 보내려는 음모라고 생각했다 . 그는 이 기회를 놓치지 않고 즉시 계엄을 선포하여 이지룡을 체포하고 제 1 군단 각 사단의 당대표를 감시했으며 소련 고문들의 숙소를 포위하고 , 성항 파업노동자규찰대의 무장을 해제했으며 , 주은래를 하루 동안 연금하는 특단의 조치를 취했다 . 장개석은 그 후 , 두 가지 조건을 제시했다 . 하나는 공산당원이 제 1 군단에서 물러나는 것이고 다른 하나는 물러나지 않은 당원은 명단을 제출해야 한다는 것이었다 . 이 사건은 우연히 발생됐지만 장개석은 이 사건을 이용해 불시에 습격하는 방법으로 반대파를 제거하고 대권을 움켜쥐었다 . 이 일에는 더 깊은 배경과 속셈이 있었음이 명백하며 간단히 우연이라고 치부하기 힘든 면이 있었다 . 장개석은 그날 일기에서 "사단장 (즉 , 담연개) 는 이를 대수롭지 않게 여겼고 혁명이 무엇인지도 모르는 서생의 태도를 가졌기 때문에 그 속셈을 전혀 간파하지 못하고 있다 ."라고 썼다 .

그가 득의만만하게 담연개를 서생이라 비웃는 내용에서 이번 조치를 취한 그의 검은 속셈이 드러나 있었다 .

공산당은 갑작스럽게 발생한 사건에 대해 어떤 행동을 취했을까? 공산당 내부에서는 서로 다른 주장을 펼쳤다. 모택동, 주은래, 진연년(陳延年)은 장개석의 행동을 계속 용인하고 모든 것을 양보해서는 안 되며, 즉시 반격해야 한다고 주장했다. 모택동은 "장개석에 대해서는 강경한 태도를 취해야 하며 이번에 우리가 약한 모습을 보이면 장개석은 더 과감하게 행동할 것이고 우리가 강경하게 나가면 그는 움츠러들 것이다."라고 말했다.

주은래는 "국민혁명군의 6개 부대 중, 장개석은 제1부대만을 직접 지휘하고 다른 5개 부대는 그의 명령에 따르지 않고 있으며 기회를 틈타 장개석을 제거하려는 사람도 있다. 제1군단은 공산당의 영향을 많이 받은 황포사관학교 교도단(敎導團)의 기존 구성원들로 이루어져 있으므로 장개석에게 반격할 힘이 충분하다."라고 분석했다.

그러나 전 연맹공산당(볼셰비키) 중앙정치국 사절단을 이끌고 광주로 온 소련의 붉은 군대 총정치부 주임 부브노프와 진독수를 위시한 중공중앙은 반격에 반대했다. 그들은 왜 반대했을까? 여기에도 복잡한 속내가 있었다. 첫째, 당시 코민테른과 중공중앙은 중국 국민혁명은 주로 두 세력에 의지해 진행한다고 생각하는데, 그중 하나는 남방, 즉 광동 혁명근거지이고, 또 다른 하나는 북방, 즉 소련과 중국공산당과 관계를 맺은 풍옥상의 국민군이라고 생각했다. 그러나 이 해 3월, 봉군이 반란을 일으킨 곽송령(郭宋齡) 부대를 격파한 후, 산해관으로 들어와 천진을 점령한 후, 북경을 점령하자 풍옥상 부대는 남구(南口)로 퇴각했다. 이 상황을 지켜보던 공산당은 북방은 이미 틀렸다고 보고 남방 세력을 의지할 수밖에 없다고 생각했고 장개석과의 관계가 틀어지면 남방의 상황도 악화될까 두려워해 한 발 뒤로 물러섰다. 둘째, 과거에 장개석은 표면적으로는 반공행동을 하지 않았다. 중산함 사건은 장개석에게 두 가지 역할을 했다. 그중 하나가 왕정위를 몰아낸 것이었는데, 당시 국민 정부의 주석과 군사위원회의 주석을 맡고 있는 왕정위가 국민당의 일인자였기 때문이었다. 장개석은 왕정위를 완전히 무시하고 계엄을 선포하는 등의 행동을 취했고 왕정위는 자신이 더 이상 버티지 못할 것을 직감하고 프랑스로 망명을 떠났다. 이때부터 국민당의 대권은 장개석의 수중으로 들어갔다. 또 다른 하나는 시험적인 반공활동을 진행하여 제1군단에서 공산당 세력을 제거한 것이다. 이 두 가지 일은 모두 순조롭게 진행됐고 곧 그는 이번 사건이 오해였다고 밝히면서 소련고문의 숙소를 포위했던 군대를 철수했고, 빼앗았던 노동자규찰대의 총기를 돌려주었으며, 중산함 사건에 참여했던 왕백령(王栢齡)과 진조영(陳肇英) 등을 파면하고, 국민 정부에 직접 처분을 요청하는 보고서를 썼다. 소련 대표와 중공중앙은 과거에 장개석이 공산당에 우호적이었고 이번 사건은 오해라고 공식적으로 선언했고 직접 처분을 요청했으므로 그를 다그칠 수 없었다. 셋째, 당시 공산당은 주로 노동자운동과 군대정치 활동을 진행하고 있었고, 엽정독립단(葉挺獨立團)을 제외한 다른 군대는 직접 장악하지 못했으므로 장개석과 사이가 틀어지게 되면 고급장교 중에서 한 사람을 선택해 그의 자리를 대신해야 하는데, 그가 장개석보다 더 나을 거라는 확신도 없었다. 이렇게 이리 저리 생각해보다가 결국에는 한 발 양보하면서 일을 마무리 지었다.

비록 상황이 아주 복잡했지만 사실 이 결정은 완전히 잘못된 것이었다. 상대방이 그토록 강경한 조치를 취했는데도 오히려 화를 누르고 무조건 뒤로 물러서며 상대방 요구를 만족시켰다고 생각하며 일은 마무리 지었다. 결과적으로 공산당이 자신의 약점을 완전히 노출시켰기 때문에 장개석은 더욱더 대담하고 거칠 것 없는 행보를 이어나갔다. 전체적인 세력의 균형이 완전히 무너졌을 때, 그는 상대방이 반격할 여지도 주지 않고 불시에 공격을 감행하게 된다. 이렇게 그들은 값비싼 교훈을 얻었다.

한 달 후에 국민당의 두 번째 제2차 중앙위원회 전체회의에서 장개석은 양당의 관계개선을 빌미로 삼아 국민당 내에서 공산당 당원이 중요 직위를 맡으면 당내 분쟁이 일어나기 쉽다. 그래서 오해를 해소하기 위한 구체 방안이 필요하고 <당무정리 방안>을 제시했다. 주요 내용은 다음의 두 가지이다. 첫째, 성(省)과 시(市) 이상의 당부에서 집행위원을 맡을 수 있는 국민당에 가입한 다른 당의 당원 수는 3분의 1을 초과해서는 안 된다. 둘째, 공산당 당원은 국민당의 중앙부장을 맡을 수 없다. 회의에서 류아자(柳亞子), 하향응(何香凝) 등은 반대표를 던졌다. 그러나 전 연맹공산당(볼셰비키) 중앙정치국은 보름 전에 "국공의 분열문제는 가장 중요한 정치적인 의미를 지닌다고 생각한다. 이런 분열은 절대 동의할 수 없다. 공산당이 국민당에 남아야 한다는 방침을 반드시 실행해야 한다고 생각한다. 소속되어야 한다. 국민당내부에서 국민당 좌파에 양보하여 인원을 재배치해야 한다."라고 결정했다.

보르딘과 중공중앙은 모두 공산당 당원이 국민당 내에서 중요한 직무를 맡으면 국민당 당원과 마찰을 일으키기 쉽고 분열을 일으킬 가능성이 있으므로 이 문제에 대해 공산당이 양보하면 아무런 문제도 없을 거라고 생각했다. 그래서 보르딘은 회의 전에 장개석의 요구에 동의했다. 진독수도 "기꺼이 자산계급의 힘든 일은 도맡아 하겠다. 우리는 권력을 독점하지 않을 것이며 국민당에서도 나가지 않을 것이다."

라는 유명한 말을 남겼다.

결과적으로 담평산은 국민당의 중앙조직부장을 맡지 못했고 장개석이 이를 겸했다. 국민당 중앙 홍보부 부장대리 모택동과, 농민부장 임조함, 중앙비서처 서기 유분(劉芬, 유백수(劉伯垂)라고도 함)도 다시는 이 직무를 맡지 못했다. 그 후, 장개석은 다시 국민혁명군의 총사령관과 국민당 중앙상무위원회 주석이 됐다. 북벌기간 동안, 국민 정부 소속의 민정, 재정의 각 기관은 모두 총사령관의 지휘를 받았다. 전체 남방의 당과 정부, 군의 대권이 모두 장개석의 수중으로 들어갔다. 장개석은 군권과 정권의 중요성을 잘 알고 있었다. 정치적으로 미숙했던 공산당은 단순히 마찰이 발생할 것만 두려워해 무조건 양보하다가 결국에는 정권과 군권을 모두 놓쳐버리고 말았다. "투쟁으로 단결을 하면 단결할 수 있지만 양보로 단결하면 단결할 수 없다."라는 이치는 수차례에 걸쳐 피를 대가로 지불한 후에야 비로소 이해할 수 있었다.

제 6 절 북벌전쟁과 노동자운동의 발전

북양군벌을 반대하는 북벌전쟁은 1926년 여름에 시작됐다.

손문은 생전에 여러 번 광동을 근거지로 북벌을 단행했으나 모두 성공하지 못했다. 그렇다면 이번 북벌은 어떻게 이렇게 순조롭게 진행됐고 또 이렇게 빠르게 국면을 타개할 수 있었을까? 이는 한 사람의 능력에 의해 이루어진 것이 아니라 이렇게 역사가 발전할 수 있었던 사회적 요인 때문이었다. 상술한 내용에서 몇 가지 중요한 요소를 찾아

볼 수 있다.

첫째, 북양군벌은 이미 15년간이나 중국을 통치해 왔지만 시대에 역행하고 권력을 얻기 위해 서로 필사적인 싸움만 벌였지 사람들의 마음을 모으고 중국을 부강하게 만드는 목표와 강령을 제시한 적은 없었다. 민국 초기에는 원세개를 '강력한 인물'로 생각하고 희망을 가졌고 그 후에는 몇몇 사람들이 오패부를 '애국장군'으로 보았지만, 원세개의 왕정복고에서 조곤의 뇌물선거까지 일련의 사건을 겪으면서 그들에 대한 사람들의 의심과 실망은 원한과 증오로 변했다. 해마다 계속된 군벌할거와 군벌전쟁은 백성에게 크나큰 고통을 안겨주었다. 나라와 백성에게 재앙이었던 군벌을 타도하고 평화통일의 실현하는 일은 사회 각층의 공통된 염원이었다. 북벌전쟁이 순조롭게 발전되고 초기에 국민당이 많은 사람들의 지지를 받을 수 있었던 가장 근본원인은 당시의 이러한 사회적인 분위기 때문이었다.

둘째, 북양군벌은 이미 심각하게 분열된 취약한 국면에 빠져있었다. 아무런 능력이 없었던 단기서가 1926년 4월 임시집정에서 강제로 사퇴 당한 후, 북경정부에는 이름뿐인 지도자조차도 없었다. 중심에 지도자가 없으니 각 지역의 분열도 더욱 심해졌다. 군벌이 할거한 지역에서는 몇 번의 분쟁을 통해 주로 장작림과 오패부, 손전방의 무리로 나누어져, 각기 자신의 지역을 점하고 있으면서, 각자 속셈을 가지고 절대 서로를 신뢰하지 않았으므로 누구도 다른 세력의 지배를 받으려 하지 않았고 아무도 상대방을 돌볼 여력이 없었다. 오직 다른 이들이 실수하기를 기다렸다가 기회를 틈타 권력을 손에 넣으려 하고 있었다.

북벌군이 직면한 상대는 오패부로 본시 북양의 정통적인 인물이었지만 그의 주력군은 이미 직봉전쟁에서 두 차례에 걸쳐 해체당한 후에 남아 있는 병력은 20 만여 명 뿐이어서 상술한 무리 중에서 가장 세력이 약했다. 그러나 그 자신은 북벌전쟁이 시작됐을 때 북방에서 장작림과 힘을 합쳐 북경과 천진에서 물러나 남구에 머물고 있는 풍옥상 부대의 국민군을 공격했으므로 북벌군을 대수롭지 않게 생각하고 총력을 들여 대처하지 않았다. 그의 이런 대처로 말미암아 북벌군은 시작부터 순조롭게 진격해 먼저 기선을 제압할 수 있었다.

손전방은 풍요로운 동남오성 (東南五省) 에 자리 잡고 있었고 총병력도 20 만 명이상으로 비교적 강력한 전투력을 가진 야심만만한 사람이었으나 군대가 형성된 지 얼마 되지 않아 서로 다른 수많은 지역의 세력이 각자 딴 생각을 품고 호시탐탐 세력 잡을 기회만 노렸으므로 내부적으로 안정되지 못했다. 손전방은 자신의 상황을 정확하게 판단하지 못하고 세력범위를 확대할 기회는 바로 지금 이라고 생각했다. 그의 병력은 오패부의 동쪽, 즉 광동, 호남과 경계를 접하고 있었지만 북벌군이 오패부의 부대와 전투를 벌일 때 그는 상황을 방관하면서 오패부를 도와주지 않았다.

장작림의 봉계군벌은 상술한 무리 중에서 세력이 가장 강했고 총병력이 36 만 명이 넘었으며 무기도 우수했다. 그러나 그의 군대는 동북과 화북의 북경, 천진, 직례, 산동에 위치해 있어 북벌군과의 사이에 오패부와 손전방의 무리를 두고 있었고 오패부와 손전방은 모두 자신의 근거지를 빼앗길까봐 봉군이 남하하기를 바라지 않았다. 또, 15 년간 산서 (山西) 를 점거하고 있던 지방군벌 염석산 (閻錫山) 은 이를 방관하며 기회를 엿보고 있었다.

이런 사분오열하는 상황은 과거의 원세개, 단기서와 조곤, 오패부가 집권했을 때의 상황과는 완전히 달라, 북벌군이 가장 처음 맞닥뜨린 군대는 오패부의 군사뿐으로, 각개격파하기에 편리했다.

셋째, 남방에서 1차 국공합작과 국민당 재정비한 후, "열강을 타도하고 군벌을 제거하자."는 명분으로 군중운동이 왕성하게 전개되기 시작하자 전국의 진보적 성향의 인사, 특히 진보청년들은 이를 중국혁명의 희망으로 보았고 전국에서 수많은 사람이 광동으로 몰려와 입대했다. 두 번에 걸친 동정과 광서군의 귀순으로 상대적으로 안정된 양광혁명의 근거지가 형성됐다. 그들은 소련으로부터 수많은 병기와 경비를 지원받았는데, 1924~1926년까지 소련에서 보총 1만 5,000점, 탄알 2,000만 발, 그리고 기관총과 대포, 수류탄 등을 운반해 왔다. 이렇게 지원받은 무기들로 광주정부의 세력은 크게 강화됐다.

또한 북양군벌의 통치가 이미 마지막을 향해 달려가고 있었고 남방의 광주국민 정부가 북벌군대를 파견할 실력을 구비하고 있었고 국내 수많은 민중의 지지도 받고 있었다. 이렇게 북벌의 조건이 무르익어 가면서, 북벌을 위한 출병은 이미 기정 사실이 되어갔다.

북벌전쟁은 호남정국의 격변을 계기로 시작됐다.

호남은 '연합성자치(聯合省自治)'를 표방하는 지방군벌 조항척(趙恒惕)이 통제하고 있었다. 그중 실력이 가장 막강한 부하는 상남(湘南)에 주둔하고 5만의 군사를 거느린 제3사단의 사단장 당생지(唐生智)였다. 당생지는 남방과 연합해 1926년 3월 조항척을 밀어내고 장사에서 성장대리의 직무를 맡았다. 조항척을 줄곧 지지해왔던 오패부는 4월, 군대를 호남에서 남쪽으로 파견했고 당생지는 장사에서 쫓겨나 정식으로 광동 혁명정부에 가입해 얼마 지나지 않아 국민혁명군의 제8군단장에 임명되어 북벌군 중로군 전방의 총지휘를 겸

하게 된다. 국민혁명군 제 4 군단 (진명추 (陳銘樞), 장발규 (張發奎))
의 두 사단과 엽정독립단), 제 7 군단 (이종인 부대) 은 잇따라 호남으
로 들어가 당생지와 회합했다. 7 월 9 일, 장개석은 광주에서 국민혁명
군 총사령관에 취임하고 북벌을 맹세한다. 북벌군은 공격을 개시했고
파죽지세로 나아가 11 일 장사를 점령했다. 14 일, 북벌군은 호북을 향
해 진격하기 시작한다.

　　북양군벌은 이번에도 여전히 과거 광동 정부의 몇 차례에 걸친
북벌처럼 월상 (粤湘, 광동과 호남) 변경에서의 규모가 그리 크지 않
는 일진일퇴의 싸움이 될 것이라 생각했다. 이때 오패부는 상황이 심
상치 않음을 알아차리고 급히 유옥춘 (劉玉春) 등 두 개의 사단을 거
느리고 북방에서 호남으로 돌아갔고 호남에서 북쪽으로 철수한 부대
를 한데 모아 월한철도 위에 위치한 요새 정사교 (汀泗橋) 에 방어병
력을 배치했다. 26 일, 쌍방은 치열한 전투를 벌였다. 북벌군은 그 다
음날, 제 4 군단을 주공격부대로 삼아 정사교를 공격했고 엽정독립단
은 승세를 몰아 진격해 함녕 (咸寧) 을 점령했다. 이는 매우 중요한 전
투였다.

　　그 후, 북벌군은 계속 북상했고 하승교 (賀勝橋) 를 점령했다.
과거에는 오패부는 명성이 높았지만 지금은 그렇지 못했다. 유명기자
도국은 (陶菊隱) 은 "이때 오패부의 수하는 모두 오합지졸로 싸울 수
있는지 없는지가 문제가 아니라 싸우고 싶어 하는지 하지 않는지가 문
제였다. 앞날이 암담하니 과거의 상황과는 비교할 수도 없었다."라고
썼다. 정사교를 잃은 당일, "오패부는 각 군에 지원을 청하는 전보를
경한선 (京漢線, 북경에서 한구의 철도선) 으로 보내는 한편, 27 일,
직접 유옥춘의 경비대 여단을 전선으로 인솔해 전투를 지휘했으며 병

영 집행 총사령관인 조영화로 하여금 소총부대를 조직해 각 요충지를 수비하게 했고 후퇴하는 군사가 있다면 목을 베도록 명했는데, 하루 동안 대대장 9명이 참수 당했고 탈영으로 처형된 자는 부지기수였다." 그러나 "원군의 소식은 들려오지 않았고 해군은 때에 맞춰 도착할 수 없었으며 혁명군은 그전보다 더 맹렬하게 공세를 펼쳤다." 오패부의 진영은 이미 아비규환이었다.

오패부는 대세가 이미 기울었다고 생각하고 30 일, 무한으로 후회하기로 결정했다. 그는 유옥춘을 무창성 방위 사령관으로 임명했고 유좌룡(劉佐龍)은 호북 성장 겸 한양(漢陽) 수비 사령관으로 삼았고, 자신은 하남의 정주(鄭州)로 물러났다. 양호(兩湖, 호남과 호북) 전쟁의 승부는 이렇게 결정됐다.

이때 장개석은 스스로 제 1 군단과 제 2 군단, 제 4 군단, 제 7 군단을 지휘해 무창으로 진격했지만 더 이상 앞으로 나가지 못하고 있었다. 당생지 부대와 제 8 군단은 장강을 넘어 한양, 한구를 함락했고 매우 중요한 지역이었던 한양 무기공장도 장악했다. 무창은 유옥춘이 필사적으로 지키다가 10 월 10 일에서야 북벌군에 의해 점령됐다.

손전방은 북벌군이 호북에서 진격해 오자 자신에게 기회가 왔다고 생각했다. 5 개 사단과 8 개 여단의 10 여만 명을 강서에 배치시켰지만 대외적으로는 여전히 방어의 성격만을 띠고 있었다. 장개석은 양호전쟁에서 큰 역할을 하지 못하고 당생지에게 무시를 당했기 때문에 좌절감을 느껴 무창을 버려두고 강서로 발길을 돌렸다. 9 월 5 일, 북벌군은 강서를 공격하기 시작했고 일시에 남창(南昌)을 기습하는데 성공했지만 손전방의 정예군 반격으로 쫓겨나 제 1 군단의 제 1 사단과 제 6 군단은 심각한 손실을 입었다. 장개석은 전투력이 강한 제 4 군단과 제 6 군단을 강서에 배치하고 손전방정예부대의 사홍훈 (謝鴻勛) 사단을 섬멸했다 . 11 월 9 일 , 북벌군은 남창을 점령해 장강 하류로 들어가는 대문을 활짝 열었다 . 북벌군은 광동 복건 경계에 부대를 남겨 두고 동로군의 총지휘관 하응흠의 지휘로 12 월 3 일 , 복주 (福州) 를 되찾았다 .

북벌군이 "열강을 타도하고 군벌을 제거하자 ."를 소리 높여 외치며 북상할 때 , 호남 , 호북 , 강서 등 성 (省) 의 노동자와 농민운동은 북벌군에게 큰 힘이 되어 주었다 .

북벌군의 전방 총사령관 당생지는 1927 년 초 , 이에 대해 "이번 혁명의 성공은 온전히 노동자와 농민들의 힘으로 이룬 것이지 병사들의 힘으로 이룬 것이 아니다 . 우리가 북벌을 진행하고 있을 때 형양(衡陽), 예릉 (醴陵), 월한로 (粤漢路) 에서 노동자와 농민운동의 도움을 받았기 때문에 순조롭게 적들을 무찌를 수 있었다 ."라고 평가했다 .

농민들은 왜 이렇게 열렬하게 북벌전쟁을 지지했을까 ? 《향도》 제 181 기에 실려있던 장사통신 (長沙通信) 에서 이 원인을 4 가지로 분석했다 .

　　(1) 당원들의 홍보효과이다 . 농민들은 북벌군이 노동자와 농민들의 이익을 옹호하므로 북벌군의 승리를 지원해야 이익을 얻을 수 있다는 것을 알고 있었다 .

　　(2) 북병엽군 (北兵葉軍 , 조항척의 옛 부하 엽개흠 (葉開鑫) 의 군대를 가리킨다 .) 에 대한 미움이다 . 북방엽군과 북벌군의 군율를 비교했을 때 농민들은 전자를 더욱 적대시했다 .

(3) 농민협회의 지휘(가장 적은 수는 자동적으로)를 받았다.

(4) 9, 10월 중에 농민들은 총기를 얻어 전쟁에 참가하기를 원했는데 농민들의 무장 요구는 이때부터 이미 시작됐다.

이 네 가지 원인분석은 모두 정확했다. 그리고 또 한 가지 언급해야 할 것은 북벌군이 군벌부대에 빠르고 쉽게 승리했고 농민활동에 대해 열정적으로 격려하고 지지하는 태도를 보이면서 농민들을 격려해 수많은 우려를 불식시켰다는 점이다.

북벌전쟁의 승리가 확대되어 나감에 따라 각지에 농민협회가 설립되어 곳곳에 분산됐던 농민조직들이 결성되기 시작됐다. 호남을 예로 들어보면 1926년 1월까지 모든 성(省)의 75개 현(縣)에 이미 36개의 현 농민협회가 세워졌고 농민협회 기획처는 18개에 달했다. 농민이 조직되기 시작한 후, 상황은 사람들이 예상하지 못했던 속도로 발전했다.

이는 광범위하고 깊이 있는 사회변화였다. 과거 중국농촌에서는 이렇게 거대한 규모의 적극적인 대변화가 일어난 적이 없었다. 이런 변화는 대부분 국민혁명운동을 강력하게 추진하고 있는 상황에서 농민들이 자신의 권익을 주동적으로 쟁취하려 했을 때 발생했다. 운동이 발전하면서 몇몇 극단적인 행동도 나타났다. 당시 중국공산당 상구(湘區) 집행위원회의 위원장을 맡고 있던 이유한(李維漢)은 "농촌혁명이라는 폭풍우 속에서 모두들 멋대로 사람들을 붙잡아 끌고 다녔고 불상과 조상의 위패를 깨뜨리는…… 등등 '좌'에 기울어지는 현상을 피할 수는 없었다. 이런 행동은 사회적인 공감을 잃기 쉽다. 이 외에 소수 북벌군관의 가족을 공격하여 호남농촌과 관련이 있는 호남출신 군관의 불만을 샀다. 이런 일들은 비록 일부에 불과했지만 농촌연합전선을 굳건히 하고 확대하는데 불리했고 최대한 적군을 고립시키고 타격을 주는데도 불리했다."라고 기억했다.

호남농민운동은 왜 이렇게 맹렬히 확대되기 시작했을까? 왜 이렇게 극단적인 행동을 취했을까? 여기에는 심각한 사회적인 원인이 있었다.

이 농촌혁명의 폭풍은 호남농민이 오랫동안 지주인 토호의 괴롭힘과 억압에 시달렸지만 하소연할 곳이 없어 마음속에 모든 증오와 분노를 쌓아놓았다가 특정한 역사적 조건이 갖추어지자 폭발한 것이었다. 이런 깊은 배경이 없었다면 어떤 사람 혹은 정당이라 할지라도 농촌에서 이렇게 거대한 폭풍을 일으키지 못했을 것이다. 운동과정에 나타난 몇몇 잘못에 대해서 굳이 언급하려 하지 않았는데 그것은 이 혁명의 폭풍이 맹렬하게 전개되는 과정에서 나타났고 상당부분은 농민이 극단적인 흥분상태에서 자발적으로 취한 행동이었기 때문이었다.

중국공산당 호남 당 조직은 농민운동을 개시함에 있어서 주도적인 역할을 했다. 그러나 당원의 수가 너무 적었다. 1926 년 10 월, 상구 중국공산당 제 6 차 대표대회에서 "65 개 현 (縣) 에서 농민운동을 진행하고 있는데, 그중 45 개의 현은 우리에게 승산이 있고, 회원은 약 30 만에서 40 만 명에 달합니다. 동지들은 그리 많지 않아 700 명이 채 못 됩니다."라고 발표했다.

중국공산당 호남 구위원회는 1927 년 2 월의 내부 통지에서 "1 월 통계에 따르면 우리의 농민동지 (농민당원을 가리킴) 는 1,700 여 명밖에 되지 않고 호남의 현재 조직된 농민군중은 이미 200 만 명이며 농민협회의라는 명분으로 일어난 1,000(여) 개 현의 사람들이 있습니다 . 이렇게 비교해 본다면 우리 동지는 1,000 명 중에 1 명꼴이니 이를 어떻게 지도를 할 수 있겠는가 ?"라고 썼다 .

이 정도의 세력으로는 농민운동의 발전을 좌우하기는 힘들었다 . 게다가 이들 당원도 이제 막 입당하여 정치적으로 미숙한 새로운 당원이었다 . 당원의 활동은 대부분 1 급 현에 머물러 있었고 시골 깊숙이 파고 들어가지는 못했다 . 농민활동은 거의 자발적으로 생겨났다 .

호남 외에 전체 호북성 농민협회 회원은 11 월까지 20 만 명에 달했고 10 월의 강서의 농민협회회원은 5 만여 명에 달해 농민운동은 모두 크게 발전하기 시작했다 .

도시에서 특히 무한을 점령한 후 , 노동자 운동도 빠르게 일어났다 . 1926 년 10 월 , 호북 전 성의 총 노동조합이 설립되어 80 여 개의 노동조합조직과 10 여만 명의 노동조합 회원을 대표했다 .

1927 년 1 월 , 영국군함에 있던 수병이 북벌의 승리를 축하하고 있던 군중을 향해 총검을 난사해 1 명이 죽고 30 여 명이 부상을 입었다 . 때마침 개최된 호북성 제 1 차 노동조합 대표회의에서 전보를 통해 전국으로 이 사실을 알렸고 한구 (漢口) 의 영국조계를 돌려달라고 요구와 함께 한구에서 각계인민과 30 여 만 시민이 반 영국시위대회와 행진을 벌였다 . 무한정부의 지지로 한구의 영국조계를 되찾은 지 얼마 지나지 않아 구강 (九江) 의 영국조계를 되찾았다 . 2 월 , 무한의 노동조합 회원은 이미 30 만 명에 달했고 노동자 무장 규찰대를 조직하기 시작했다 . 무한 , 장사 , 구강 등 도시의 노동자들은 계속해서 월급인상과 노동시간 축소 , 노동환경개선 , 봉건반대를 요구했고 가장 중요한

투쟁에서 대부분 승리를 거두었다 . 그러나 투쟁과정에서 지나치게 높은 요구와 도를 넘는 행동이 나타났다 .

　　노동자와 농민운동이 크게 발전하면서 군중 속에서 혁명의 영향이 빠르게 확대되어 수많은 열성적인 사람들이 끊임없이 나타나 앞으로의 토지혁명을 위한 중요한 기초를 마련했다 . 5•30 운동만 발발하고 북벌전쟁과 이에 따른 노동자와 농민 운동이 고조되지 않았다면 이를 중국의 대혁명이라 부르기에 부족했을 것이다 . 노동자와 농민운동은 그만큼 크고 깊은 영향을 미쳤다 .

　　모택동은 1928 년의 < 중국의 붉은 정권은 어떻게 존재할 수 있을까 > 에서 "중국의 붉은 정권이 발생하고 오랫동안 존재할 수 있었던 지역은 사천 , 귀주 , 운남 및 북방의 각 성 (省) 과 같은 민주혁명의 영향을 겪지 않았던 지역이 아니라 , 호남 , 광동 , 호북 , 강서 등의 성처럼 , 1926 년과 1927 년에 자산계급 민주혁명의 과정에서 노동자와 농민 병사들이 대대적으로 일어났던 지역이다 . 이런 성 (省) 들의 수많은 지역에서는 수많은 노동협회와 농민협회가 조직됐고 노동자와 농민계급이 지주인 토호계급과 자산계급에 대해 수많은 경제적 정치적 투쟁을 벌였다 . 따라서 광주에 3 일간의 도시민중정권이 생겨났고 해육풍 (海陸豊), 상동 (湘東), 호남성과 강서성의 변경지역 , 호북의 황안 등지에서도 모두 농민의 할거가 일어났다 . 이 시기의 붉은 군대도 민주적인 정치훈련은 받은 노동자와 농민들의 영향을 받은 국민혁명군에서 분화되어 나왔다 . 민주적인 정치훈련을 전혀 받지 않고 노동자와 농민의 영향도 전혀 받지 않은 군대는 염석산과 장작림과 같은 군대였다 . 이때는 붉은 군대를 형성하는 군인을 확실히 분리해 낼 수 없었다 ." 라고 썼다 .

제7절 장개석의 쿠데타를 일으키기 위한 준비

장개석은 모든 대권을 독점하고 어떠한 반대세력도 용인하지 않았으며 임기응변에도 능했다. 그는 자신의 세력이 부족했을 때 인내하면서 한 걸음씩 목표를 향해 나아갔다. 그리고 시기가 무르익었다고 생각되면 즉시 얼굴을 바꾸어 깜짝 놀랄만한 단호한 행동을 취했다.

북벌전쟁에서의 순조로운 승리로 인해 국민혁명군의 총사령관으로서 장개석의 명성과 영향력은 날이 갈수록 커져갔다. 소련과 코민테른은 그를 제국주의와 군벌을 타도할 수 있는 국민당 우파의 주요 세력으로 보고 그와의 관계를 유지하게 위해 노력했다. 9월, 코민테른 극동국과 중공중앙이 상해에서 연석회의를 개최했다. 회의에서 "지금 우리가 장개석에 대해 마땅히 해야 할 정책은 국민당 10월 전체회의에서 좌파와 장개석에게 우리는 그들과 협력을 진정으로 희망한다고 밝히는 것이다."라고 결정했다.

같은 날, 중공중앙은 회의의 결의에 따라 《중앙통지 제17호》를 발송하고 광동이 국민당 좌파로 간주되고 있는 왕정위를 유럽에서 귀국시키는 일에 찬성한다는 논의를 할 때 "왕정위를 맞이하는 일은 결코 장개석을 무너뜨리기 위해서가 아니다. 지금 안팎의 정세를 고려했을 때 이런 정책을 취하는 것은 아주 위험하다. 첫째, 북벌의 상황을 동요시키고, 둘째, 장개석을 이을 군사지도자로 장개석보다 나은 인물을 찾을 수 없다. 우리는 장개석에게 왕정위가 돌아 온 후에도 절대 보복행위를 하지 않을 것이며 당무의 정리방안을 절대 뒤집지 않을 것이라는 확신을 주어야 한다. 만약 장개석이 좌파 정치강령을 집행하고 좌파가 될 수 있다면 우리는 굳이 왕정위의 복귀를 고수하지 않을 것이다."라고 말했다.

당시 국민당 내 수많은 정치 세력들도 장개석에 대해 공산당보다 더 극렬히 불만을 표했다. 장개석은 국민당 지도자 집단 내에서 후진 세력에 속했지만 대권을 장악하자 독단적으로 행동하고 다른 사람들을 무시했다. 이는 국민당 중앙에 대해서도 마찬가지였으므로 자연히 그들의 불만과 분노를 야기시켰고 '당권의 재고와 당권의 집중'이라는 문제가 제기됐다. 그들은 "모든 권력은 당에 속해 있고 현재 당의 첫 번째 모토이며 당의 의지를 나타내고 당의 의지를 집행하는 최고기관은 중앙집행위원회이다. 중앙집행위원회 외에 두 번째 최고 지도기관은 결코 없다."라고 강조했다.

또 북벌을 시작할 때 전선의 총지휘관은 당생지(唐生智)였다. 그의 부대는 상군(湘軍)으로 호남에서 북상할 때 군대가 빠르게 확충됐다. 호북에 진입한 후 장강을 건너 한양(漢陽)을 점령하면서 한양의 무기공장을 차지해 사람과 무기를 모두 손에 넣어 제8군단은 순식간에 3개의 군으로 확대돼 양호(兩湖, 호남성(湖南省)과 호북성(湖北省)의 약칭) 지역도 그의 수중에 들어갔다. 그는 장개석과 아무런 인연이 없었으므로 '장개석은 이기적'이라고 생각했고 '장개석에 대해 불만'을 가지고 있었다.

장개석이 직접 지휘하는 무창 공격이 계속 늦어지자 당생지는 그를 더욱 무시하게 됐다. 장개석은 9월 초, 양호지역에는 발붙이기 힘들었기 때문에 강소와 절강으로 진군하기 위한 길을 열기 위해 작전을 바꾸어 강서로 향했다.

이렇게 복잡하게 뒤섞여 있는 문제들로 인해 이후 영한 (寧漢 , 남경과 무한) 분열이 야기된다 . 한때 장개석을 반대하던 무한정부의 구성원 중에서 , 많은 수는 여러 가지 불만을 품고 있던 국민당 인사들 이었다 .

장개석이 공개적으로 반공 , 영한 (寧漢) 분리활동을 진행한 것 은 필연적인 추세였지만 시기를 잘 선택해야 했다 . 1926 년 11 월 , 그 시기가 찾아왔다 . 그가 강서에 진입할 당시 초기 진행상황은 그리 순 조롭지 못했고 남창도 점령했다가 잃었다 . 손전방은 사나운 장강 하 류에 이미 여러 해 동안 자리잡고 있었고 군량도 풍부했고 무기도 충 분했으며 그 실력도 오패부와 비교했을 때 더 나았으면 나았지 못하지 않았으므로 북벌군이 손전방과 싸워 이길 수 있을지는 확신할 수 없었 다 . 장개석은 이런 상황에서 함부로 공개적으로 분리활동을 시작할 수 없었다 . 두 달간의 힘겨운 전투를 통해 11 월 , 북벌군은 결국 남창을 점령했다 . 이때 장개석은 강서를 차지했고 이렇게 동남 반쪽 승패는 이미 결정됐다 . 그의 태도는 점점 강경해지기 시작했다 . 과거 , 그는 국민 정부와 국민당중앙당을 광주에서 무한으로 옮길 것을 주장했다 . 1 차 구성원과 국민 정부부장 진우인 (陳友仁), 손과 (孫科), 서겸 (徐 謙), 송자문 (宋子文), 소련고문 보르딘 등은 이미 무한에 가 있었다 . 이때 장개석은 자신이 무한을 통제할 수 없었으므로 무한으로 천도가 자신에게 불리하다고 생각했고 이에 태도를 바꾸어 천도를 반대했다 . 2 차로 옮겨갈 장정강 (張靜江), 담연개 등이 12 월에 광주에서 남창을 거쳐 무한으로 향할 때 , 장개석은 1927 년 1 월 3 일 , 중앙정치회의를 열어 중앙당부와 국민 정부가 잠시 남창에 머무른다는 내용의 공고문 를 발표했고 그 후 3 월초에 비로소 공고문을 발송했다 . 이로써 무한과 남창의 관계는 긴장되기 시작했고 두 개의 정부가 공존하는 상황이 만들어졌다.

이때 일본은 장개석을 끌어들이려고 애쓰고 있었다. 그들의 태도는 영국, 미국과는 달랐다. 영국, 미국은 장강유역에 큰 권익을 가지고 있어 국민혁명군에게 두려움을 가지고 있었고 무력으로 대처하려는 경향이 있었다. 북벌군이 호북에 진입한지 얼마 지나지 않아 영국 군함은 이를 빌미로 장강 상류에 있는 사천의 만현(萬縣)에 맹렬히 대포를 쏘았고 중국의 군인과 민간인 1,000여 명이 사망했다. 장강에 정박한 외국 군함도 63척까지 늘어났다. 상해 조계 내에 집결한 영국 등 군대도 2만 명까지 늘려 노골적으로 무력적인 위협을 가했다.

일본은 내부 분열을 조장했다. "시데하라 기쥬로(幣原喜重郞) 외상이 무한(외무성)에 파견한 조약국장(条約局長) 사브리 사다오(佐分利貞男)의 보고에 의해 혁명군 내부에 장개석파와 공산파가 첨예하게 대립하고 있다는 사실을 알게 됐다. 그가 생각해낸 방안은 반공산주의자인 장개석을 끌어들여 장개석으로 하여금 공산파를 억압하여 국민혁명을 통일하게 한다. 따라서 시데하라는 영국의 강경한 태도를 제지하고 장개석이 궁지로 몰리지 않도록 기한통첩 발송에 반대했다." 장개석은 이때 마침 "외부세력의 지지를 구하고 있었으므로 일본은 이를 이용했다. 1927년 1월, 장개석은 일본의 정세에 통달하고 사적인 친분이 있었던 황부(黃郛)와 대전현(戴傳賢)에게 각각 임무를 맡겼다. 황부는 장개석을 대신해 한구의 일본총영사관에 피차간의 충돌을 피하기를 희망한다는 뜻을 전했고, 대전현은 동경에 한 달간 머물면서 외무성 관원과 수차례의 만남을 가졌는데 그가 맡은 사명이 아주 중요한 것 같다."

1월 말, 일본 측에서 구강(九江) 일본영사관의 영사 에도센타로(江戸千太郎)를 파견해 고령(牯嶺)에 가서 장개석을 만나도록 했다. 장개석은 불평등조약을 취소할 생각이 없을 뿐 아니라 기존의 조약을 되도록 존중하려 한다고 분명히 말했다. 게다가 외국의 차관을 인정하고 기한 내에 상환하기로 약속했다. 외국인이 투자한 기업은 충분한 보호를 받을 것을 책임지기로 약속했다. 2월 초, 일본군 부대가 파견한 스즈키 데이이치(鈴木貞一)는 구강에 가서 장개석을 만났다. 장개석은 그에게 "나는 남경에 가서 태도를 분명히 할 것이니 두고 보시오!"라고 말했다. 일본당국은 이를 두고 장개석은 "과격파처럼 말하지만 행동은 온건파 같다."고 판단했다. 제국주의 열강은 장개석을 "장강 이남지역을 공산당의 손에 들어가지 않게 지킬 수 있는 유일한 세력"으로 보았고, 이렇게 장개석은 외국 열강의 지지를 받게 됐다. 이런 지지가 없었다면 그는 이처럼 빨리 중국공산당과 무한과의 관계를 끝장낼 결정을 하지 못했을 것이다.

이때 장개석과 관계가 있는 한 무리의 북방관료들이 함께 남하했다. 그중 가장 중요한 사람은 장개석의 결의형제이자 북양정부의 국무총리를 지냈던 황부(응백(膺白)이라고도 함)였다. 그는 장개석을 위해 여러 면에서 수많은 관계를 구축했다. 외교적인 면에서는 그와 잘 알고 지내던 사브리 사다오와 여러 차례 담화를 진행했고 스즈키 데이이치와 장개석과의 만남도 그가 주선했다. 군사적인 면에서 그는 장개석에게 북방에서는 풍옥상, 염석산과 협력하여 중심세력을 구축하라고 건의했다. 그리고 그는 개인적으로 풍옥상, 염석산 두 사람과 친분이 있다. 재정적인 면에서는 그가 남하할 때 상해에서 중국은행총재인 장공권(張公權)과 만남을 가져 장개석에게 100만 은전을 빌려주기로 한 약속까지 했다. 이는 상해 금융계가 장개석을 지지하고 있다는 사실을 말해준다.

장개석의 기존의 직례군대는 황포군사학교 교도관만을 기반으로 발전시킨 국민혁명군 제 1 군단이었는데 그중 좌파가 아직 상당한 세력을 가지고 있었다. 이때 북양군벌부대, 특히 지방군벌이 장개석의 휘하로 들어와 장개석의 세력은 날로 커져갔다. 호남 조항척 (趙恒惕) 의 제 1 사단 하요조 (賀耀組) 와 제 3 사단의 엽개흠 (葉開鑫) 부대가 장개석의 휘하로 들어왔다. 하요조 (賀耀祖) 부대는 제 40 군단으로 편성되어 남경에 주둔하는 주요부대가 됐고 엽개신의 부대는 제 4 군단에 편성됐다. 절강 주봉기 (周鳳岐) 부대는 장개석의 휘하로 들어온 후, 제 26 군으로 편성됐다가 상해의 4·12 쿠데타에서 대학살의 임무를 도맡았다. 절강의 진의 (陳議) 부대는 제 19 군단으로 편성됐다. 북벌군의 조직구성원은 이미 크게 변화했고 장개석이 지휘하는 부대의 대부분은 이미 그에게 투항한 기존의 군벌부대원이었다.

진성 (陳誠) 은 회고록에서 "영호 (寧滬, 남경과 상해) 를 평정하고 있을 때 사회적으로 널리 퍼졌던 '군사북벌, 정치남벌'이라는 유언비어가 정말 일고의 가치도 없는 중상모략이었을까?"라고 기록했다.

연합전선은 이미 언제든지 무너질 수 있는 심각한 위기에 직면해 있었다. 중국공산당은 1926 년 12 월에 중앙특별회의를 열었는데 주로 국민당 문제, 특히 강서전쟁에서 승리한 후 국민당과의 관계에 생긴 많은 변화에 대해 토론했다. 회의에서 진독수가 작성한 정치보고서에 따라 결의된 내용은 "각종 위험 중에서 가장 중요하고 심각한 위험은 민중운동의 발기가 날이 갈수록 점차 좌파성향을 보이고 동시에 군사정권은 민중운동 발기에 대해 두려워하여 점점 우파성향을 보인다는 사실이다. 이런 좌우파 경향이 지속된다면 날이 갈수록 그 격차가 벌어져 연합전선이 무너지게 될 것이고 그 위기는 전체 국민혁명운동에 영향을 미치게 된다."이었다.

실제로 이런 결의는 '군사정권'의 '우파성향'을 제지하는 데는 아무런 영향을 미치지 못했고 실제적인 대응책도 없는 상황에서 단지 힘을 다해 '민중운동'의 '좌파성향'을 저지했는데 '군사정권'의 '두려움'을 야기시키지 않기 위해서 단순히 농민운동을 저지할 수밖에 없었다. 그러나 '군사정권'의 '우파성향'은 전혀 저지하지 못했다. 장개석은 이미 반공 (反共), 영한 (寧漢) 분리를 하기로 결심했다.

제 8 절 4·12 반공쿠데타와 영한 (寧漢) 분열

장개석은 모든 준비를 끝내고 이미 결심까지 한 상태였다. 사실 당시 그의 세력은 충분히 강하지 못했고 안정되지도 못했다. 북벌을 시작할 때 국민혁명군 8 개 군단 중에서 제 2, 3, 6, 8 군단과 제 4 군단의 절반이 무한 (武漢) 정부의 명령을 따랐고 제 4 군단의 나머지 절반과 제 5 군단은 광동에 있었으며 기존의 북벌군 중에서 직접 장개석의 명령을 따르는 부대는 그가 지휘하던 제 1, 7 군단 밖에 없었는데 , 이 두 군대 사이에도 수많은 문제가 있었다. 장개석은 쿠데타의 성공에 대해 완전히 자신할 수 없었지만 도박을 하듯이 승부수를 던졌고 결정적인 때가 왔을 때 가차 없이 손을 써서 유리한 고지를 차지했다.

강서를 평정한 후 , 장개석은 강절 (江浙 , 강소성 (江蘇省) 과 절강성 (浙江省) 의 약칭) 지역을 주시했다. 이 곳은 중국경제에서 가장 발달된 풍요로운 지역이었다. 장개석은 이 지역 자산가들과 비밀 결사세력과 줄곧 관계를 유지하고 있었다. 그는 이 지역을 장악하기만 하면 단호하게 행동을 취할 수 있다고 생각했다. 그는 군대를 강서와 복건의 두 갈래 길로 나누어 절강에 진입한 후, 절강군의 진의 (陳儀) 와 주봉길을 자신의 휘하로 거두었고 1927 년 2 월 절강성의 항주 (杭州) 를 점령했다. 절강의 장악으로 장개석은 시기가 도래했다고 확신했다. 21 일 그는 무창본부의 연설에서 "중정 (中正, 장개석의 본명) 은 공산당을 반대하지 않습니다. 중정은 계속 공산당을 지지해왔습니다 !"라고 하다가 갑자기 말을 바꾸며 "지금의 공산당원들은 실제적으로 국민당 당원에 대해서 수많은 압력을 가하며 오만한 태도를 보이고 있으며 국민당 당원을 배척하는 경향이 있어 국민당 당원들이 이를 견디기 어려워합니다. 따라서 나는 예전처럼 공산당 당원을 우대해줄 수 없습니다. 나는 중국혁명의 지도자이자 국민당의 지도자입니다. 공산당은 중국혁명세력의 일부에 지나지 않으므로 공산당 당원이 잘못한 행동을 하고 오만한 행동을 한다면 나는 간섭하고 제재할 책임과 권한이 있습니다 !"라고 했다. 이것은 그가 행동을 개시할 것이라는 명백한 신호였다.

　　3 월 4 일, 손전방부대의 안휘 (安徽) 성장 진조원 (陳調元) 과 무호 (蕪湖) 의 진수사 (鎭守史) 인 왕보 (王普) 는 북벌군에 항복했음을 공개적으로 선포하게 했고 이렇게 안휘는 북벌군의 수중으로 떨어져 남경으로 향하는 문이 열렸다. 그러자 장개석은 더욱 대담해졌다. 6 일, 그는 공개적으로 농민혁명세력을 진압했고 현지 주둔군에게 강서성의 총 노동조합 위원장과 감주 (贛州) 의 총 노동조합 위원장, 공산당원 진찬현 (陳贊賢) 을 살해하도록 지시했다. 10 일, 국민당 제

2 회 중앙위원회 제 3 차 전체회의가 담연개의 주재로 무한에서 열렸다. 수많은 국민당 요인들이 장개석의 독재에 대해 불만을 품고 있었으므로 전체회의에서 기존에 장개석이 주석을 맡고 있던 국민당 상무위원회와 군사위원회를 주석단제 (主席團制) 로 바꾸고 주석을 폐지하기로 했다. 전체회의에서 통과된 < 전체당원 훈령에 대해 > 에서 "모든 정치, 군사, 외교, 재정 등의 대권은 모두 당에 집중된다고 결정한다."라고 강조했으나 이런 공염불은 장개석의 행동을 조금도 구속하지 못했고 장개석의 공개적인 쿠데타는 단지 시간문제일 뿐이었다.

손전방은 강서에서 패배한 후, 스스로 북벌군에 대항할 힘이 남아 있지 않다는 것을 깨닫고 은밀히 북쪽으로 가서 장작림에게 도움을 구걸했다. 이때 장작림은 이미 북양군벌에서 유일하게 강대한 세력을 구축하고 있었고 1926 년 12 월, 스스로 안국군 (安國軍) 총사령관이 되어 손전방과 장종창 (張宗昌) 을 부사령관으로 삼았다. 그는 장학량과 한린춘 (韓麟春) 에게 부대를 인솔해 하남으로 남하하여 오패부를 쫓아내게 했고 장종창의 직노 (直魯, 직례와 산동) 연합군을 남경과 상해 일대에 파견하여 손전방을 대신해 방어임무를 맡게 했다. 상해에서는 학생과 파업노동자들이 거리에서 전단을 뿌렸고 체포되면 그 자리에서 목이 잘리고 총살당했다. 파업지도자들이 외국 순찰에 의해 체포되면 중국지구에 넘겨져 처결됐다. 조계와 중국지구처럼 경찰병력이 행인과 상점을 수색했고, 거리에 두려운 분위기가 조성되면서 수많은 가게들, 특히 갑북 (匣北) 과 남시 (南市) 의 상점은 모두 영업을 정지했다. 대도 (大刀) 부대는 희생자의 머리를 자른 후, 죽은 사람의 머리를 전봇대 위에 걸어 대중에게 보여주거나 큰 쟁반 위에 놓고 거리를 돌아다녔다. 이런 처참한 광경은 주위가 훤히 뚫린 시끌

벅적한 거리에서 진행됐고 가장 두려운 장면이 연출됐다. 희생자들은 형식적인 판결의 절차도 거치지 못했다. 처형은 사람이 가장 몰려있는 곳에서 진행됐다.

상해 노동자들이 일으킨 두 번의 무장봉기는 모두 조건이 아직 완비되지 않았고 준비도 부족했기 때문에 실패했다. 1927 년 3 월 21 일, 북벌군이 절강에서 상해 남교 (南郊) 의 용화 (龍華) 로 진격했을 때 진독수, 나역농 (羅亦農), 주은래, 조세염 등이 조직한 특별위원회의 지도하에 80 만 상해 노동자 총파업을 일으켰고 곧이어 무장봉기에 돌입했다. 행동에 참가한 5,000 여 명의 노동규찰대의 총지휘는 주은래가 맡았고 30 여 시간의 전투를 거쳐 상해에 주둔하고 있던 북양군벌을 격파했고 3,000 여 점의 총기를 빼앗았으며 상해의 조계 이외 지역을 점령했다.

노동자들이 봉기를 일으켰을 때 이미 상해 남교의 용화에 와 있었던 북벌군은 전투가 끝나기를 기다렸다가 동로군 (東路軍) 전방사령관 백숭희 (白崇禧) 가 병사를 거느리고 상해로 진입해 중요한 군사적 가치가 있는 강남 병기공장을 빼앗았다. 24 일, 정잠 (程潛) 이 지휘하는 강우군 (江右軍, 제 2 군단과 제 6 군단) 이 안휘의 동쪽에서 진격해 들어와 남경을 점령했다. 26 일, 장개석은 안휘에서 군함을 타고 남경을 지나갔는데, 상륙하지 않고 정잠과 몇 마디 말을 나누고는 상해로 돌아왔다.

그날, 진독수는 상해 지역위원회 회의에서 "지금 제국주의와 신군벌이 이미 공격하고 있다. 중앙위원회와 지역위원회는 이미 방어를 준비하기로 결정했다."라고 말했다. 그날 저녁, 상해 지역위원회회의에서 한 사람이 "장개석은 다른 의도를 가지고 있을 것이다. 우리는 이를 확실히 파악해야 한다. 중요한 것은 노동자와 규찰대 문제인데 이번에 노동자들이 많은 피를 흘리면서 희생해 쟁취한 수많은 총기들은 자신의 해방을 위해 쓰일 것이다. 상해 노동자들이 무장함으로써 상해 노동자들의 정치적 지위와 모든 행동을 보장받게 됐고 CP(즉 공산당)도 이에 따라 힘을 가지게 됐다. 무장해제가 된다면 노동자들은 다시 과거의 암울한 시기로 돌아가게 될 것이다. 따라서 노동자의 무장을 유지하는 것이 현재 가장 중요한 문제다."고 말했다. 그들은 이미 어느 정도 문제점을 파악하고 있지만 경험이 부족한 공산당 당원들은 여전히 어떻게 노동자의 무장을 유지해야 하는지를 잘 모르고 있었다. 28일, 상해 지역위원회 서기 나역농은 진독수의 편지를 받았는데 그 내용은 대체적으로 다음과 같았다. "현재 우리는 표면적으로 장개석과 장학량에 대한 반대를 최소화하면서 실제적으로는 무장조직을 준비해야 한다. 규찰대를 유지하기 위해 힘써야 하고 정치에 대해 말을 아껴야 한다. 장개석이 우리에게 요구하는 거의 모든 문제에 대해 동의할 수 있지만 그에게도 적극적으로 영국에 반대해야 한다는 사실을 확실히 해야 한다."

이는 분명히 코민테른의 의견이었다. 중요한 시기에 이러한 동요하면서 한발 뒤로 물러서는 태도를 취함으로써 후일 심각한 결과를 초래하게 된다.

장개석이 상해에 도착해 가장 중요하게 여긴 것은 역시 노동자규찰대의 무장문제였다. 노동자규찰대는 모두 2,700명으로 갑북, 남시, 오송(吳淞), 포동(浦東)의 4지역에 나누어 주둔하고 있었다. 상해 총 노동조합이 4월 15일일 작성한 자료에는 장개석이 처음에 상해에 도착했을 때 제국주의자들은 장개석에게 바로 상해 노동자의 행동을 진압할 수 있는지를 물었고 장개석은 이를 반대하는 어떠한 말도 하지 않았을 뿐만 아니라 도리어 외국인의 말을 구실로 삼아 상해 총 노동 조합 규찰대의 무장을 해제해 외국인의 오해를 풀어야 한다고 말했다. 그 후, 다시 규찰대를 지휘부대로 배치해야 한다고 요구했고 총 노동 조합은 규찰대가 군대와는 성격이 완전히 다른 노동자 자위조직이라고 설명했다. 장개석은 아무 말도 하지 않았지만 노동자의 무장에 대해 계속 회의적인 태도를 취했다.

장개석은 임기응변의 계략에 능했다. 그는 쿠데타 준비가 완료되기 전에는 경솔하게 자신의 진정한 의도를 드러내지 않고 상해 노동자들에게 여전히 관대하고 우호적인 태도를 보였다. 당시, 북벌군은 상해에서 먼저 장개석의 직계인 유치(劉峙)가 거느리는 제1군단의 제2사단을 뒤에 개편된 주봉기(周鳳岐)의 제26군단에 배치했다. 제26군단 정치부는 대학살을 시작하기 전 10여 일 동안 발표했던 공고문의 첫머리에 "친애하는 노동자 여러분, 우리 혁명군인은 여러분이 우리를 도와 함께 직노군벌을 물리쳐 주었기 때문에 여러분과 이곳에서 혁명군인 축제를 열려고 합니다. 우리는 진심으로 여러분께 감사의 마음을 가지고 있으며 여러분이 혁명의 새로운 활력소라고 믿고 있습니다. 또한 노동자 여러분이 무장하여 우리와 함께 모든 반혁명파를 숙청하고 국내의 봉건군벌과 국제자본제국주의를 타도하기를 바랍니다."라는 내용이 있었다.

유치(劉峙)도 연설에서 "우리는 항상 민중의 이익을 위해 싸운다고 말했는데, 민중의 대다수는 당연히 농민과 노동자입니다. 비록 듣기 좋은 구호를 제시한 적은 없지만 실제로 우리는 곳곳에서 농민협회를 돕고 노동조합을 보호하여 농민과 노동자계급을 위해 많은 일을 했습니다. 반동파의 유언비어는 가소롭기 그지없습니다."라고 말했다.

이런 모습은 공산당과 상해노동자들의 경각심을 늦추는 역할을 했고 잔인한 대학살이 곧 자행될 것이라고는 아무도 생각하지 못했다.

장개석의 쿠데타에 대한 준비에 박차를 가하고 있을 때 그는 상해에서 모든 준비를 끝낸 후 자신의 명령에 완전히 복종하지 않는 제2, 6의 두 부대를 모두 남경에서 철수시키고 강을 건너 북쪽으로 보내는 기한부 명령을 내렸다. 9일, 오치휘(吳稚暉), 장정강(張靜江), 채원배 등 8명은 국민당 중앙 감찰위원의 명의로 반공산당의 "당을 구하고 국가를 보호한다."는 내용의 전보를 발표했다. 같은 날, 장개석은 급히 남경으로 가서 전쟁계엄조건 12개 조를 반포했고 집회와 파업, 시위를 엄격히 금지했으며 백숭희, 주봉기를 상해 계엄사령부의 정부(正副) 사령관으로 임명했다. 11일, 상해 총 노동조합위원장 왕수화(汪壽華)가 결사조직의 두목인 두월생(杜月笙)과 장소림(張嘯林) 등에 의해 죽임을 당했다. 사방에서 '폭풍전야'의 스산한 광경이 연출되고 있었다.

4월 11일 밤부터 12일 새벽까지 장개석은 마침내 상해 노동자규찰대에 손을 쓰기 시작했다. 그들이 선택한 방법은 너무나 비열했다. 먼저 황금영(黃金榮)과 두월생, 장소림의 불량배 패거리들 팔에 '공(工)'이라는 글자가 쓰인 흰 천을 두르게 하고 손에는 모제르총 등을 들고 다니며 조계에서부터 상해 총 노동조합회의소와 노동자규찰대 총지휘처 등을 향해 총을 쏘자 노동자규찰대는 즉시 반격에 들어갔다. 이때 제26군단의 부대가 도착해 먼저 공격해 오던 불량배들을 완전히 무장해제 시키고 몇몇은 밧줄로 결박했다. 이 상황을 지켜본 노동자규찰대는 의심을 거두며 문을 열어 제26군단을 들어오게 했다. 그런데 누가 상상이나 했겠는가 ? 군대를 이끌던 장교들은 문에 들어서자마자 갑자기 태도를 바꾸어 불량배들의 총기를 이미 몰수했으니 규찰대의 총기도 내놓아야 한다고 말했다 . 이때 기관총을 이미 받침대에 올려 놓은 상태였으므로 너무 갑작스러운 상황에 미처 방어를 할 수 없었던 노동자규찰대는 강제로 무장해제 당하고 말았다 . 다른 곳의 상황도 이 와 다르지 않았다 .

12 일 새벽부터 각 공장 노동자들은 규찰대가 무장해제 당했다는 소식을 듣고 집회를 열고 항의하기 시작했다 . 13 일 오후 , 갑북의 청운 로 (青雲路) 광장에서 10 만 명이 참가한 군중대회가 열렸다 . 대회가 끝난 후 대오를 정렬하고 보산로 (寶山路) 의 제 26 군단 제 2 사단 사 람부로 가서 탄원하면서 구속한 노동자들을 즉시 석방하고 규찰대의 총기를 돌려줄 것을 요구했다 . 시위대의 행렬은 1,000m 가 넘게 이어 졌다 . 주은래와 조세염 (趙世炎) 등도 이 시위에 참가했다 . 시위대가 보산로의 삼덕리 (三德里) 부근에 들어섰을 때 골목에 매복해있던 제 26 군단 사병들이 갑자기 나타나 무기도 없는 군중을 향해 총을 쏘았고 보산로에 밀집해 있던 시위대를 향해 15 분 동안 기관총을 난사했다 . 수많은 사람이 한 군데에 밀집해 있었기 때문에 미처 이를 피하지 못 했던 100 여 명이 총에 맞아 죽었고 다친 사람은 셀 수 없이 많았다 . 이 것이 바로 참혹하기 그지없었던 보산로 유혈사건이다 .

이 모든 것은 장개석의 계획과 준비에 의해 진행됐다 . 곧이어 그 들은 '숙당' 을 선포하고 상해 , 남경 , 항주 , 광주 등지에서 공산당원과 혁명군중에 대한 대규모 수색과 도살을 감행했는데 광동 일대에서 잡 혀서 죽임을 당한 사람만 2,000 여 명에 달했고 곳곳에서 피비린내 나 는 살육이 자행됐다 . 사람들은 상해에서 살육을 담당한 양호 (楊虎) ,

진군(陳群)을 '이리와 호랑이 떼'라고 불렀다. 4월 18일, 장개석은 남경에 따로 국민 정부를 설립했는데 그 자신도 당내에서 자격과 명망이 부족하다는 사실을 알고 있었으므로 상해에서 칩거하던 국민당 원로 한민(漢民)을 주석으로 청해 당시 국공합작을 고수하고 있던 무한의 국민 정부와 대치했다. 28일, 이대교 등 20명도 북경에서 봉계 군벌 장작림에게 살해당했다.

기세가 드높았던 대혁명의 상황은 이로써 갑자기 역전됐고 국내 정치정세에 근본적인 변화가 생겼다.

제9절 대혁명의 실패

4·12 쿠데타의 소식이 무한에 전해졌고 이 소식을 들은 국민당 중앙당부와 국민 정부는 경악해 마지않았다. 4월 13일 저녁, 호북성과 시 당부의 왕정위를 환영하는 연회에서 손과는 "오늘 장개석이 노동자규찰대를 무장해제했다는 상해 소식을 들었습니다. 그의 행위는 손전방과 장종창보다 더 악랄합니다. 우리가 오늘 장개석을 처벌하지 않는다면 그는 여전히 국민당 혁명군의 명의를 도용하여 불법적인 악행을 자행할 것입니다. 지금은 사정을 봐줄 때가 아닙니다. 우리는 중앙위원회가 장개석을 엄격히 처벌할 것을 요구해야 합니다. 그렇게 하지 않는다면 동남(東南)도 지킬 수 없을 뿐 아니라 무한 혁명세력도 전복될 위험이 있습니다. 이제 장개석을 따를 것입니까? 아니면 중앙위원회를 따를 것입니까? 요컨대 우리가 혁명투쟁정신으로 제국주의에 대항하고, 반동파를 진압해야만 혁명세력을 견고히 하고 국민혁명을

이룰 수 있습니다."라고 말했다.

15일, 국민당 중앙상임위원회는 확대회의를 열어 장개석의 당적을 박탈하고 그의 직무를 해임하기로 결의했다. 담연개는 당일 일기에 "중앙당부가 회의를 열어 장개석 문제에 대해 토론했고 나는 말로는 그 상황을 표현할 길이 없었으나 결국 면직에 결의했고 회의를 파했다."라고 썼다. 18일, 무한국민 정부는 장개석의 처벌에 대한 결정을 공개적으로 발표했다.

왕정위가 4월 10일 무한에 도착하자마자 바로 무한정부와 국민당 중앙당부의 중심인물이 됐다. 그가 다음날 《중앙일보》에 썼던 당시에 아주 유명했던 "중국국민혁명이 심각한 위기에 처해 있다. 혁명을 할 사람은 좌파에 서고 혁명을 하지 않을 사람은 빨리 물러나라!"라는 말이 신문의 1면에 실렸다. 왕정위는 기자에게 "형제가 하루 동안 혁명하지 않는다면, 제군들은 절대 이를 봐주지 말고 형제를 타도하기를 바란다."고 기자에게 말했다.

그는 13일의 환영연회에서 발표한 장편의 연설에서 장개석을 비난하면서 "지금 장개석의 속셈이 만천하에 드러났습니다. 반공산당파는 당의 통일을 파괴하고 대포와 기관총으로 노동자를 죽였습니다. 반공산파는 이미 제국주의와 군벌과 타협하여, 군벌과 제국주의자들에게 진정한 혁명동지들의 피를 바쳤습니다. 국민혁명의 총사령관은 이미 국민당을 공격하는 연합군의 부사령관로 변절했습니다. 국민당을 공격하는 연합군의 총사령관은 누구일까요? 바로 장작림입니다. 따라서 현재 진정한 혁명가는 반혁명가를 완전히 숙청하고 다시는 일어나지 못하게 만드는 사람입니다."라고 말했다.

왕정위와 무한정부의 이러한 태도로 사람들은 쉽게 착각에 빠졌다. 스탈린과 코민테른도, 진독수를 지도자로 하는 중국공산당 중앙위원회도 모두 이로 인해 큰 희망을 품게 됐다. 그들이 보기에는 국민당은 노동자와 소자산 계급 (도시와 농촌의), 민족자산계급의 연맹이었고 장개석의 쿠데타는 민족자산계급이 혁명에서 물러나기를 원하는 태도의 표현이었으며 앞으로의 국민당은 무산계급과 소자산 계급의 연맹이 될 것이고 소자산 계급의 대표는 당연히 왕정위였다. 과거에는 장개석에게 여러 가지 양보를 하면서 민족자산계급을 붙잡았고 지금은 왕정위에게 여러 가지 양보를 하면서 소자산 계급을 끌어와 무산계급의 고립과 국민혁명의 실패를 피하려 하고 있었다. 이런 분석은 확실히 실제상황에 맞지 않았다.

4•12 쿠데타 후, 무한정부가 관할한 범위는 대체로 호북, 호남, 강서의 3 성이었다. 무한정부는 세 가지 선택을 할 수 있었다. (1) 동정하여 장개석을 토벌하는 것, (2) 계속 북벌을 진행하면서 하남으로 진입하는 동시에 이미 남하해 하남을 통제하고 있는 봉군과 싸우는 것, (3) 현지에서 토지혁명을 심화하는 것이었다. 어느 방안을 선택해도 중공중앙 내부와 중국에 머물고 있는 코민테른파 당원과의 격렬한 쟁론이 야기됐고 마지막에는 북벌을 계속하자는 방안이 채택됐다.

왜 이런 선택을 하게 됐을까? 왕정위가 주관하는 무한정부의 입장에서 이는 당연한 선택이었고 공산당의 입장에서는 스탈린의 태도와 직접 관련이 있었다. 스탈린은 5 월 13 일 중산대학학생들과의 담화에서 "무한정부가 봉군을 공격하는 데에는 최소한 두 가지 이유가 있다. 첫째, 봉군이 무한을 공격해 무한을 숙청하려 하기 때문에 봉군을 공격하는 것은 자신을 방어하기 위한 시급한 조치이다. 둘째, 무한파는 풍옥상 군대와 합류해 혁명의 근거지를 확대하기를 원하고 있는데

이는 현재 무한의 입장에서 봤을 때 매우 중요한 군사적 정치적 사건
이다. 상해를 차지하려면 반드시 전쟁이 필요하며 이 전쟁은 현재 정
주 등지를 빼앗은 전쟁과는 다르다. 상해에서는 더욱 격렬한 전쟁이
일어날 것이다. 상해는 세계 각국의 제국주의 집단의 중요한 이익의
교차점이므로 제국주의는 이를 쉽게 내주려 하지 않을 것이다."

토지혁명의 심화에 대해 스탈린은 이에 반대하지 오히려 그중요
성을 강조했다. 그러나 코민테른은 반드시 노동자와 농민, 소자본 계
급의 동맹을 공고히 해야 한다는 전제조건을 제시했는데, 즉 소자본
계급 정치대표의 동의를 얻은 후 토지혁명을 진행할 수 있다는 뜻이었
고 이 대표는 바로 왕정위를 가리켰다. 그러나 왕정위 등은 이에 동의
하지 않았다. 결과적으로 무한국민당 중앙위원회가 설립한 토지위원
회는 여러 번의 토의를 거쳤지만 모택동과 등연달(鄧演達, 국민당 좌
파) 등은 위원회에서 수많은 긍정적인 의견을 제시하고 < 토지문제 해
결을 위한 결의 > 등의 초안을 작성했지만 국민당 중앙정치위원회에
서 토론할 때 왕정위, 담연개, 손과 등이 찬성하지 않아 흐지부지되어
보류되고 말았다.

4월 19일, 북벌은 다시 시작됐고 당생지의 주력부대와 장발규
(張發奎)가 거느린 기존의 제4군단이 확대 개편된 두 개의 군이 모
두 북상했다.

중국공산당은 4월 27일 진독수의 주재로 제5차 전국대표대회
를 개최했다. 이 대회는 4•12 쿠데타가 발생한 후 15일 만에 열렸고 각
지에서 무한으로 온 대표들이 가장 초조하게, 가장 시급히 해결해야
할 문제는 4•12 쿠데타 발발 후 어떻게 당을 운영해야 하는가였다. 공
산당은 생사존망의 문제에 직면해 있었다. 그러나 5차 전국대표대회

에서는 오히려 쓸데없이 장황하게 '비자산주의의 전망' 등과 같은 말만 늘어놓았다. 이는 분명히 잘못된 일이었다. 이론적으로는 의미가 있을지 모르지만 생사의 갈림길 앞에서 이런 말들은 공염불에 불과했다. 대회에서 현재 상황에 대해 분석하고 도대체 어떤 대책을 선택해야 하는지를 논의해야 했으나 구체적이고 유력한 답은 제시하지 않고 혁명을 구제하기 위한 감당할 수 없는 임무만을 부여하며 앉아서 상황이 점점 악화되는 것을 바라만 보고 있을 뿐이었다.

장개석은 무한의 경제부터 전면적인 봉쇄와 파괴를 시작했다. 이는 정말 대단한 한수였다. 무한정부는 강절과 광동이 재정의 근원을 잃었고 장강과 월한철도도 모두 끊겨 무한의 대외교통과 무역은 거의 단절되고 말았다. 이렇게 재정적으로 극단적인 어려움을 겪었다. 무한정부의 매월 수입은 200만 은전이 채 되지 않았고 지출은 1,700만 은전에 달해 어쩔 수 없이 대량의 지폐를 발행해야 했다. 여기에 장강 하류가 남경정부에 의해 봉쇄되어 화물운송 길이 막히자, 무한의 물자는 극단적으로 결핍됐다. 4월말, 한구 (漢口) 의 싸전에 남아 있는 쌀은 10일 분 정도밖에 되지 않았다. 이렇게 물가가 치솟고 공업과 상업이 쇠퇴했으며 자본이 유출되고 공장과 상점도 대부분 도산했다. 무한의 실업노동자는 14만 명에 이르렀다.

군사적으로 장개석은 악서 (鄂西, 호북성의 별칭) 에 주둔해 있던 하투인 (夏斗寅) 사단에게 무한에 남아있는 주력부대가 하남에서 싸우고 있을 기회를 이용해 무한을 공격하라고 배신을 책동했지만 하투인 사단은 무한 경비사령관 엽정이 거느린 부대에 패배했다. 곧이어 장사에 주둔하고 있던 제35군단의 허극상 (許克祥) 연대가 5월 21일, 갑자기 쿠데타를 일으켰다. 그들은 국민당 호남성당부와 성 농민협회 , 성 총노동조합 등을 파괴하고 20 여 명을 죽였으며 농민과 노동자 규찰대를 모두 무장해제시켰다 . 공산당은 호남에 상당한 세력이 있었고 총노동조합과 성 농민협회도 모두 무장을 하고 있었고 허극상의 군대도 그리 강하지 않았지만 '동맹자'의 갑작스러운 공격에 대처할 수 없었다 . 쿠데타 후 , 허극상 등은 '호남구당위원회 (湖南救黨委員會)' 를 설립하고 , 무한정부파의 조사 특별위원회의 장사 진입을 거절했으며 호남 각지의 지방 단방국 (團防局) 의 세력과 연합한 후 , 농민협회에 반격하여 빼앗긴 토지를 다시 빼앗아오면서 또 한 번의 유혈 사건이 발생했다 . 무한에는 이미 사람들을 공포로 떨게 하는 상황이 연출되고 있었다 .

무한에서 출발한 북벌군이 하남에 진입한 후 , 남하하던 봉계 정계군과 고전을 벌이다가 큰 희생을 치루면서 승리했다 .

6 월 1 일 , 북벌군은 동관 (潼關) 동쪽에서 출발한 풍옥상 부대와 정주에서 집결했다 . 무한정부는 풍옥상과 협력하여 국면을 타개할 희망을 품고 있었는데 이렇게 하면 장개석의 세력을 능가할 것이라 생각했다 . 10 월 , 왕정위 , 담연개 , 손과 , 당생지 등이 정주에서 풍옥상과 회담을 진행했다 . 풍옥상 부대는 서북의 감숙 , 협서 일대의 빈곤한 지역에서부터 행군해오는 과정에서 대대적인 확대편성을 진행해 군비가 심각하게 부족했다 . 정주에 도착하자 풍옥상은 즉시 무한의 처지가 곤란함과 강절을 통제하고 있는 장개석의 경제력이 훨씬 더 크다는 사실을 알아차렸다 . 그는 무한정부에 매월 300 만 은전의 군인급료를 지급해 달라고 요구했고 왕정위는 구두로 150 만 은전을 주겠다고 대답했지만 실제로는 60 만 은전밖에 지급할 능력이 되지 않았다 . 회의 후 , 당생지와 장발규 부대는 하남에서 철수했고 무한정부는 하남의 모돈

대권을 풍옥상에게 넘겨주었다. 19일, 풍옥상은 서주에서 장개석과 호한민, 이종인, 백숭희, 장정강 등과 회의를 진행했다. 풍옥상은 경제적인 문제를 언급했고 장개석은 즉시 풍옥상에게 '매월 200만 은전' 지급하겠다고 대답했다. 회의가 끝난 바로 그날, 풍옥상은 무한으로 전보를 보내 보르딘을 소련으로 돌려보내고, 왕정위와 담연개에게 계획을 빨리 실행할 것을 요구했다. 그는 장개석에게 "이 전보가 반드시 상황을 매듭을 지어줄 것입니다. 그렇지 않으면, 나는 그들에게 비상조치를 취할 것입니다."라고 말했다. 이는 무한정부에게 청천벽력과 같은 일이었다.

6월 18일, 장작림은 북경에서 자신의 호칭을 "중화민국육해군대원수"로 바꾸고 그 후, "전보를 통해 스스로 손문의 친구이며 그 뜻을 이어 공산당을 토벌한다."고 공표했다.

이제 중립세력의 문제를 이야기할 필요가 있다. 중국의 정치상황은 역사적으로 양끝의 작은 세력과 중간의 큰 세력이 있었는데 중간의 수가 가장 많았다. 그러나 역으로 말하면 양 끝은 강하고 중간은 약하며, 양 끝은 보통 단호한 태도를 취했으나 중간은 종종 태도가 확고하지 못했다. 항상 다음과 같은 상황이 나타났다. 혁명운동이 붐을 이룰 때 좌파가 많았지만 실제적으로는 수많은 중간 세력들이 '좌파'로 전향했던 것이고 혁명세력의 힘이 약해졌을 때 우파가 많았는데 사실은 수많은 중간 세력들이 우파로 전향한 것이었다. 당시 풍옥상은 중간 세력이었다. 그는 1926년 3월 소련을 방문해 소련의 지원을 받았고 그의 부대에도 유백현•등소평 등과 같은 수많은 공산당 당원들이 있었다.

풍옥상은 제국주의와 군벌을 반대하는 국민혁명을 지지했고

1927년 5월 7일의 일기에 "중국 국민의 생활이 궁핍하고 재정이 파탄에 이르렀으며 외부적으로는 열강의 핍박을 받고 내부적으로는 군벌에게 유린당하고 있다. 본 군은 이번 출정으로 대외적으로는 불평등조약을 파기하여 우리의 자유를 되찾고 대내적으로는 나라를 팔아넘긴 군벌을 축출하여 나라를 재정비할 것이다."라고 썼다. 그러나 공산당에 대해서는 여전히 회의적인 태도를 취했는데, 5월 31일 일기에서, "지금 공산당을 제창하는 사람들은 공산당학설에 대해 잘 이해해야 하는데 그 주장에 근거가 있고 말에 일리가 있어도 중국의 실정에는 맞지 않아 중국에서 공산정책을 실시한다면 참담한 결과에 이르게 될 것이다. 정책을 실패하면 무엇을 공유할 수 있겠는가? 중국 전체가 극도로 빈곤하다는 사실을 고려할 때 중국에는 소수의 군벌관료계급과 매판계급의 사람들 외에 큰 자본가가 존재하지 않는데 그렇다면 누구의 자산을 공유해야 한단 말인가?"라고 썼다. 정주회의와 서주회의 후, 그는 무한의 나약함과 무능함을 보았고 장개석의 세력이 크고 씀씀이가 큰 것을 보고 장개석 쪽으로 기울었다. 얼마 지나지 않아 그는 그의 군대에 속해 있던 공산당 당원들을 해산시켰다. 이는 공산당과 무한정부가 미처 예상하지 못했던 일이었다.

풍옥상의 전향은 왕정위 등 무한정부의 정치 태도의 변화에 박차를 가했다. 6월 28일, 호북성의 총노동조합은 규찰대를 해산하고 무기를 내려놓았지만 무한정부의 반공활동에 대한 태도를 바꾸지는 않았다. 7월 12일, 왕정위는 <이념과 정책> 연설을 통해 공개적으로 "공산주의 이론과 방법을 국민당에 적용한다면 더 나아가 국민당을 공산화한다면 국민당이 공산당과 공존하는 것이 아니라 공산당으로 변한다고밖에 말할 수 없는데 이는 반드시 총리가 용인하지 않을 것이다."

라고 큰소리 쳤다. 무한정세의 반전은 이미 가시화되고 있었다.

7월 15일, 무한국민당 중앙집행위원회가 개최한 확대회의는 담연개가 주재했고 왕정위가 보고서를 작성했다. 왕정위는 코민테른의 대표 로이가 한 달 전에 그에게 보여준 전보를 꺼내 들고 "지금은 공산당을 받아들이는 문제가 아니라 국민당이 공산당으로 전환되는지의 문제"라고 위협하듯 말했고 "중앙당부는 본 당의 이념과 정책을 위반하는 모든 말과 행위에 대해 제재를 가해야 한다."라고 말했다. 표결은 회의에 출석한 12명의 중앙집행위원 중 10명의 동의로 통과됐다. 이것이 바로 무한의 '분공(分共)'회의였다. 26일, "무한정치회의에서는 다음 사항을 의결했다. (1) 국민당의 공산당 당원 중, 당정의 각 기관에서 재직하고 있는 사람은 수일 내에 공산당에서 탈퇴한다고 공개적으로 선언해야 하며 그렇게 하지 않는다면 그의 모든 직위는 해제된다. (2) 공산당 당원은 국민혁명기간 중, 국민혁명에 지장을 주는 행위를 해서는 안 된다. (3) 국민당 당원은 다른 당에 가입해서는 안 되고 위반자는 국민당의 반대파로 간주한다."

이렇게 제1차 국공합작은 완전히 무너졌고 국공합작으로 발발된 대혁명도 가슴 아픈 실패를 선언하게 됐다.

중국공산당의 설립에서 제1차 국공합작이 정식으로 실현될 때까지 기간은 2년 반이 채 걸리지 않았고 5•30 운동까지는 만 4년이 걸리지 않았으며 대혁명의 실패까지 6년 밖에 되지 않았다. 대혁명이 실패했을 때 모택동은 34세가 채 되지 않았고 구추백, 주은래, 나역농, 장태뢰, 이삼립, 유소기, 조세염 등도 모두 만 30세가 되지 않았다. 이렇게 젊은 당은 설립과 동시에 커다란 혁명을 추진할 능력과 국면을 갖춘 혁명의 선두가 되었다. 이는 결코 쉬운 일이 아니었다. 그들이 이렇게 어려운 일을 해냈다는 것은 당 내부에 수많은 중화민족의 우수한 자녀들이 모여 있었다는 사실로 설명될 수 있다. 그들은 반제국, 반봉건주의의 명확한 정치강령을 제시하며 전대미문의 규모로 군중, 특히 수많은 하층민중을 동원했다. 이 두 가지는 중국역사상 다른 어떤 정당도 해내지 못한 일이었다.

대혁명은 왜 실패했을까?

결정적인 원인은 객관적인 세력의 대비였다. 말하자면 대혁명의 실패는 완전히 피해갈 수 없었다. 첫째, 세계적인 범위에서 봤을 때 국제자본주의가 상대적으로 안정된 시기에 접어들면서 강력한 힘을 이용해 중국혁명을 간섭할 수 있었고 사회주의 소련의 세력도 많이 부족했다. 둘째, 국내적으로 봤을 때 구사회 세력이 복잡하게 얽혀있고 그 기초가 튼튼했으며 정치적인 경험도 풍부했으므로 한두 번의 충격으로는 이를 무너뜨릴 수 없었다. 구사회 세력에 대한 투쟁에는 오랜 시간이 필요했고 천천히 세력을 확장시켜나가 경험을 축적해 스스로 성숙해져야 했다. 셋째, 당시 중국공산당은 겨우 시작단계에 있었고 그들이 경험한 것이라고는 과거의 학생운동과 노동자운동이었고 농민운동도 시작단계에만 진입해 보았을 뿐, 정치수단을 잘 쓰는 관료와 정치가, 군벌과 투쟁에 대해서는 전혀 몰랐다. 이론적으로도 중국국정을 충분히 이해하지 못했지만 객관적인 상황은 그들로 하여금 커다란 혁명의 파도 속으로 뛰어들기를 강요했고 혁명이 불붙기 시작하면서 이런 국면을 통제할 능력을 충분히 갖추지 못했으므로 여러 잘못과 착오가 생겼다. 중국공산당은 당시에 여전히 코민테른의 지휘를 받고 있었기 때문에 코민테른의 지부로서 조직상으로는 코민테른에 복종해야 했지만 코민테른은 중국과 너무 멀리 있어 중국 상황을 정확히 이해하지 못했으며 가장 우수한 인재를 대표로 뽑아 파견할 필요도 없었다. 중국에 당을 수립할 때 혁명초기에 제시한 몇몇 의견은 정확했지만 그 후, 많은 의견, 특히 장개석과 왕정위에 대한 거듭된 양보라는 중요한 문제에 대한 의견은 잘못된 것이었다. 이런 점들로 봤을 때, 대혁명의 실패는 피해가기 힘들었다.

따라서 문제는 어떻게 이 혁명을 실패하지 않게 하는가에 있는 것이 아니라 어떻게 이 혁명에서 인민의 힘을 최대한 발전시켜 나가냐에 있었다. 그들이 할 수 있는 일은 반동세력이 갑자기 공격해왔을 때 이를 예측해서 합당하게 대응하고 조금의 힘을 남겨두어 다음 투쟁을 위해 좀 더 나은 상황을 준비하는 것이었다. 당시의 농민과 노동자 운동은 방법적인 면에서 확실히 미숙한 좌파의 행위가 존재했지만, 진독수를 지도자로 하는 중공중앙의 지도사상으로 봤을 때 코민테른의 지휘를 받는 상황에서 주된 잘못은 우파에 있었다. 자신의 업무범위를 민중운동과 일부 군대정치에 두고 정권을 장악하지 않고 수많은 군대의 지휘권을 취하지도 않았으며 자신의 세력을 믿지 못하고 지나치게 국민당에 의지했는데 처음에는 장개석을 믿다가 나중에는 왕정위를 믿었고 그들의 문제점을 발견했음에도 그들의 노여움을 살까 두려워 수차례 양보하다가 상대방에게 자신의 약점을 노출시켜 상대방을 더욱더 대담하게 만들었고 자신의 진지를 하나씩 잃어갈 때에도 충분히 대처하지 않아 그들이 태도를 바꿔 칼을 휘두르며 진압하자 거의 모든 군대가 전멸되고 말았다. 이는 정말 비참하고 고통스러운 교훈이었다.

세계역사에서 봤을 때 수많은 혁명정당이 상당한 기세를 형성했으나 적의 갑작스러운 공격과 피비린내 나는 진압으로 한 순간에 무너지고 심지어는 소멸되어 오랫동안 다시 몸을 일으키지 못했다. 러시아는 1905년 혁명을 실패한 후 10여 년간의 암흑 시기를 경험했다. 중국공산당은 그렇지 않았다. 대혁명이라는 좌절을 겪고 난 뒤 반제국주의와 반봉건의 정치 주장은 이미 사람들 마음속에 깊이 존재해 있었다. 혁명과 관련된 농민과 노동자 군중은 이미 깊은 잠 속에서 각성하고 행동하기 시작해 당이 장악한 군대도 일부 있었고 당이 커다란 폭풍우와 파도를 겪으며 스스로를 단련하고 성공과 실패를 교훈으로 삼아 핵심역량을 가지게 됐다는 사실은 더욱 중요했다. 중국공산당은 모든 것으로 말미암아 비록 큰 타격을 받았지만 멈추지 않고 계속해서 투쟁을 계속했고 더 높은 단계로 새로운 투쟁을 추진하기 위한 중요한 조건을 마련했다. 대혁명은 실패했지만 혁명이 남긴 씨앗은 아무도 없애지 못했고 머지않아 이 작은 불씨는 맹렬한 화염으로 변했다. 중화민족의 역사도 이에 따라 새로운 단계로 진입하게 됐다!

7•15 사변 후, 남경정부와 무한정부에는 이미 공산당 문제에 어떻게 대처해야 하는지에 대해 어떠한 견해차도 존재하지 않았으므로 다음 단계는 당연히 영한합류 (寧漢合流) 였다.

그러나 이 합류의 과정은 순탄치 않았다. 국민당 내부의 각 파벌 간의 수많은 갈등이 존재했다. 무한정부 내의 수많은 사람은 장개석의 군사세력에 기댄 독단적인 처사에 불만을 가지고 있었고 여전히 장개석의 하야를 쌍방협력 조건으로 강력하게 주장하고 있었다. 당생지 (唐生智) 가 지휘하는 부대는 계속 동진하면서 남경 가까이 접근하고 있었다. 남경정부의 주요 버팀목이었던 계계 (桂系) 는 영한이 분리 될 때 반공의 입장에 서서 장개석을 지지했지만 장개석의 독단적인 처사에 불만을 품고 무한정부가 분공 (分共) 을 선포한 후 태도를 바꾸어 장개석의 하야를 요구하며 영한합작을 얻어냈다. 8 월 12 일 저녁, 장개석은 사직하고 남경을 떠났고 호한민 (胡漢民) 등도 잇따라 남경을 떠났다. 19 일, 무한정부는 남경으로의 천도를 선포했다.

곧이어 국민당 내의 남경과 무한의 두 파와 과거 반공으로 분리 됐던 서산회의파 (서산회의파는 군대와 근거지가 없었지만 국민당 내부에 여전히 상당한 세력을 가지고 있었다.) 가 3개 중앙당부의 합병을 협의하고 국민당중앙특별위원회를 구성해 중앙집권위원회의 직무를 대행했다. 변덕스럽기 그지없었던 왕정위는 뭇 사람들의 불만으로 제거됐다. 10월, 영한합류 후의 남경정부는 이종인(李宗仁), 정잠(程潛)에게 동진(東進)한 당생지를 토벌하라고 명령한다. 11월 14일, 서정군(西征軍)이 무한을 점령하고 당생지는 도주했다.

　장개석이 하야한 후, 남경정부의 내부는 지도자가 없어 혼란스러운 상황에서도 북방을 점거하고 있던 봉계군벌을 정벌하기 위한 제2기 북벌이 진행했다. 손전방의 잔류부대가 장강을 건너 남경 동쪽의 호녕(滬寧) 철도 노선의 용택(龍澤) 일대를 점령했다. 6월에 국민혁명군 북방 총사령관에 임명된 염석산(閻錫山)과 풍옥상(馮玉祥) 및 장개석의 직계(直系) 장군은 장개석의 재임을 지지했다. 1928년 1월, 장개석은 다시 국민혁명군의 총사령을 맡게 된다. 2월, 국민당은 제2회 중앙위원회 제4차 전체회의를 개최해 담연개(譚延闓)를 국민 정부의 주석으로, 장개석을 군사위원회 주석으로 추대했다.

　회의 후 북벌군은 네 개 군단으로 개편됐고 각각 장개석(겸임), 풍옥상, 염석산, 이종인이 총사령을 맡아 제2기 북벌을 단행했다. 북벌군이 5월 1일, 제남을 점령한 후 일본 군대는 갑자기 중국 내 일본인을 보호한다는 핑계로 제멋대로 출병해 북벌군 교섭원 채공시(蔡公時) 등 외교요원들을 참살하고 중국 군인과 민간인 사상자 4,700여명이 발생했던 '제남사건'을 일으켰다. 장개석은 일본군과 싸우지 않고 길을 우회해 북상했다. 장작림은 5월 9일, 북양군의 모든 전선에 전보를 통해 퇴각명령을 내렸다. 28일, 각 길목의 북벌군은 총 공격을 감행했고 보정(保定), 창주(滄州) 등지를 잇따라 점령했다.

북양군벌의 세력은 이때 이미 그 힘을 다해가고 있었다. 6 월 3 일, 장작림은 북경을 떠나 봉천 (奉天) 으로 돌아왔다. 이때 일본당국은 동북에 대해 제시한 요구에 장작림이 전혀 반응을 보이지 않자 불만을 품고 있었다. 그래서 장작림이 경춘철도 (京春鐵路) 와 남만철도 (南滿鐵路) 의 교차지점인 황고둔 (皇姑屯) 에서 차를 갈아탈 때 일본관동군은 미리 묻어둔 화약을 폭파시켰다. 장작림은 중상을 입고 곧 세상을 뜨고 말았다. 이에 북벌군은 즉시 북경과 천진에 진입했고 북경을 북평 (北平) 이라 개칭했다.

12 월 29 일, 장작림의 큰아들 장학량 (張學良) 은 국가와 집안의 원한을 가슴에 품고 일본인의 방해에도 불구하고 동북에서부터 전보를 통해 "우리의 목표를 삼민주의 준수로 바꾸고 국민 정부에 복종한다."고 선포했다.

남경정부의 통치는 전국으로 확대됐다. 이는 당시 국내정치에서의 일대 사건이었다.

제 1 절 최초의 안정된 국면

남경정부 설립초기, 국내의 수많은 사람이 정부에 대해 큰 희망을 품었다.

경제학자이자 남개 (南開) 대학교수인 하렴 (何廉) 은 회고록에서 당시 상황에 대한 그의 견해를 "1928 년, 북벌성공 후 중국은 국가 재건이라는 새로운 단계에 진입했다."고 밝혔다.

정치에 대해 의견을 제시하지 않았던 중국고전문학가 고수 (顧

隨) 도 1927 년 8 월의 일기에서 "나는 당의 독재정치를 매우 찬성한다 . 이렇게 하지 않으면 중국은 앞으로 다른 나라의 지배하에 있지 않는 이상 수만 년이 지나도 통일되지 못할 것이다 ."라고 썼다 .

왜 이런 현상이 나타났을까 ? 몇 가지 이유가 있다 .

첫째 , 중국국민당은 손문이 창립했고 과거의 혁명역사상 민중에게 무시할 수 없는 영향을 끼쳤다 . 손문이 제시한 삼민주의는 민족독립과 민주 , 민생행복을 제창했고 혁명적인 수단으로 이를 실현해야 한다고 주장해 수많은 사람의 지지를 받았다 . 국민혁명군의 북벌은 민중의 열화와 같은 지지를 받았고 제국주의와 북양군벌 통치에 대한 증오 , 평화와 통일을 요구하는 사람들의 강렬한 소망을 반영했다 . 수많은 사람이 북벌의 성공을 국민혁명군 총사령관 장개석 개인의 업적으로 보았기 때문에 그는 높은 명성을 떨칠 수 있었다 . 남경정부가 설립된 후 , 손문의 삼민주의의 기치를 들고 제국주의와 잔존하는 군벌세력과 맞설 것을 약속했고 관세자주와 군대축소 , 이금 (厘金 , 상품의 지방통과세) 을 취소할 것이라 말했다 . 북양정부는 관세자주문제에 대해 1925 년부터 열강과 담판을 시작했고 《국문주보 (國聞周報)》에 "관세자주는 북경관세회의의 노력으로 얻어진 것이지 '혁명과 외교의 힘' 에 의한 것은 아니다 ."라는 기사가 실렸다 .

1928 년 하반기에 미국 , 영국 , 프랑스 등 11 개국과 중국 관세자주를 인정하는 새로운 조약에 서명했고 그다음 해에는 일본과도 관련 조약 (그러나 세관행정권은 여전히 외국인이 장악하고 있었다 .) 을 맺었으며 , 1930 년에는 영국과 위해위 (威海衛) 조계지를 반환하는 임시협정에 서명했다 . 절강에서는 '이오감조 (二五減租 , 소작인의 소작료를 25% 줄이는 토지세수정책)' 실시를 요구했다 . 이러한 일들은 모

두 사람들의 관심을 불러일으켰고 사람들에게 희망을 주었다.

영한이 분리될 때 남경정부의 설립선언은 그럴듯하게 쓰여졌다. "본 정부는 중앙당부와 민중의 위탁을 받아 유일하게 총리의 모든 유지를 받들기 위해 계속 노력해 왔다. 전국 혁명인사들은 삼민주의를 위해 함께 투쟁하여 모든 제국주의와 군벌잔존세력 및 모든 반혁명파를 반드시 뿌리뽑아 특히 빠른 시간 내에 국민국회를 열어 불평등조약을 철폐하고 삼민주의를 실현할 것입니다. 중화민국을 독립자유국가로, 중화민족을 자유롭고 평등한 민족으로 만들어 국가를 국민이 공동소유하고(민유, 民有), 정치를 국민이 공동관리하며(민치, 民治), 이익을 국민이 공동으로 나누는(민향, 民享) 행복을 함께 누릴 것입니다."

남경정부가 설립된 당일, 장개석의 추대에 의해 국민당정부의 주석이 된 국민당원로 호한민은 당당한 말투로 열병식에서 연설했다."무장동지들이여, 여러분은 지금 자신의 눈으로 직접 여러분의 지도자를 보고 있습니다. 배후에 제국주의가 성원하고 있습니까? 아닙니다! 여러분의 지도자 앞에서 관료와 정치가들, 악덕 지방유지들이 횡포한 짓거리를 하고 있습니까? 아닙니다! 여러분의 지도자 앞에서 관료와 정치가 악덕 지방유지들이 횡포한 짓거리를 하지 않고 있고 뒤에는 제국주의의 지원도 받지 않고 있으니 여러분의 지도자는 단연코 혁명의 지도자가 맞습니다. 이는 의심할 수 없는 사실입니다!"

수많은 선량한 사람들은 무대 배후에서 진행되는 여러 가지 거래에 대해서 알지 못했다. 남경정부가 굳게 맹세한 말들은 그들에게 어느 정도 매력적으로 들렸고 남경정부는 북양정부와는 완전히 다르다고 생각했다.

둘째, 남경정부가 명의상 전국의 통일업무를 완수한 후, 10여 년간 지속되어 오던 각파 군벌 간의 내전은 이후 1년 동안 잠시 중단됐다. 이는 국내 대다수 사람들이 오랫동안 갈망하던 일이었다. 군벌의 혼전이 잠시 중단됐기 때문에 끊어졌던 국내 교통이 회복됐고 몇몇 중요한 철도선도 잇따라 개통됐으며 국내시장도 확실히 활기를 띄기 시작했다. 그러자 민족 상공업도 생기를 띄기 시작했다. 전국에 신설된 공장의 등록 수와 자산액으로 봤을 때 1914년~1934년의 20년 중에 1928년의 수치가 가장 높았다. 1928년과 1929년에는 민족공업이 번성해 상업과 교통운수업, 서비스업 및 문화교육사업 등의 발전을 이끌었다. 이 역시 수많은 사람에게 일시적으로 희망을 주는 일이었다.

셋째, 남경정부는 공산당 당원과 혁명인사들에게 극단적으로 잔혹한 진압과 학살을 감행했다. 수많은 지방의 공산당 조직은 잇따라 처참하게 무너졌고, 심지어는 조직이 와해되는 상황에 이르렀다. 사회에서 그들의 목소리는 더 이상 들을 수 없었다. 수많은 혁명대중단체는 해산되거나 재정비됐다. 혁명에 동정을 품고 장개석에 불만을 가졌던 사람들은 참혹한 대학살 앞에서 어떤 이들은 공포를 느껴 혁명과 거리를 두었고 어떤 이들은 잠시 해결책을 찾지 못해 깊은 고민의 수렁에 빠져들었다.

이 1년에 가까운 시간 중에, 특히 1929년 3월에 발발한 장계전쟁(蔣桂戰爭) 전까지 남경정부는 한동안 안정적인 통치를 이어갔다. 이 시기는 국민당의 입장에서 기회가 될 수도 있었지만 그들은 이 기회를 잡지 못했다. 이런 안정된 국면의 기초는 너무나 약했으므로 결국 더 이상 지속될 수 없었다.

제 2 절 국민당의 변화

남경정부는 국민당이 독재정치를 하던 정부였고 이는 명문으로 규정되어 있었다. 북벌전쟁이 끝난 후 국민당은 군정시기에서 훈정 (訓政) 시기에 진입했다. 1928 년 10 월, 국민당중앙상무위원회 회의에서 < 훈정강령 > 을 통과시켰고 국민 정부가 이를 실시했다. 강령에는 "1. 훈정을 시작할 때 당대표대회가 국민대회를 대리하여 국민을 이끌고 정권을 행사한다. 2. 당대표대회를 마칠 때 중앙집행위원회가 이를 집행한다."라고 명확히 규정되어 있다. 회의에서 국민 정부의 주석 겸 육해공군 총사령관으로 장개석을 추대했다. < 훈정강령 > 에는 또 국민당 중앙집행위원회 정치회의가 국민 정부를 지도하며 중대한 국무에 대해 의결하여 이를 행한다고 규정되어 있으며 정치회의주석도 장개석이었다. 이렇게 남경정부 삼대권력의 버팀목인 당과 정부, 군대가 모두 장개석 한 사람에게 집중됐다.

더욱 중요한 것은 국민당이 '숙청'을 실시한 이후 그 성격에 근본적인 변화가 발생해 손문이 재정비한 국민당과 전혀 달랐을 뿐만 아니라 북벌초기 '숙청'전의 상황과도 달랐다. 왕기생 (王奇生) 은 이 변화를 당의 조직구성의 변화와 '민중을 떠난 정당'이라는 두 가지 면에서 상세하게 분석했다. 그는 전자에 대해 다음과 같이 설명했다. 이 숙청운동 중 국민당 내부에는 수많이 사람들이 도태되고 충격을 받았는데 이들은 주로 가장 이상적이고 혁명에 열정을 품은 사람들이었다. 농공당원과 좌파 청년들이 숙청되어 탈당했고 이와 동시에 수많은 투기꾼들과 부패세력, 악덕 지방유지들이 국민당으로 쏟아져 들어왔다. 그들은 기회를 틈타 국민당 하부조직의 당권을 침탈했다. 대도시에서는 주로 군대의 '숙청'에 의지했고 성도(省都) 이하의 넓은 지역사회에 대해서는 악덕 지방유지들이 '숙청'을 추진하는 주요세력이 됐다. 후자에 대해서 왕기생은 다음과 같이 분석했다. 1927년 국민당이 전국정권을 장악하기 시작한 후 정치강령정책을 개혁했다. 그중, 가장 분명한 변화는 바로 당과 민중이 분리됐다는 점이다. 민중운동은 금지됐고 민중단체는 통제를 받았다. 국민당은 상당히 광범위한 민중을 구비했던 혁명당에서 관료와 정치가 위주의 집정당으로 변했다. 특히 농촌에서 지주계급의 기득권을 감히 건드리지 못했고 소작료를 낮추는 정책조차 실행하지 못했으며 심지어는 공산당이 개혁을 실시하던 토지를 농민에게서 빼앗아 지주에게 돌려주며 과거의 토지사유화 제도를 옹호하기까지 했다. 왕기생은 대량의 서류와 당시의 보도자료를 인용해 이런 결론을 내렸다. "분열과 변화가 상호작용하는 가운데 집권기간이 짧았던 국민당은 국민에게 버림받은 당이 됐다."

가슴 가득 혁명의 진취적 기상과 헌신적인 정신을 품었던 수많은 진보지식인이 진압과 숙청을 당한 후, 기존의 북양군벌정부에서 업무를 맡았던 관료와 지방 악덕유지들이 국민당의 각계조직과 정부에 떼를 지어 몰려들었고 민중은 여전히 악랄하게 착취당했다.

수많은 사람의 희망은 한 순간에 무너졌고 '삼민주의'라는 기치를 들고 있는 남경정부는 과거와 아무런 차이가 없음을 절감했다.

지방의 정치제도는 남경정부의 통치로 크게 변화했다. 청(淸)나라 시대와 중화민국 초기에는 현(縣) 이상은 관을 설치해 다스렸고 현 이하는 관을 설치하지 않고 지방유지가 다스리게 했다. 남경정부가 설립된 후, 1928년 9월, 현(縣) 조직법을 반포했는데 현 이하에 구 (區)를 설치하고 관공서를 설립했으며, 구 이하의 시골에는 촌, 읍에 는 리(里)를 설치했고 각각의 촌과 리장를 설치했다. 그 후, 촌과 리 를 향(鄕)과 진(鎭)으로 바꾸고 하부 조직에는 기존의 보갑제도(保 甲制度, 중국 촌락공동체의 민중자위조직에 근간을 둔 무장조직)에 연보주임(聯保主任)을 증설했다. 그중 가장 중요한 것은 구의 관공 소 설립이었는데 "관공서를 설립한 후 현 이상의 지역행정구역이 한 단계 많아져 정부 법령을 추진하는 힘이 강화됐다. 또, 현과 구의 면적 도 넓어져 이 행정단위를 설립한 후 행정조직이 더욱 견고해졌다." 이 는 남경정부의 사회 하부조직에 대한 행정통제능력이 매우 강화됐음 을 보여준다.

정부의 물리력을 강화하여 독재통치를 굳건히 하기 위해 장개석 은 정권과 군대, 경찰 외에도 일찍이 유례가 없었던 방대한 규모의 특 수조직을 구축했다. 최초의 특수조직은 1928년에 설립된 국민당 중앙 조직부 조사과와 군사위원회 특별수사팀이었는데, 이 조직들은 중국 국민당 중앙 집행위원회 조사 통계국과 국민 정부 군사위원회 조사통 계국의 양대 특수시스템으로 발전했다. 그들은 어떠한 법률적인 수속 을 밟지 않고 임의로 정치 반대세력을 체포, 납치 혹은 암살했으며 신 문과 잡지의 여론을 통제하고 반역자를 매수했으며 몰래 정보를 수집 했다. 이러한 치밀한 특수임무망은 북양군벌정부시기에도 없었고 중 국의 과거 역사상 어디에도 찾아볼 수 없었다. 특수조직의 횡포한 짓 거리들에 대해 사람들은 분노했고 극도로 증오했다.

제 3 절 각 군사세력간의 대규모 혼전

남경정부 통치초기의 안정된 정치국면을 무너뜨린 것은 1929년 장계전쟁을 기점으로 한 각 군사세력간의 대규모 혼전이었다.

앞에서 말한 바와 같이 남경정부의 삼대권력의 버팀목인 당과 정부, 군대는 이미 장개석 한 사람에게 집중되어 있었지만 이와 반대로 국민당이라는 명분으로 실제로 지방의 실권을 장악한 군사집단도 있었다. 장개석이 확실히 통제할 수 있는 지역은 주로 강소와 절강, 안휘의 일부 지역에 국한되어 있었다. 국민당 중앙정치회의가 장개석을 주석으로 추대했을 때, 풍옥상과 염석산, 이종인, 이제심(李濟深)은 각각 개봉(開封)과, 태원(太原), 무한, 광주 정치 지부의 주석을 맡고 있었다(동북의 정권교체 후, 장학량이 주재하는 심양(瀋陽) 정치 지부가 설립됐다). 이들 정치 지부는 모두 각 군사세력이 장악한 근거지에 따라 나눠졌다. 실제로 현재 상황을 인정하고 이들 정치 지부가 그들의 관할지역 내에서 지배 권력을 누리도록 허가한 것이었다. 이런 상황은 독재 권력에 빠져있던 장개석에게는 참기 어려운 일이었지만 지금은 힘이 부족했으므로 어쩔 수 없었다. 따라서 이러한 남경정부 초기의 일시적인 대책은 오랫동안 유지될 수 없었다.

국민당 내부의 각 군사 세력 간 혼전의 도화선은 동북의 정권이 바뀐 뒤 그 다음달인 1929년 1월에 열린 전국 개편회의였다. 북벌을 시작하기 전의 전국 군인의 수는 약 140만 명이었고, 북벌 후에는 230만 명에 달해, 군비는 국가 전체 재정수입을 초과했다. 국가가 통일된 후 군사경비를 절약해 경제건설을 도모하기 위한 군대개편은 비난의 여지가 없어 보였다. 장개석은 이를 빌미로 기타 군사집단을 약화시키고 자신의 세력을 확장하려 했다. 당시 북벌군의 4개 군단 중 장개석의 제 1 군단은 약 50 만 명, 풍옥상의 제 2 군단은 약 40 만 명, 염석산의 제 3 군단과 이종인의 제 4 군단은 20 만 명 정도였다. 장개석의 축소개편안은 제 1 군단을 13 개 사단으로 제 2, 제 3 군단은 각 12 개 사단으로, 제 4 군단은 8 개 사단으로 개편하는 것이었다. 그 외에 중앙 직할 부대는 12 개 사단과 2 개 보병 여단으로 개편했다. 이렇게 장개석은 직접 통제하는 군대의 비중은 큰 폭으로 증가했고 염석산 부대도 감소는 되지 않아 비교적 만족했지만 풍옥상과 이종인은 대단히 불만스러워했다.

각 군단의 우두머리를 포함한 많은 사람들은 군대개편이 이렇게 빨리 진행될 줄은 예상하지 못했다. 회의는 불쾌하게 끝났다. 각 군단은 갑자기 첨예하게 대립했고 아주 빠르게 일촉즉발의 상황으로까지 발전했다. 수많은 사람이 간절히 바라던 평화와 통일은 한 순간에 물거품처럼 사라졌다.

이종인은 장개석의 의도를 자세히 파악하지는 못했지만 장개석 '먼저 손을 쓸' 상대가 장개석 다음으로 큰 세력을 가지고 있는 제 2 군단이 아니라 그가 통솔하고 있던 제 4 군단일 거라고는 생각조차 하지 못했다. 장개석이 이런 선택을 한 데에는 몇 가지 원인이 있다. 첫째, 장개석은 원한을 잊지 않는 사람이었다. 그는 영한합류 때 계계(桂系)의 이종인과 백숭희(白崇禧)가 강제로 그를 하야하게 만든 일을 항상 염두에 두고 있었다. 둘째, 이종인은 무한정치지부 주석을 맡아 화중(華中)을 관리하고 있었고 백숭희는 막 개편된 당생지의 옛 부대를 거느리고 평진(平津) 부근에 주둔하고 있었다. 광서는 계계의 근거지로 황소횡(黃紹竑)이 지키고 있었고, 광동의 이제심(李濟深)

도 그와 가까이 있었다 . 이들 지역은 모두 전략적으로 중요한 물자가 풍부한 지역으로 장개석에게는 반드시 쟁취해야 할 전략적 요충지였다 . 셋째 , 이들 군단 중에서 제 4 군단의 병력이 가장 적었고 전선이 북에서 남으로 길게 형성되어 있어 세력이 분산되면 격파하기 용이했다 .

장개석이 계계를 토벌하는 공개적인 이유는 호남성정부의 주석인 노척평 (魯滌平) 파면이었고 토벌 방법으로는 군사행동보다 정치분열을 택했다 . 그는 먼저 당생지에게 군비 150 만 은전을 주어 북방으로 보내 백숭희가 거느리는 당생지의 옛 부하를 매수했고 이들로 하여금 백숭희를 압박해 군대를 포기하고 떠나도록 만들었다 . 그가 계계의 광주정치지부 주석인 이제심을 남경으로 유인해 연금시키자 광동의 권력은 장개석과 은밀히 연결된 백숭희의 부장 진제당 (陳濟棠) 의 수중으로 떨어졌다 . 3 월 25 일 , 계계의 토벌전쟁이 시작됐다 . 장개석이 '토벌군'을 지휘하며 호북으로 진격할 때 미리 돈과 관직으로 계군의 중요한 장교들의 배신을 책동했기 때문에 빠르게 무한을 점령했다 . 백숭희는 이후 "중앙이 이번에 승리한 방식에 대해 연구할 필요가 있다 . 돈과 관직으로 사람을 사는 승리 방식이 나중에는 사회적인 기풍이 됐다 ." 남경정부는 곧이어 월군과 상군에게 길을 나누어 광서를 공격하도록 명령을 내렸으므로 이종인과 백숭희 , 황소횡 (黃紹竑) 은 어쩔 수 없이 달아나야 했다 .

계계는 패배했지만 장개석은 여기에서 멈추지 않고 바로 다음 목표인 풍옥상에게로 칼끝을 돌렸다 . 장개석이 풍옥상의 서북군에 대처할 때도 똑같이 정치분열의 수단 , 특히 '뇌물정책'을 선택했다 . 서북은 줄곧 척박한 곳이었다 . 장개석과 풍옥상의 관계가 악화된 후 풍옥상은 서북군이 계속해서 고생을 견뎌낼 수 있고 그를 따라 섬서 (陝西)

와 감숙 (甘肅) 으로 퇴각할 것이라고 생각했지만 서북군의 일부 고위
급장교들은 자신의 위치가 변하자 이미 쟁취한 하남 등 섬서와 감숙보
다 풍요로운 근거지를 포기하고 싶지 않았고 그를 따라 서쪽으로 퇴각
해 고생하고 싶지도 않았다 . 장개석은 많은 돈과 선물로 그들을 끌어
들였다 . 5 월 22 일 , 풍옥상의 주요 장교들과 하남성 정부주석 한복구
(韓復) 와 우우삼 (右友三), 마홍달 (馬鴻達) 등은 갑자기 낙양 (洛陽)
에서 공개적으로 전보를 보내 10 만 명을 이끌고 그에게 반기를 들었
다 . 이 일은 풍옥상에게 큰 충격을 주었다 . 사태가 급박하게 돌아가자
풍옥상은 어쩔 수 없이 하야를 선언했고 남아있던 20 만여 명은 송철원
(宋哲元) 등이 통솔하여 서북으로 후퇴했다 .

　　그 후 얼마 지나지 않아 장개석은 이종인과 장발규 (張發奎) 의
연합군과 당생지 , 석우삼 (石友三) 의 연합군을 잇달아 격파했다 . 이
두 전쟁 모두 그 규모는 작지 않았다 . 1929 년 3 월부터 국민당 내의 각
군사세력 간의 혼전은 계속됐고 1 년간 끊이지 않았다 .

　　1930 년에 들어서자 더 큰 규모의 전쟁이 점점 가까이 다가오고
있었는데 이 전쟁은 바로 염석산과 풍옥상 , 이종인이 연합한 반장개
석의 중원대전 (中原大戰) 이었다 . 이들 반장개석 세력에서 주도적인
역할은 염석산이 맡았다 .

　　염석산은 신해혁명에서부터 오랫동안 산서를 관리해왔고 여러
번의 군벌혼전을 겪으면서도 쓰러지지 않은 유일무이한 사람이었다 .
북벌군이 동원된 후 그는 정세를 잘 살펴 국민혁명군 제 3 군단장에 취
임할 것을 선포했다 . 북벌군사활동이 끝난 후 , 풍옥상을 견제하기 위
해 장개석은 그가 필요했으므로 그는 산서와 하북 , 찰합이 (察哈尔),
수원 (綏遠) 의 네 성 (省) 과 북평 (北平), 천진의 두 도시를 손에 넣

어 근거지로 삼았고 여기에 평진 방위 총사령관을 겸해 화북 최대의
군사정치 세력을 갖게 됐다.

염석산은 계산에 밝고 산서를 여러 해 동안 어렵게 경영하면서
복잡한 관계를 맺고 있었고 다른 사람이 대신할 수 없는 통치조직을
가지고 있었으며 자못 규모가 크고 중화기를 생산할 수 있는 태원 (太
原) 무기공장을 소유하고 있었다. 그러나 그에게는 두 가지 약점이 있
었다. 중원대전 때, 반장개석 연합군 총참모장을 맡았던 유기 (劉驥)
의 말을 인용해 보면 첫째, 염석산은 작은 전당포 주인과 같아서 작은
계산은 할 줄 알지만 큰일은 할 수 없다. 둘째, 진군 (晉軍, 산서성이
춘추시대 진나라가 있던 곳이라 산서군을 진군이라 통칭) 의 세력은
크지 않고 오랫동안 지키기만 해 공격한 경험은 적다. 사람들은 그가
정직하지 못하다고 생각해 싫어했으므로 그는 진계 (晉系) 이외의 다
른 사람들의 신임을 얻지 못했다.

장개석이 군사를 내어 이종인, 풍옥상, 장발규, 당생지 등을 토
벌할 때도 염석산은 그저 관망하는 애매한 태도를 취했고 장개석을 지
지하면서 자신을 상당히 영향력 있는 위치에 올려놓았다. 이런 그가
왜 반장개석 군단이 패배한 후 오히려 장개석을 반대하는 입장으로 돌
아섰을까? 그 이유는 장개석이 국민당 내부의 반장개석파의 군부세력
을 너무도 단호하게 축출하자 위기감을 느꼈기 때문이다. 그는 심계
가 깊고 의심이 많은 사람이었다. 그의 심복 주대 (周玳) 는 기억을 되
살리며 다음과 같이 말했다. 염석산과 장개석이 북평에서 회견을 가
진 후, 장개석은 장학량 (張學良) 에게 밀지를 보내 북평에서 협상을
진행했다. 염석산은 주위 사람들에게 "장개석과 장학량이 만나서 뭘
하려는 걸까? 내가 알지 못하게 은밀하게 행동하는 것을 보니 필히 저

의가 있을 것이다 . 아무래도 장개석은 우리와 맞서려는 것 같다 ."라고
말했다 . 염석산은 평진 (平津 , 북평과 천진의 약칭) 방위 총사령관을
겸임한 후 , 북평과 천진 두 도시의 세금을 유용해 왔다 . 남경정부의 재
정부장 송자문 (宋子文) 이 북평에 도착해 국세와 지방세의 구분을 제
의했고 평진 방위부대의 군비를 재정부에서 지불하는데 동의했다 . 그
러나 이를 실행한 지 한 달 만에 군비지불을 중지했다 . 염석산은 화가
나서 탁자를 치며 "지금 장개석이 금전적인 방법으로 우리를 곤경에
몰아넣고 있다 . 내 생각이 맞았다 . 그는 감히 군대를 일으켜 우리를 공
격하지 못하고 돈줄을 죄는 방법으로 우리를 곤경에 몰아넣고 있다 ."
라고 말했다 .

이로 말미암아 염석산은 장개석에 대항할 결심을 하게 된다 . 사
실 풍옥상과 이종인 등은 모두 그와 경쟁하던 적이었지만 자신들이 곤
경에 처했기 때문에 모두 염석산을 맹주로 추대해 크게 만족시켰는데
이 역시 염석산이 반장개석으로 돌아선 이유였다 .

당시 , 수많은 사람은 국민당을 정통으로 여기고 있었다 . 염석산
과 , 풍옥상 이종인 등은 모두 북벌이 시작되기 전 혹은 북벌기간 중에
국민당에 참여했기 때문에 사람들이 그들을 옛 군벌의 무장할거의 한
세력으로 여기지 않게 하기 위해 국민당 내부에서 오랫동안 높은 자리
를 차지했던 인물을 찾아 내세워야 했다 . 이렇게 그들은 이미 장개석
에 의해 재야로 배척된 왕정위를 위시한 개편파와 추로 (鄒魯), 사지
(謝持) 등의 서산회의파와 동맹을 결성했고 이렇게 반장개석 세력이
연합하여 엄청난 기세를 떨치게 됐다 .

한 차례의 전보전쟁을 거쳐 1930 년 4 월 , 염석산은 태원 (太原)
에서 중화민국 육해공군 총사령관에 취임해 장개석의 독재전횡을 질책

하는 전보를 보냈고 풍옥상과 이종인도 각각 부사령관에 취임했다 . 5
월 1 일 , 장개석은 토벌을 결의했다 . 이렇게 중원대전이 발발했다 . 반
장개석 측은 염석산과 풍옥상이 각각 20 만여 명을 이끌었고 이종인 ,
장발규는 약 7 만 명 , 여기에 흡수된 우우삼 등 방계군사 10 만 명을 합
쳐 모두 80 만 명의 대군을 이루었다 . 장개석은 자신의 모든 정예부대
약 60 만 명을 이끌고 나왔다 . 주요 전장은 하남이었고 그 외 전장은 산
동이었다 . 전선은 수천 리에 끊임없이 이어졌고 , 반년간 지속됐다 . 쌍
방의 접전으로 24 만 명이 넘는 군사들이 희생됐고 전장에서 삶의 터전
을 꾸려가던 민중도 심각한 피해를 입었다 . 7 월 , 왕정위 등은 북평에
서 중국국민당 중앙당부 확대회의를 개최했고 9 월 , 북평에 염석산을
주석으로 하는 국민 정부를 설립했다 . 국내에 또 다시 두 개의 국민당
중앙당부와 두 개의 국민 정부가 서로 대치하는 국면이 재현됐다 .

9 월 18 일 , 승부를 결정짓는 중요한 위치에 있었던 장학량이 '평
화전보'를 발표해 남경정부를 지지하며 10 만여 명의 대군을 이끌고
동북에서 산해관 (山海關) 으로 진입했다 . 쌍방의 세력은 즉시 균형
을 잃었고 정세는 급박하게 돌아갔다 . 북방의 염석산과 풍옥상의 세력
은 일시에 와해되어 염석산의 군대는 산서로 퇴각했고 풍옥상의 서북
군은 바로 해체되면서 확대회의는 조용히 끝났다 . 장개석은 황하이북
지역을 장학량에게 주어 관리하게 했다 .

중원대전이 끝나자 장개석은 득의양양해서 이제 국내에서 자신
에게 대항할 세력은 없을 거라고 여겼다 . 따라서 그는 국민회의를 열
고 약법을 제정하여 총통에 취임할 준비를 했다 . 그는 중앙당부의 토
론을 거치지 않고 이 내용을 직접 공포했다 . 장개석의 야심은 너무 컸
고 너무 성급했다 . 배타성이 너무 강했기 때문에 도처에 적을 만들었

다. 국민당 원로 호한민은 이를 단호히 반대했는데 "군사적인 승리는 정치적으로 봤을 때 견딜 수 없는 굴복으로 나는 이곳을 떠남으로 내 의견을 나타내겠다."고 말했다. 또한 국민당의 제3회 중앙위원회 제4차 전체회의에서도 격렬한 논쟁을 벌였다.

호한민은 국민당 중앙당부 단체의 '당치(黨治)' 실행을 주장하고 장개석의 개인 독재를 반대했다. 1931년 1월 5일, 그는 입법원 기념주간 연설에서 "최근 수많은 사람이 고의로 국민회의와 국민대회를 동일시하고 있는데, 이는 소란을 일으켜 본 당의 당치에 대한 기초를 무너뜨리려는 간교한 음모이다."라고 말했다. 그는 손문의 '유지'에 따르면 국민대회만이 약법을 제정할 권리가 있다고 주장했다. 그는 약법제정을 반대하는 것이 아니라 훈정시기에 '당의 치국'을 고수할 것을 강조했고 장개석이 약법제정을 빌미로 오원(五院, 행정원, 입법원, 사법원, 고시원, 감찰원을 가리킴) 위에 대권을 독단하는 총통을 세우는 것에 반대했다. 이는 당연히 장개석의 비위를 건드리는 일이었다.

장개석은 필요하다고 생각할 때와 가능하다고 생각할 때는 언제든 안면을 바꾸었다. 2월 28일 밤, 그는 연회를 연다는 명목으로 자신의 거처에서 연회를 열어 호한민을 초대했고 호한민이 도착하자 그를 연금시켜버렸다.

호한민은 오랫동안 손문의 조력자로 일했으며 손문이 세상을 떠난 후 대원수의 직무를 대행했으며 남경국민 정부의 제1대 주임을 맡아 국민당 내에서 높은 지위에 있었다. 남경정부가 설립된 후, 그는 계속 장개석을 지지해왔다. 중원대전 시, 장개석이 전선에서 작전을 지휘할 때, 호한민은 입법원장으로써 행정원장인 담연개와 함께 남경정부의 일상 업무(담연개는 1930년 9월, 세상을 떠났다)를 주재했다.

이렇게 누구라도 장개석의 비위를 건드리기만 하면 끝장을 내버렸기 때문에 사람들은 두려움에 떨었고 국민당 내부에서는 큰 파문이 일었다. 국민당 중앙감찰위원인 등택여(鄧澤如)와 임삼(林森) 등 네 사람은 장개석의 탄핵을 발표하는 전보에 연명하여 보냈다. 광동 군부의 통치인 진제당(陳濟棠)은 답신을 보내 호응했다. 손과(孫科)도 장개석에 반대하는 전보를 보냈다. 국민당 내에서 장개석에게 공격당한 세력들이 광주에 운집했고 5월 27일 국민당중앙감사위원 비상회의를 열었다. 그 다음날에는 광주에 또 다른 국민 정부가 조직됐고 이렇게 남경과 광주 간에 또 다시 대치국면이 형성됐다. 일본 제국주의가 만주사변을 일으킨 지 겨우 3개월밖에 지나지 않았을 때였다.

이런 신 군벌 간의 대규모 내전은 북양군벌 통치 시기의 군벌할거와 군벌혼전과 다를 바 없었고, 1929년 초에서 만주사변 전까지 중국정치 전반을 좌우했던 주요 내용이었다.

제 4 절 경제와 사회상황

북벌전쟁이 끝난 후, 수많은 사람은 평화통일의 환경에서 경제를 건설하고, 중국의 빈곤과 낙후, 외국인에게 업신여김을 당하는 상황이 조금씩 개선될 것이라는 큰 기대를 가졌다. 민중에게 이러한 일을 해줄 수 있는 사람이면 누구든 환영과 지지를 받을 수 있었다. 그러나 이런 선량한 소망은 아주 빠르고 고통스럽게 사라지고 말았다.

남경정부를 구축한 후 해마다 내전이 끊임없이 이어졌고 군비는 급격히 증가했다. 정부의 재정은 주로 장개석이 가장 관심을 두고 있는 군사행동 방면 ('뇌물'이라 불리는 기타 군단의 장교들을 매수해 배신하게 만드는 엄청난 비용을 포함한) 에 사용됐으므로 날이 갈수록 부족할 수밖에 없었다 .

　여기서 대북 (臺北) 에서 출판된 《중화민국건국사》에 수록된 정부세출 통계에 관한 숫자에 주목할 필요가 있다 . 이 숫자들은 아주 무미건조했고 쉽게 문제를 찾아볼 수 있었다 . 1928 년 , 세출이 4 억 은전에 주요 항목이 차지하는 비율은 군사업무가 42%, 채무가 33%, 건설이 1% 였고 , 1929 년의 세출은 6 억여 은전으로 군사업무가 43%, 채무가 33%, 건설은 1% 였으며 , 1930 년의 세출은 7 억 은전 , 군사업무는 44%, 채무는 39% 건설은 1% 밖에 되지 않았다 .

　군비와 내외 채무상환이 재정세출에서 80% 정도를 차지했는데 무거운 부채로 인해 남경정부가 경제건설에 사용할 수 있는 비용은 너무나 미미할 수밖에 없었고 대부분이 유지와 보수만 하는 정도의 비용이었다 . 남경정부가 경제건설 부분에 아무 일도 하지 않았다고 말할 수는 없다 . 그러나 이 비용은 군비의 1% 밖에 차지하지 않았다 . 이 비용이 경제건설에 도대체 얼마만큼의 일을 할 수 있는지는 그리 많은 분석도 필요 없었고 그저 한 번 보기만 해도 알 수 있을 정도였다 . 그리고 국민당의 각 군단 간의 내전이 주로 주요도시와 철도일대에서 진행됐으므로 국민경제에 막대한 손해를 끼치지 않을 수가 없었다 . 국가경제가 이 지경으로 무너져 버렸으니 많은 사람들이 뼈저린 고통을 느껴야 했다 .

　남경정부는 해마다 이어지는 재정적자를 메우기 위한 방법으로 백성의 착취를 강화하는 것 외에 주로 국채를 발행했고 그 첫 번째 대상은 상해의 은행가와 기업가였다 . 초기에 국채구매의 할인율이 크고 이자도 높아서 그들 (특히 은행가) 은 많은 이익을 취할 수 있었다 . 그러나 생산의 발전에 의지하지 않고 국채 발행에만 의지해서는 재정문제를 해결할 수 없었다 . 시간이 길어지자 그들도 감당하기 어려워졌다 . 따라서 남경정부는 강제로 이를 할당했고 심지어는 범죄조직의 힘을 빌려 자본가를 납치하고 협박하는 등의 수단을 사용하여 목적을 달성했다 .

경제상황을 봤을 때도 자본가들은 낙담할 수밖에 없었다 . 민족공업은 짧은 기간 발전한 이후 , 아주 빠르게 위축되기 시작했다 . 1932 년과 1928 년을 비교해 봤을 때 새로 등록한 공장의 수는 후자의 3 분의 1 보다 약간 많았고 자본액은 8 분의 1 에도 미치지 못했다 . 5 년 동안 , 거의 수직으로 하강하는 추세를 보였다 . 관세 자주를 회복했음에도 불구하고 민족상공업에게는 실질적인 도움이 되지 못했다 . 남경정부는 재정수익을 늘리는 데에만 주안점을 두었고 민족상공업이 스스로 제품을 생산한다 해도 , 그들이 생산한 것과 같은 종류의 수입제품의 관세는 아주 낮고 그들에게 절실하게 필요한 일부 설비와 원료의 관세는 오히려 높았다 . 이는 사람들이 미처 생각하지 못했던 문제였다 .

이금 (厘金) 제도 (장사꾼이 이익의 1% 를 나라에 기부하는 제도) 는 민족자본발전에 커다란 부담이었다 . 남경정부의 이금 (각국은 중국관세 자주권을 인정하는 동시에 반드시 이금을 폐지하도록 규정했다 .) 폐지는 아주 고무적인 소식처럼 들렸지만 이것이 세수의 감소를 의미하지는 않았다 . 새로운 세금의 종류가 계속해서 생겨났기 때문인데 1928 년 , 남경정부는 새로운 통세 (統稅 , 이금의 한 종류로 특정화물을 대상으로 징수) 와 담배세 , 밀가루세를 신설했고 1931 년에는 면사세 , 장작세과 주세 , 1933 년에는 광업세 등이 그것이었다 .

　남경정부는 오로지 재정 수익을 증가시키는 데에만 주안점을 두
었기 때문에 자산계급의 은행가와 사업가를 대하는 태도는 아주 달랐
다. 이 정권에서 가장 많은 이익(정치와 경제 이익을 포함한)을 본
기업인은 은행가이다. 큰 사업가와 거상은 은행가와 같을 수가 없었는
데 재정이 부족한 중앙정부를 위해 많은 경제적인 지원을 했지만, 은
행가와 같은 후한 대우를 누리지는 못했다. 많은 사실들이 이와 같은
내용을 증명하고 있다. 국민당정부는 개인기업을 발전시키는 데에 상
당히 냉담한 태도를 취했다. 여기에 이 문제를 가장 잘 설명해주는 예
가 있다. 상공업이 불황을 겪고 있던 초기 몇 년간(1932~1936년), 남
경정부는 막다른 골목에 처한 자산계급에게 위기를 극복하고 넘길 수
있는 어떠한 지원도 해주지 않았다.

　농촌에서 국민당정부는 지방유지를 통해 통치했다. 토지분배는
지극히 불평등했다. 경제학자인 진한생(陳翰笙)이 1930년대 초, 하
북 정현(定縣)에서 조사한 바에 따르면 14,617개 농가 가운데, 70%
의 농가가 점유한 경작지는 전체의 30%에 미치지 못했다. 그 나머지
3%에 못 미치는 농가가 점유한 경작지는 전체의 5분의 1에 해당했다.

　가난한 농민들이 지주에게 보통 한 해 수확의 절반을 차지하는
무거운 세금을 내고 있었다. 해마다 이어진 내전에서의 군대노역과 기
타 할당금, 징발은 수없이 많았다. 여기에 심각한 천재지변까지 더해
져 농사의 어려움은 날이 갈수록 극심했고, 수많은 난민들은 삶과 죽
음의 경계에서 허덕이고 있었다.

　이 시기의 중국교육사업, 특히 고등교육사업은 오히려 눈에 띄
게 발전했다는 사실에 주목할 필요가 있다. 대학원(영어 번역명은 교
육과 연구부) 원장 채원배(蔡元培) 등의 주재로 중앙대학, 무한대학,

절강대학, 중산대학 등과 같은 수많은 중요한 고등교육학교가 모두 이 시기에 어느 정도의 규모를 갖추었다. 교수의 급료는 비교적 후해서 안정적으로 학술과 교육업무에 종사할 수 있었다. 중등교육학교도 발전해 1928 년의 1,339 개 학교와 234,811 명의 학생에서, 1931 에는 3,026 개의 학교와 536,848 명의 학생으로 증가했다.

대학원이 설립된 후, 중앙연구원이 설립됐고 물리, 화학, 엔지니어, 지질, 기상, 천문, 심리, 사화과학, 역사언어 연구소가 설립됐으며 그 후에는 식물연구소도 증설됐다. 학술연구도 발전했는데 하남 안양 (安陽) 의 은허 (殷墟) 발굴작업은 1928 년 10 월에 시작됐다. 대학원이 교육부로 바뀐 후 북평 (北平) 연구원이 기획 설립됐고 잇따라 9 개의 연구소가 설립됐다. 전국에 국립대학에 연구소 설립 명령을 내렸고 또한 여러 종류의 학술 간행물이 출판됐다.

이 시기 전과 후에 유럽에 유학했던 수많은 고급지식인들이 귀국해 대학에서 수업을 진행하거나 연구기관에서 일했다. 그들은 대부분 애국심이 있었고 교육구국 (敎育救國) 과 과학구국 (科學救國) 이라는 생각을 가지고 자신의 위치에서 묵묵히 일하며 중국교육과 과학사업에 공헌했다. 그들 중 상당수 사람들은 서양식 민주와 자유주의 사상에 기울어져 있었고 국민당정부의 독재정치에 불만을 품고 있었지만 현 사회질서를 유지하려는 경향이 있었다. 그들이 중심이 되어 잇따라 《신월 (新月)》 등의 간행물을 창간했고 《인권논집》 출판하여 인권을 주장하고 남경정부의 전제통치를 비난했다. 호적 (胡適), 나륭기 (羅隆基) 등이 활발하게 활동했는데 그들의 높은 사회적 지위와 명성들로 인해 사상계에 커다란 영향을 미쳤다.

당시의 민족자산계급에 대해서는 어떻게 생각해야 할까 ? 호승

(胡) 은 다음과 같이 분석했다 . "당시의 민족자산계급이 진행한 몇 몇 유익한 사업들에 대해서는 긍정적으로 평가한다 . 그들은 혁명을 찬성하지는 않았지만 최소한 국민당과 제국주의 침략에 대해서 불만 을 품고 있었고 반동통치 하에서 살아남기 위해 발버둥 쳤다 ." 또한 , 중간세력 중에서 공업구국 (工業救國) 과 교육구국을 주장한 몇몇 사 람들에 대해 이야기 할 때 "그들은 진행한 공업 자체가 바로 진보였고 , 긍정적인 것이었다 . 그러나 그들은 혁명에 반대했고 모든 이들이 공업 구국 혹은 교육구국의 길 , 바로 사회개량주의를 실현해야 한다고 주 장했다 . 이는 잘못된 것이므로 비판하지 않을 수 없다 . 사람들이 이 주 장을 받아들였다면 혁명은 성공하지 못했을 것이고 반제국주의 반봉 건주의 문제도 해결할 수 없었을 것이다 . 반제국주의와 반봉건주의는 공업과 교육에만 의지해서는 해결될 수 없는 문제였다 . 반제국주의 , 반봉건주의 문제를 해결하지 못한다면 중국의 공업과 교육도 진정으 로 발전할 수 없었다 ."고 밝혔다 .

제 5 절 중국침략정책에 대한 일본의 중대한 전환점

남경정부가 해마다 이어지던 내전에 정예부대를 투입하면서 사 회 각계에 불만이 점점 높아지고 있을 때 , 중화민족생존에 심각한 위 험을 조성하는 그림자가 한 걸음씩 다가오고 있었다 . 이러한 위험은 일본의 다나카 기이치 (田中義一) 내각의 집권과 동방회의 개최에서 본격적으로 나타났다 .

다나카 기이치는 일본의 조슈번 (長州) 의 군벌출신으로 야마가타 아리토모 (山縣有朋) 의 후계자였다 . 그는 1927 년 4 월 수상과 외상을 겸했는데 이는 군부가 직접 일본의 외교를 통제했다는 것을 상징했다 . 다나카 외교의 특징은 먼저 중국의 만몽 (滿蒙) 지역에 집중했다 . 특히 동북을 중국영토에서 분할해 내어 일본의 대외확장과 세계패권을 장악하는 첫걸음으로 삼았다 . 이는 일본이 중국에 대한 침략을 강화하는 과정에서 가장 중대한 정책이었으며 소위 "중국을 정복하려면 먼저 만주와 몽골을 정복해야 하고 세계를 정복하려면 먼저 중국을 정복해야 한다 ."는 생각이었다 .

일본의 관동군 사령관 무토 노부요시 (武藤信義) 와 다나카 기이치가 나눈 대화에서 일본 군국주의자들이 이 문제에 대해 어떠한 결정을 내렸는지를 잘 설명할 수 있다 .

무토 : …… 이렇게 중대한 방책이 일단 실현되면 세계 전쟁이 발생할 수 있다는 예상을 반드시 해야 합니다 . 최소한 미국이 가만히 있지 않을 것이고 영국과 기타 열강들도 미국의 뒤에서 큰 소리로 떠들어 댈 것입니다 . 세계전쟁이 벌어진 상황에서 어찌하실 겁니까 ? 각하는 이런 결심과 준비를 하고 계십니까 ?

다나카 : 나는 그런 결심을 했다 !

무토 : 결심이 흔들리지 않으시겠습니까 ?

다나카 : 아니다 . 나는 이미 결정을 내렸다 .

무토 : 정부가 충분한 결심과 준비를 했다면 나는 더 이상 할 말이 없습니다 . 언제든 명령을 내리시면 저는 정책을 실행할 것입니다 .

다나카 내각이 집권한 이후부터 일본 군국주의자들은 중국 침략, 특히 전체 동북을 차지하는데 박차를 가했다. 그들은 산동에 두 차례 출병하여 제남사건을 일으켰고 말을 잘 듣지 않는다고 생각한 장작림을 폭사시켰다. 장작림이 죽은 후, 동북에서 그의 뒤를 이은 장학량을 저지하려고 애썼다.

이러한 일련의 긴박한 진행사항들은 일본의 중국 침략 야심을 뚜렷이 나타내는 행동들이었다. 세계를 놀라게 한 만주사변의 발발은 일본 군국주의자들이 계획했던 사건이었으며 언젠가는 일어날 일이었다고 말할 수 있다. 일이 점점 긴박하게 돌아가자 중화민족도 전대미문의 생존위협에 시달려야 했다. 중국인의 입장에서 이 보다 더 민감한 문제는 없었다.

이렇게 심각한 민족위기에 직면해서 민중의 항일구국에 대한 요구는 더욱 강렬해졌고 정부가 외부의 적으로부터 그들을 지켜주기를 기대했다. 장개석도 일본의 침략야심과 만행에 대해 분노했다. 제남사건이 발생한 후, 그는 일기에 "우리가 겪은 치욕 중에서 가장 참을 수 없는 치욕이 제남사건이다. 이 사건으로 말미암아 왜적과 중국민족은 절대 풀 수 없는 원한관계가 됐다."라고 썼다. 그렇지만 일본침략자에 대해서는 여전히 양보와 타협의 태도를 취해 사람들의 분노나 불만을 야기시켰다. 미국의 유명한 역사학자 존 킹 페어뱅크 (John King Fairbank) 가 편집한 《캠브리지 중국사》에서 "중국인에게 민족의 비참한 처지와 군벌 혼전에서의 유린, 제국주의 침략의 굴욕은 너무나 큰 고통이었다. 그래서 국민혁명군이 남방의 광주 (1926 년 7 월 시작) 에서부터 북방의 북경 (1928 년 6 월 점령) 으로 북벌을 진행할 때 도처에서 인민의 열렬한 환영을 받았다. 수많은 중국인에게 국민당의 통치는 새로운 시대의 시작을 상징했고 중국이 통일되어 강해지고 모든 사람들의 생활이 풍요로워지며 다시는 자신이 중국인이라는 이유로 수치스러워 하지 않을 것이라 생각했다. 그러나 1929년이 되자 이런 헛된 희망은 모두 사라져버렸다."

"이 정권은 처음에는 군사세력의 지지에 의지하고 있는데 이 기본적인 사실에서부터 다른 특징들이 생겨났다. …… 이것이 바로 이 정권의 현대화와 발전의 원동력이 약했던 기본 원인이었다. 바로 부패하고 태만한 행정기관임에도 불구하고 국민 정부의 관료기구가 오래 지탱할 수 있었던 원인이었으며 이 정권이 구성원의 교체가 거의 없었고 새로운 사상도 도입되지 않던 상황에서 20년 이상을 존재할 수 있었던 원인이었다. 당연히 이 정권에는 진보적이고 헌신적인 정신을 가지고 있으며 능력 있는 구성원들도 몇몇 있었다. 그러나 그들 역시 이러한 정권제도를 이용해 자신의 권력과 명망, 재물을 최대한 확대하려고만 했지 민족의 이익을 위해 투쟁한 사람은 그리 많지 않았다."

미국 역사학자 이스트만이 1927~1937년 국민당 통치하의 중국을 기술한 그의 논문에 <유산의 혁명>이라는 제목을 붙인 것도 이상할 게 없다. 남경정부가 설립된 후 초기 몇 년간, 실제로 이 정부가 미래를 위한 실패의 씨앗을 심었다는 사실을 어렵지 않게 알 수 있다.

20 세기 중국사 강의

상권

ⓒ진충지 (金沖及)

초판 인쇄 2017 년 12 월 10 일

초판 발행 2017 년 12 월 12 일

지음 진충지 (金沖及)

옮김 김아영 (金兒英) 쑨핑 (孫萍)

기획 장원 (張園)

펴낸이 홍순창

펴낸곳 토담미디어

주소 : 서울 종로구 돈화문로 94, 3 층 (와룡동 , 동원빌딩)

전화번호 : 02-2271-3335

홈페이지 : www. todammedia. com

출판등록 2003. 08. 23 제 300-2013-111 호

북디자인 이도아

ISBN 979-11-6249-026-6 04910

ISBN 979-11-6249-025-9(세트)

＊원서 서지사항

二十世紀中國史綱 , 金沖及 , 社會科學文獻出版社 , 2009

책값은 뒷표지에 적혀 있습니다 .

잘못된 책은 구입하신 서점에서 바꾸어 드립니다 .